Künstlerbildnisse

Porträts von Tischbein bis Beuys

Staatliche Museen Kassel Monographische Reihe 8

Verzeichnis sämtlicher Künstlerbildnisse im Besitz der Neuen Galerie mit einer Auswahl aus der Graphischen Sammlung, Staatliche Museen Kassel,
bearbeitet von Stefanie Heraeus und Susan Tipton

Aus Anlaß der Ausstellung in der Neuen Galerie, 1. 10. 1996 – 16. 2. 1997

Titelbild

Joh. Heinrich Tischbein d. Ä., Selbstbildnis in jungen Jahren, um 1752/55, Kat.Nr. 4
Robert Conrad, Selbstbildnis, 1859, Kat.Nr. 45
Conrad Felixmüller, Franz Pfemfert, 1923, Kat.Nr. 87
Gerhard Richter, Arnold Bode, 1964, Kat.Nr. 97

Künstlerbildnisse

Porträts von Tischbein bis Beuys

Malerei, Graphik und Skulptur aus eigenen Beständen

Staatliche Museen Kassel

Impressum

Herausgeber:	Staatliche Museen Kassel
Ausstellung:	Marianne Heinz, Stefanie Heraeus, Susan Tipton
Katalog:	Stefanie Heraeus (Malerei, Skulptur 18. Jh.)
	Susan Tipton (Grafik, Skulptur 19./20. Jh.)
Fotos:	Gabriele Bößert, Ute Brunzel, Arno Hensmanns
Gesamtherstellung:	Druck- u. Verlagshaus Thiele & Schwarz GmbH, Kassel

ISBN 3-931787-04-4

VORWORT

Die reichen Bestände der Neuen Galerie und der Graphischen Sammlung enthalten Kunstwerke, die es ermöglichen, nach Aspekten und Themenkreisen geordnet, exemplarische Einblicke in die Entwicklung der Kunst und damit Einsichten in ihre grundlegenden Veränderungen zu vermitteln. Die vorhandenen Exponate gewinnen damit eine Bedeutung, welche weit über die Zufälligkeiten der Sammlungsgeschichte hinausführt.

Zum Thema sind hier Selbstbildnisse und Künstlerporträts gewählt, die in großer Vielfalt und Qualität in den Sammlungen vertreten sind. Der Künstler ist das Sujet, umgesetzt mit den Mitteln der Malerei, der Zeichenkunst, der Druckgraphik und der Skulptur.

Das Porträt bleibt lange dem Abbild verhaftet, um dann in der Suche nach neuen Ausdrucksmitteln die gebundenen Formen aufzulösen. Prägend bleibt dabei der kritische Blick, der in der menschlichen Figur, dem Gesicht des Porträtierten, nach einer schlüssigen, gestalthaften Verbindung zwischen der physischen Existenz und dem geistigen Wirken sucht. Es geht um die dem Künstler innewohnende schöpferische Geistigkeit, kurz um das Genie, welches in der Verbindung charakteristischer Züge mit einer bestimmten Mentalität spürbar wird. Oft sind es aber auch aufgesetzte Posen, geborgte Attitüden und die Maskerade des Künstlertums, in denen Schwächen offenbart und bloßgelegt werden. Gerade in der Zeit des Expressionismus gibt das Porträt häufig psychologisierende Einblicke in die Existenz eines von außen bedrängten, von Selbstzweifeln erfaßten Menschen wieder.

Thematisch orientierte Ausstellungsvorhaben dienen der Bestandspflege und der Wertung des Vorhandenen im Rahmen der Kulturgeschichte. Viele Exponate haben bei der Durchsicht der Sammlungsbestände und der Depots ihre erste Bearbeitung und Veröffentlichung erfahren.

Es richtet sich mein Dank an Frau Stefanie Heraeus und Frau Susan Tipton, wissenschaftliche Volontärinnen bei den Staatlichen Museen, die in einem knapp bemessenen Zeitraum das umfangreiche Material bearbeitet haben. Frau Dr. Marianne Heinz, der Leiterin der Neuen Galerie, ist für die Konzeption des Projektes, die Betreuung der Katalogarbeiten und die Einrichtung der Ausstellung gemeinsam mit den beiden Volontärinnen zu danken.

Hans Ottomeyer

Inhalt

Vorwort 5

Farbtafeln 8

Stefanie Heraeus
Zum Bildnis des Künstlers 17

Katalog 28

Bildnisse des 18. Jahrhunderts 29
Kat.Nr. 1–23

Bildnisse des 19. Jahrhunderts 45
Kat.Nr. 24–76

Bildnisse des 20. Jahrhunderts 78
Kat.Nr. 77–146

Anhang: Künstlerbildnisse im Stadtmuseum Kassel 120
Kat.Nr. 147–154

Literaturverzeichnis 123

Index 131

Farbtaf. 1
Joh. Heinrich Tischbein d. Ä., Selbstbildnis, 1782, Kat.Nr. 6

Farbtaf. 2
Joh. Friedrich August Tischbein, Selbstbildnis mit Frau und Tochter, 1788, Kat.Nr. 10

Farbtaf. 3
Caroline von der Embde, Selbstbildnis, 1855, Kat.Nr. 44

Farbtaf. 4
Robert Conrad, Selbstbildnis, 1859, Kat.Nr. 45

Farbtaf. 5
Max Slevogt, Selbstbildnis, 1915, Kat.Nr. 82

Farbtaf. 6
Erich Heckel, Selbstbildnis, 1919, Kat.Nr. 117

Farbtaf. 7
Gerhard Richter, Arnold Bode, 1964, Kat.Nr. 97

Farbtaf. 8
Andy Warhol, Joseph Beuys, 1980, Kat.Nr. 100

Zum Bildnis des Künstlers

Seit Jahrhunderten ist das Porträt ein Medium, in dem sich Künstler in Szene setzen, ihren gesellschaftlichen Anspruch formulieren, aber auch über sich und ihre Arbeit reflektieren.[1] Nachdem im Mittelalter die Darstellung von Individuen keine Porträtähnlichkeit hatte, reißt seit dem 15. Jahrhundert das Interesse am Porträt nicht mehr ab.[2] Das Bildnis des Künstlers läßt sich von Beginn an als besonderer Typus erkennen. Es unterscheidet sich von anderen Bildnissen durch eine reichere und bewegtere Gebärden- und Körpersprache, zumeist mit einer „bekennenden" Rhetorik und angespanntem, intensivem Blick.[3] Was die Faszination und Spannung des Künstlerbildnisses ausmacht, ist seine Doppeldeutigkeit. Man weiß nie, ob der Blick des Künstlers einen Dialog mit dem Betrachter sucht oder ob er ihm selbst gilt, im Zwiegespräch vor dem Spiegel.

Ausdrucksmittel. Das Künstlerporträt gehört zu den wenigen Themen, die über die Jahrhunderte bis heute nicht an Attraktivität verloren haben, wobei die lange Bildtradition ein Repertoire an Formeln geschaffen hat, das immer wieder studiert, variiert oder gezielt zitiert wird. Das Aufgreifen überlieferter Darstellungsweisen, die wettstreitende Kommunikation mit den Vorgängern, war noch bis weit ins 19. Jahrhundert eine gängige Weise, um die eigene Arbeit in der künstlerischen Tradition sowie die soziale Stellung des Künstlers in der Gesellschaft zu positionieren. In der Malerei, in der Graphik wie in der Skulptur gab es dafür ein reiches Spektrum an künstlerischen Argumentationsweisen: in Körpersprache und Requisiten, Kleidung und dem Ort der Darstellung, ebenso im Porträttypus, Bildausschnitt oder den Darstellungsmitteln. Seit dem 19. Jahrhundert wurden die Mal- und Zeichenweise sowie die Formensprache immer mehr zu Bedeutungsträgern. Ob der Künstler sich mit wachem Blick zeigt oder in seinen Gedanken versunken ist, ob er einen Pinsel oder aber eine Zeichenkreide hält, sich mit Hammer und Meißel auf ein antikes Skulpturenfragment stützt oder anstelle vornehmer Kleidung einen Hausmantel trägt, immer ist es ein Bekenntnis zu einer bestimmten künstlerischen Position und Ausdruck des Selbstverständnisses. Die Wahl der Bildtypen war eine Möglichkeit, den Künstler in verschiedenen sozialen Rollen in Szene zu setzen, als Hofkünstler, Akademieprofessor, Lehrer, Ehemann oder Familienvater: im Atelier- oder Werkstattbild, im repräsentativen Standesporträt oder privaten Pendantbildnis, ebenso wie im Einzel-, Doppel- oder Gruppenporträt, mit Modell, Gatten, Familie oder Freunden.

Abb. 1
Paulus Pontius nach Antonis van Dyck,
Peter Paul Rubens, *Iconographie,* 1645

Typologie. Stichsammlungen des 16. und 17. Jahrhunderts haben wesentlich dazu beigetragen, daß sich eine Typologie des Künstlerporträts ausbildete. Die *Künstlerviten* des Florentiner Malers und Historiographen Giorgio Vasari, die in der zweiten Auflage von 1568 bebildert erschienen, sind das erste bedeutende illustrierte Vitenbuch von Künstlern.[4] Großen Einfluß bis weit ins 18. Jahrhundert hinein hatte die 1645 publizierte, zweite erweiterte

Auflage der *Iconographie* (Abb. 1) von Anthonis van Dyck, in der zum ersten Mal die Porträts berühmter Künstler gleichrangig neben denen von Kunstliebhabern, Gelehrten, Diplomaten und Fürsten erschienen, sie zahlenmäßig sogar übertrafen. Diese Stichsammlung, die mehrfach neu aufgelegt wurde, schrieb die Gesten und Würdeformeln des idealen Künstlers als „virtuoso" zu einem Kanon fest: in elegant-lässiger Haltung, mit sprechender Gestik und geistreicher Mimik, oft mit bekennender Hand auf der Brust oder in scharfer Kopfwendung über die Schulter hinweg zum Betrachter gewandt.[5] Zur gleichen Zeit, Mitte des 17. Jahrhunderts, begannen die Medici-Großherzöge eine der bedeutendsten Sammlungen von Künstlerbildnissen anzulegen, die *Galleria degli Autoritratti* in den Uffizien in Florenz.[6]

Barockes Repräsentationsporträt. Die zweite Hälfte des 18. Jahrhunderts brachte nachhaltige Veränderungen der Porträtauffassung und des künstlerischen Selbstverständnisses. Das spätbarocke Standesporträt, das mit den prunkvoll gestalteten Herrscherporträts von Hyacinthe Rigaud einen Höhepunkt erreicht und für mehrere Jahrzehnte die europäische Porträtmalerei bestimmt hatte, trat zunehmend in den Hintergrund. Die absolutistische, theatralische Inszenierung entsprach immer weniger der kulturellen Situation. Ein erstarktes Bürgertum suchte nach eigenen Formen der Selbststilisierung und fand sie etwa in der Inszenierung einer betont natürlichen Körpersprache, die sich gegen die einstudierte und künstliche Gestik des Adels wandte.[7] Aufwendige Draperien und repräsentatives Beiwerk wurden nur noch hier und da versatzstückhaft zitiert, stattdessen rückten die individuellen Fähigkeiten der Dargestellten in den Vordergrund. Am Vorabend der Revolution verlor die Bildnismalerei des absolutistischen Frankreich an Einfluß, immer mehr orientierte man sich an der englischen Porträtmalerei.
Die Bildgattung des Porträts wurde insgesamt höher bewertet, innerhalb der Malerei stieg sie in den Rang des Historienbildes auf. Dem zeitgenössischen, aufklärerischen Interesse an Anthropologie, Psychologie und Physiognomie galt das Porträt als zentrales Mittel der Erkenntniserweiterung. Zwischen 1775 und 1778 erschienen die *Physiognomischen Fragmente zur Beförderung der Menschenkenntnis und Menschenliebe,* in denen Johann Caspar Lavater von der Physiognomie eines Menschen auf dessen Charakter schließen wollte.[8] In den Gesichtern des Menschen zu lesen, war ein verbreiteter Zeitvertreib, der große Porträtsammlungen von Musikern, Dichtern oder Gelehrten entstehen ließ und zur Mode der Schattenrisse führte.[9]

Abb. 2, Kat.Nr. 19
Anton Graff, Johann Georg Sulzer, um 1774

„Seelenmahler". Die Wandlungen des Porträtverständnisses werden in der Gegenüberstellung zweier Bildnisse des Kasseler Hofkünstlers Johann Heinrich Tischbein d. Ä. deutlich, die in den Jahren 1752/55 und 1782 entstanden sind und zwei unterschiedliche Personentypen wiedergeben. Augenfällig ist neben altersbedingten, physiognomischen Veränderungen die Abnahme äußerer Repräsentation zugunsten innerer Konzentration. Auf dem Selbstbildnis in jüngeren Jahren (Kat.Nr. 4, Abb. Titelbild) stellt sich Tischbein im repräsentativen Kniestück dar und schildert detailliert Kleidung und Accessoires, das Spitzenjabot und den mit goldenen Brokatstickereien verzierten Rock, ebenso wie die verspielten Bänder an der Zeichenmappe und den roten Vorhang im Hintergrund. Auf dem dreißig Jahre später entstandenen Selbstbildnis im Alter (Kat.Nr. 6, Farbtaf. 1) sind hingegen jegliche

Abb. 3, Kat.Nr. 67
Ludwig Sigismund Ruhl, Deutsche Künstler im Café Greco, um 1817

anekdotische Details von Kleidung und Umraum weggelassen. Bildausschnitt, Lichtführung und Farbgebung lenken den Blick auf den nachdenklichen Gesichtsausdruck des Malers. Das Selbstbildnis liest sich wie ein Bekenntnis zur neuen Porträtauffassung: Auf einem Tisch im Vordergrund liegen die beiden Bände der *Allgemeinen Theorie der schönen Künste* des Philosophen Johann Georg Sulzer, die zwischen 1771 und 1774 erschienen waren.[10]
Sulzer hatte in seinem grundlegenden Artikel über das Porträt im zweiten Band der Theorie der schönen Künste, der für die Bildnismalerei bis zu Beginn des 19. Jahrhunderts Maßstäbe setzen sollte, die Wiedererkennbarkeit des Charakters einer Person zum Hauptkriterium der Darstellung erklärt. Der gute Porträtmaler sei ein „wahrer Seelenmahler", er gebe dem Betrachter die Möglichkeit, sich in ein Bildnis so einzufühlen, daß es ihm „eine menschliche Seele von eigenem persönlichen Charakter zu erkennen gibt".[11] Den Maler Anton Graff, der mehrere Porträts von Sulzer geschaffen hat (Abb. 2, Kat.Nr. 19), schätzte er als Meister, der in seinen Bildnissen wahrhaftige Physiognomie und Innerlichkeit eines Menschen zu vereinen wußte.

Vom Hofmaler zum Akademieprofessor. Die Selbstbildnisse von Johann Heinrich Tischbein d. Ä. können exemplarisch das sich wandelnde Selbstverständnis des Künstlers in der zweiten Hälfte des 18. Jahrhunderts veranschaulichen. Auf den beiden ersten Porträts – vor allem auf dem Selbstbildnis in mittleren Jahren (Kat.Nr. 5, Abb. 12) aus dem Jahr 1760 – stellt sich Tischbein als selbstbewußter Hofkünstler des Spätabsolutismus dar. Auf dem zwanzig Jahre später entstandenen Altersbildnis (Kat.Nr. 6, Farbtaf. 1) gibt er sich hingegen als räsonierender Künstler und betont seine Lehrtätigkeit als Akademieprofessor.
1777 hatte Landgraf Friedrich II. (reg. 1760-1785) die Kasseler Kunstakademie mit Johann Heinrich Tisch-

Abb. 4, Kat.Nr. 27
Joh. August von der Embde, Selbstbildnis, 1811

bein d. Ä. als erstem Direktor gegründet und war damit den bekannten Akademiegründungen in Paris, Berlin und London gefolgt. Die Akademien erhielten durch zahlreiche Neugründungen in der zweiten Hälfte des 18. Jahrhunderts bald eine Monopolstellung der künstlerischen Ausbildung und drängten die seit dem Mittelalter bestehenden Malerwerkstätten zurück. Häufig legten die Akademien eine besonders große Sammlung von Künstlerporträts an. In der Pariser *Académie Royale* etwa mußten die Künstler bei ihrer Aufnahme Selbstbildnisse einreichen, die im Besitz der Akademie verblieben. Das Studium an einer Akademie wurde mit seinem vielfältigen Lehrprogramm für junge Künstler beinahe unerläßlich und zeichnete den beruflichen Werdegang bereits vor: Üblich wurde es, nach dem Akademiestudium die Ausbildung durch ein Stipendium in Frankreich oder Italien fortzusetzen und dann in die Dienste des Fürsten einzutreten, als Hofmaler, Akademieprofessor oder – was etwa am Kasseler Hof gängige Praxis war – als Leiter der fürstlichen Kunstsammlung.[12] Bis weit ins 19. Jahrhundert hinein trifft man in vielen Künstlerbiographien auf diese Laufbahn. Durch die Akademietätigkeit definierten sie ihren gesellschaftlichen Status, was sich nicht zuletzt in den zahlreichen Bildnissen ausdrückt, auf denen sich die Akademiedirektoren und -professoren dargestellt haben oder von ihren Nachfolgern festgehalten worden sind.

Aufklärung in Kassel. Seit der Mitte des 18. Jahrhunderts entwickelte sich Kassel durch Johann Heinrich Tischbein d. Ä., den Bildhauer Johann August Nahl d. Ä. und den Architekten Simon Louis du Ry zu einem Kunstzentrum von überregionaler Bedeutung. Die drei Künstler, die zeitweise zusammen am Hof des Landgrafen Wilhelm VIII. (reg. 1751-1760) arbeiteten, hat Nahl in drei Büsten für die Akademie porträtiert (Kat.Nr. 21, Abb. 21). Die in den 1770er Jahren gegründeten Einrichtungen und kulturpolitischen Reformen unter Landgraf Friedrich II. im Sinne der Aufklärung machten die Stadt zu einem internationalen Anziehungspunkt für prominente Durchreisende. Das *Museum Fridericianum,* eröffnet 1779, war mit seiner Antikensammlung, der Abteilung für Kunsthandwerk und der Bibliothek der erste öffentliche Museumsbau auf dem europäischen Kontinent. Die Gemäldegalerie Wilhelms VIII., die sein Sohn öffentlich zugänglich machte, war ein besonders begehrtes Reiseziel. Durch die *Société des Antiquités de Cassel,* gegründet im selben Jahr wie die Akademie, wurden führende Denker der Zeit auch institutionell an Kassel gebunden. Zu den außerhessischen Ehrenmitgliedern gehörten etwa Sulzer und der in Rom lebende Antikenkenner Johann Friedrich Reiffenstein, der die Winckelmann-Büste (Kat.Nr. 20, Abb. 20) von Friedrich Wilhelm Doell stiftete. Landgraf Friedrich II. vergab Reisestipendien nach Italien und Frankreich. Porträts wie Wilhelm Böttners *Selbstbildnis im Reisekostüm* (Kat.Nr. 11, Abb. 15) aus dem Jahr 1781 bringen das Studieninteresse der jungen Künstler zum Ausdruck, die die Kunstzentren Paris, Rom und Neapel bereisten und am kulturellen Leben der dortigen Künstler- und Gelehrtenkolonien teilnahmen.[13]

Englischer Einfluß. Unter dem Landgrafen Friedrich II., der eine englische Prinzessin geheiratet hatte, war Hessen-Kassel unter den deutschen Territorialstaaten ein Zentrum englischen Einflusses. Erkennbar ist dies in der Malerei und Architektur sowie in der Sammeltätigkeit des Kupferstichkabinetts und der fürstlichen Bibliothek. In den Gemälden von Joh. Friedrich August Tischbein, der an der Kasseler Akademie bei seinem Onkel Johann Heinrich Tischbein d. Ä. studiert hatte, wird der Einfluß des empfindsamen englischen Porträts, wie es vor allem die Bildnisse von Joshua Reynolds, Thomas Gainsborough und Thomas Lawrence repräsentieren, besonders deutlich.[14] Auf Tischbeins *Selbstbildnis mit Frau Sophie und Tochter Betty* (Kat.Nr. 10, Farbtaf. 2) von 1788 zeigt sich dies etwa in der intensiven Gefühlsbeziehung zwischen Mutter und Tochter und der Einbettung der Szene in eine Landschaft, die die Natürlichkeit der Gefühle bekräftigen sollte.

Abb. 5, Kat.Nr. 73
Hans Thoma, Selbstbildnis, 1895

Familienporträt. In der Erweiterung des Selbstbildnisses zum Familienporträt griff Tischbein mit der „modernen" Kleinfamilie gerade jenes Signum des gebildeten Bürgertums auf, das sich in Deutschland eben erst durchzusetzen begann. Bemerkenswert ist in diesem Zusammenhang, daß Tischbein in der pyramidalen Personenanordnung das tradierte Bildschema der Heiligen Familie nutzte und es für sein Selbstporträt profanisierte. Das Spielen mit einem überlieferten Bildrepertoire, mit jahrhundertealten Darstellungsformeln und ikonographischen Schemata ist kennzeichnend für das ausgehende 18. Jahrhundert.[15]
Die „Modernität" von Joh. Friedrich August Tischbeins Auffassung und Bildlösung mag etwa der Vergleich mit dem wenige Jahre zuvor entstandenen Doppelporträt (Kat.Nr. 14, Abb. 18) von Johann August Nahl d. J. zeigen, das dieser anläßlich der Hochzeit seines Bruders gemalt hat. Nahl hat das Ehepaar nicht, wie Tischbein, in seiner Privatheit gezeigt, sondern die Berufssphäre betont, den Stolz auf die Künstlergenealogie ins Bild gesetzt. Der Vater im memorierenden Profilrelief und die Söhne als Gipsbüste und Halbfigur bilden die zentrale Achse der Komposition und bestimmen die Aussage des Bildes.[16]

Freundschaftsbildnis. Intimität und Privatheit waren nicht nur ein Anliegen der Familienporträts. Die Kultivierung der Freundschaft im „Zeitalter der Empfindsamkeit" ließ neben groß angelegten Freundschaftstempeln, wie dem des Dichters Johann Wilhelm Ludwig Gleim in Halberstadt mit über hundert Bildnissen bedeutender Zeitgenossen, auch persönliche Freundschaftsbildnisse entstehen, die die Künstler untereinander austauschten. Die Intimität dieser Bildnisse kommt vor allem im kleinen Format zum Ausdruck, so etwa bei den beiden Porträts von Johann August Nahl, die den jüngeren Künstlerfreund Johann Christian Ruhl festhalten.[17]

Einsamkeit – Gemeinschaft. In der Folge der Französischen Revolution veränderte sich der Kunstbetrieb grundlegend. Hatten die Künstler bisher vor allem von Aufträgen des Hofs und Adels, zum Teil auch noch von der Kirche gelebt, so mußten sie nun ihre Arbeiten auch auf einem anonymen Kunstmarkt feilbieten, was für viele Künstler aber auch ganz neue Chancen eröffnete. Der Hof blieb zwar weiterhin ein wichtiger Auftraggeber, doch kamen nun Kunstvereine, bürgerliche Mäzene und Gelegenheitskäufer hinzu.[18] Der Künstler war immer mehr auf sich selbst gestellt. Wenn er seine Rolle im Künstlerbildnis reflektierte, liefen die bildlichen Formulierungen auf zwei entgegengesetzte Stereotypen hinaus – Einsamkeit oder Gemeinschaft.
Der Typus des einsamen romantischen Künstlers ist programmatisch in den Selbstbildnissen von Caspar David Friedrich und Philipp Otto Runge formuliert. Auf ihren Porträts, so etwa auf Runges Kreidezeich-

Abb. 6
Rembrandt, Selbstbildnis mit Barett und goldener Kette, 1654

nung, *Selbstbildnis am Zeichentisch* von 1802, stellt sich der Künstler als jemand vor, der von seiner Arbeit aufblickt und gedankenversunken über sich und sein Werk reflektiert.[19] Einsamkeit als Voraussetzung kreativen Schaffens, als Tragik und Auszeichnung zugleich, ist in diesen Arbeiten die bevorzugte Attitüde des Künstlers. Joh. August von der Embde hat auf seinem Selbstbildnis von 1819 (Kat.Nr. 29, Abb. 23) diesen Typus des selbstbefragenden, einsamen Künstlers aufgegriffen.

Der Zusammenschluß zu Freundschaftsbünden und Künstlergemeinschaften war eine alternative Reaktion auf die neue Situation. Die bekannteste und erste neuzeitliche Künstlervereinigung war der *Lukasbund.* Im Jahr 1809 in Wien gegründet, zogen dessen Mitglieder, die wegen ihrer langen Haarfrisuren von den Zeitgenossen als Nazarener bezeichnet wurden, ein Jahr später nach Rom. Als Bildthema äußert sich das Bedürfnis nach Künstlergemeinschaften und Freundschaftsbünden im Typus des Gruppenporträts, das wohl auch Ludwig Sigismund Ruhl für das *Café Greco* (Kat.Nr. 67, Abb. 3) plante. Die farbig aquarellierte Bleistiftzeichnung von 1817 ist ein Beispiel für einen der vielen Entwürfe, die die Künstler – bekannt sind die Entwürfe von Carl Philipp Fohr – für solche Gruppenporträts anlegten, wenngleich es selten zu einer endgültigen Fassung kam. Ruhls Blatt, das wie eine Momentaufnahme wirkt, zeigt die versammelten Freunde und Künstlerkollegen im Café Greco, das seit Mitte des 18. Jahrhunderts Treffpunkt der deutschen Künstlerkolonie in Rom war. Eher zufällig, ohne erkennbares Programm, werden einzelne Künstler mit überzeichneter Körpersprache wiedergegeben, wobei zentrale Figuren der Gruppe fehlen, etwa Friedrich Overbeck und Peter Cornelius.

Mittelalteridealisierung. Als Gegenentwurf zur eigenen Gesellschaft, die als unpersönlich und haltlos aufgefaßt wurde, hielten sich viele Künstler programmatisch an ein Bild des Mittelalters, das von Gemeinschaft und Harmonie geprägt war. Die altdeutsche Malerei und die italienische Kunst der Frührenaissance galten nicht nur als Vorbild hinsichtlich Sujetwahl, Mal- und Zeichenstil, sondern boten auch Identifikationsmuster. Die Nazarener sind dafür das deutlichste Beispiel. Sie demonstrierten nicht nur in der Malerei ihre Idealisierung des Mittelalters, sondern erhoben sie geradezu zur Lebensform – in ihrer Namengebung, dem ausdrücklichen Rückgriff auf die Malervereinigungen der Lukas-Bruderschaften, sowie in ihrer Haartracht und Kleidung.

Porträts in historischen Kostümen wie das Selbstbildnis von Joh. August von der Embde aus dem Jahr 1811 (Abb. 4, Kat.Nr. 27), auf dem er mit einem geschlitzten Barett der Dürerzeit und einem Reisemantel bekleidet ist, sind Beispiele für den bekenntnishaften Rückbezug auf die idealisierte Epoche. Die Kostümierung konnte aber auch, wie auf dem radierten Selbstbildnis von Ludwig Emil Grimm (Kat.Nr. 65, Abb. 36), auf dem er sich in „altdeutschem Rock“ mit weichem Überfallkragen darstellte, Ausdruck einer nationalen Haltung sein. Während der Befreiungskriege (1813-1815) stand die „altdeutsche Tracht“ für patriotische Gesinnung und galt unter Künstlern und Studenten als politische Stellungnahme.

Privatsphäre. In der ersten Hälfte des 19. Jahrhunderts läßt sich allgemein beobachten, daß die Anzahl von Künstlerbildnissen ohne berufsspezifische Attribute zunimmt. Brustbilder oder halbfigurige Darstellungen vor neutralem Grund setzten sich durch, die das Augenmerk auf die Physiognomie, zuweilen auch noch auf die Hände lenken. Die Verknappung des Bildausschnitts und die Beschränkung auf wenige oder gar keine Accessoires ist Ausdruck eines veränderten künstlerischen Selbstbewußtseins, das die bürgerliche Identität in den Vordergrund stellte.[20]

Im Biedermeier wurde das Private noch stärker betont. Vorherrschend war nun das zumeist ernst wirkende, einfache Brustbild, in dessen Zentrum die Gesichtszüge des Künstlers stehen. Zuweilen deutete man auch mit wenigen Hinweisen die Privatsphäre der Dargestellten an, so wenn Wilhelm Nahl seinen Akademielehrer Sebastian Weygandt statt mit Malutensilien mit einer Pfeife darstellte (Kat.Nr. 34, Abb. 25) oder Caroline von der Embde ihr Selbstbildnis (Kat.Nr. 44, Farbtaf. 3) mit dem Datum ihres Geburtstags signierte. Heinrich Ahrens' Porträt von Carl August Quanter (Kat.Nr. 38, Abb. 26) zeigt den Schauspieler nicht in einer Theaterszene oder einer bestimmten Rolle, sondern als Privatmann im Hausmantel.

Abb. 7, Kat.Nr. 104
Lovis Corinth, Selbstbildnis radierend, 1909

Maler und Tod. Das düster inszenierte Selbstbildnis (Kat.Nr. 45, Farbtaf. 4) Robert Conrads aus dem Jahr 1859 ist ein Beispiel für die Bildtradition von ‚Maler und Tod', die sich bis ins 16. Jahrhundert zurückverfolgen läßt. Auf Conrads Selbstporträt erscheint der Tod als ganzfiguriges Skelett auf einem Gemälde im Hintergrund und Kruzifix, Pistole und eine auf dem Boden liegende Bibel weisen auf Glaubenszweifel und Todesgedanken hin. Das Thema ‚Maler und Tod' sollte vor allem am Ende des 19. Jahrhunderts virulent werden, so auf Arnold Böcklins *Selbstbildnis mit fiedelndem Tod* (Berlin, Nationalgalerie) oder auf den verschiedenen Selbstbildnissen von Lovis Corinth in Öl und auf Papier (Kat.Nr. 106, Abb. 54). Im Unterschied zu Conrads *Selbstbildnis* suchen diese Porträts sehr viel differenzierter die Gegenwart des Todes auszudrücken. Im Zwiegespräch mit dem Tod wird den Künstlern die Endlichkeit ihres Schaffens bewußt.

Fotografie. Seit der Jahrhundertmitte wurde die Daguerreotypie zu einer ernsthaften Konkurrenz für die Porträtmalerei, deren Produktion im letzten Drittel des 19. Jahrhunderts rapide zurückging. Viele Maler wurden Fotografen. Die Fotografie aktivierte aber auch die Gattung des Porträts.[21] Franz von Lenbach nutzte sie systematisch als Hilfsmittel für seine Bildnisse, um einen spontanen Gesichtsausdruck der Porträtierten einfangen zu können. Gut läßt sich etwa bei einem Selbstbildnis von Hans Thoma beobachten, wie er sich der Fotografie für die Konstruktion des Bildaufbaus bediente. Sein lithographiertes Selbstbildnis (Abb. 5, Kat.Nr. 73) von 1895 erweist sich als geschickt gewählter Ausschnitt aus einer viel weitwinkligeren Fotografie des Malers vor der Leinwand. Was die Fotografie als Landschaftsgemälde des Künstlers kenntlich macht, wird durch den Ausschnitt des gezeichneten Porträts zur realen Landschaft, in der der Künstler posiert.

Alte Meister. Darüberhinaus wußten Franz von Lenbach und Hans Thoma die technischen Errungenschaften der Fotografie mit Darstellungsweisen der alten Meister zu kombinieren. Thoma wandte sich, ebenso wie Adolf von Hildebrand mit dem Terrakottarelief der Schauspielerin Eleonora Duse (Kat.Nr. 76, Abb. 41), der italienischen Renaissance und klassischen Antike zu. Lenbach hingegen griff Ausdrucksformen und Posen von Rembrandt, van Dyck, Tizian oder Velàzquez auf, um die Dargestellten zu nobilitieren, so auch bei dem Porträt von Wilhelm von Rümann (Kat.Nr. 59, Abb. 34).

Abb. 8, Kat.Nr. 113
Max Beckmann, Selbstbildnis, 1918

Rembrandtrezeption. Um die Jahrhundertwende galt Rembrandt unter Künstlern und Kunsthistorikern wegen der Privatheit und Subjektivität seiner Bildnisse als „modern". Der starke Einfluß von Rembrandts Werk, dessen Rezeption in Deutschland zu dieser Zeit einen Höhepunkt mit den Arbeiten von Max Liebermann, Max Slevogt und Lovis Corinth erreichte, macht sich besonders im Selbstbildnis bemerkbar.[22] Heinrich Faust und Louis Kolitz (Kat.Nr. 56, Abb. 31) haben sich in ihren Selbstporträts in Lichtführung und Darstellungsweise an Rembrandts Selbstbildnis mit verschatteten Augen angelehnt. Auch im radierten Selbstbildnis von Lovis Corinth (Abb. 7, Kat.Nr. 104) lassen sich im selbstbefragenden, kritischen Blick mit den nach oben gerichteten Augen Parallelen zu Rembrandt erkennen. In Kassel arbeitende Künstler beschäftigten sich bereits vor der allgemeinen Rembrandt-Begeisterung mit den Werken des Meisters. In der Kasseler Gemäldegalerie hingen seit der Mitte des 18. Jahrhunderts bedeutendende Werke Rembrandts, darunter das *Selbstbildnis mit Barett und goldener Kette* aus dem Jahr 1654 (Abb. 6), an das sich Joh. August von der Embde bei seinem frühen Selbstbildnis (Abb. 2, Kat.Nr. 19) in Bildausschnitt, Körperhaltung und Lichtführung angelehnt haben dürfte.

Dominanz der Form. Die Trennung von Darstellungsform und Dargestelltem zu Beginn des 20. Jahrhunderts markierte besonders in der Porträtkunst einen Einschnitt, wurden doch die bis dahin gültigen Leitideen der Bildnismalerei – Repräsentation, Individualität und Ähnlichkeit – grundsätzlich in Frage gestellt. Erstmals entstanden Bildnisse, auf denen die Bildordnung nicht mehr vom darzustellenden Individuum aus angelegt wurde.[23] Schon im 19. Jahrhundert waren die formauflösenden Techniken des Impressionismus und Neoimpressionismus, ebenso die übergreifenden Bildstrukturen in Cézannes Porträts, kaum noch mit den herkömmlichen Anforderungen des Porträts zu vereinbaren. So mag Curt Herrmanns zeitweiliger Verzicht auf die Bildnismalerei nach seinem Stilwechsel zum Neoimpressionismus nicht zuletzt mit dieser Schwierigkeit zusammenhängen (vgl. Kat.Nr. 79).[24] Der Kubismus radikalisierte diese Tendenz schließlich zur Vorherrschaft der Form, der Deformation und der Mehrperspektivität über die bis dahin übliche Porträtähnlichkeit. Als eine expressionistische Variante dieser Neuorientierung mag Alexej Jawlenskys Porträt der Elisabeth Epstein (Kat.Nr. 85, Abb. 45) gelten. Hier geht es weniger um die individuellen Gesichtszüge der Dargestellten, als vielmehr um die Intensität der Farben, die emotionaler Ausdrucksträger werden.

Im Umfeld des Ersten Weltkriegs. Während des Ersten Weltkriegs ließ der jähe Sturz von anfänglicher Begeisterung in Abscheu und Entsetzen die Zahl der Künstlerbildnisse schlagartig ansteigen.[25] Vor allem die Selbstbildnisse – als „Bekenntnisse eines inneren Zustandes" (Otto Dix)[26] – waren für viele Künstler ein alltägliches Ausdrucksmittel der inneren Auseinandersetzung. Wie ein Tagebuch begleiten die Selbstbildnis-Reihen mancher Künstler ihren Werdegang und markieren wichtige Etappen in der Biographie, so etwa in den Werken von Käthe Kollwitz, Max Beckmann, Ernst Ludwig Kirchner, Ludwig Meidner oder Conrad Felixmüller. Erich Heckels Selbstbildnis (Kat.Nr. 117, Farbtaf. 6) von 1919 ist hierfür exemplarisch.

Ratlosigkeit und Verzweiflung kennzeichnen die ausgezehrten Gesichtszüge mit den eingefallenen Augenhöhlen, die durch das Medium des Holzschnitts noch akzentuiert werden. Heckel stellt sich mit ringenden Händen dar, ein unmißverständlicher und traditioneller Ausdruck der Trauer und Hoffnungslosigkeit.
Andere Künstler wandten sich dem Schauplatz der Großstadt zu. Als wacher, aber distanzierter Passant mit zusammengekniffenen Augen und eisig verschlossener Miene zeigt sich Dix im scharfen Umriß des Profilbildes, was für ein Selbstbildnis eher ungewöhnlich ist und den nach außen gerichteten Blick eigens betont. Als Künstler, der das großstädtische Leben mit seinen Oberflächlichkeiten und Abgründen kommentiert – oft mit der „ätzenden" Schärfe der Kaltnadel – stellt sich auch Beckmann vor. Auf dem *Selbstbildnis vor Hausgiebel* von 1918 (Abb. 8, Kat.Nr. 113) zeigt er sich mit mißmutig abweisendem Blick und zusammengepreßten Lippen vor einer Hausfront mit Laterne.

Abb. 9, Kat.Nr. 88
Karl Leyhausen, Selbstbildnis, 1927

20er Jahre. Ein vielfältiges Spektrum künstlerischer Ausdrucksmöglichkeiten zwischen expressiver Formensprache und desillusionierendem „sachlichen" Realismus bestimmt die Porträtdarstellungen der 20er Jahre. Typisch für das Porträt der Weimarer Republik ist das Bemühen, den Dargestellten mit seinen Arbeitsattributen in einer für ihn kennzeichnenden Umgebung zu erfassen.[27] Felixmüller stellte den Verleger Franz Pfemfert (Kat.Nr. 120, Abb. 60 u. Kat.Nr. 121, Abb. 61) als Intellektuellen mit Schreibmaschine und Zigarette dar und den älteren Malerkollegen Max Liebermann (Kat.Nr. 122, Abb. 62) zeigte er in dessen Atelier mit Zeichenstift und Skizzenblock in den Händen und mit einigen Werken von dessen berühmter Impressionistensammlung im Hintergrund. Auch Manfred Hirzel gibt sich in seinem Selbstbildnis (Kat.Nr. 92, Abb. 47) von 1931 im Atelier wieder mit Palette und Pinsel in der Hand vor der Staffelei. Auf zahlreichen Künstlerporträts der 20er Jahre fällt auch die von der Fotografie beeinflußte Ausschnittwahl auf. Die Personen werden an den Rändern überschnitten, häufig an mehreren Seiten, wie dies auf den Selbstbildnissen von Karl Leyhausen (Abb. 9, Kat.Nr. 88), Willy Jaeckel (Kat.Nr. 133, Abb. 66) und Hans Drescher-Itter (Kat.Nr. 138) zu beobachten ist.

Nach 1960. Während die ältere Generation nach dem Zweiten Weltkrieg die moderne Tradition des Künstlerbildnisses fortsetzte, war das Porträt unter den jungen, abstrakt arbeitenden Künstlern des Informell kein Thema. Erst als die informelle Malerei seit Anfang der sechziger Jahre an Gewicht verlor, nahm die Zahl der Künstlerbildnisse wieder zu. In Bildausschnitt, Körperhaltung und Attributen weisen diese zwar Verbindungen zur langen Tradition der Bildnismalerei auf, doch dominieren nun neue Ausdrucksweisen: Übermalung oder Fragmentierung, Unschärfe oder Auflösung gewohnter Zusammenhänge, extreme Vergrößerung oder serielle Reihung.[28] Auf Wolf Vostells Décollage *Marilyn Monroe* von 1962 (Kat.Nr. 96, Abb. 48) sind die Starfotos der Schauspielerin als übermalte Zeitungsfetzen nur noch ausschnittweise zu erkennen. Bei Gerhard Richters Porträt von Arnold Bode (Kat.Nr. 97, Farbtaf. 7) aus dem Jahr 1964 ist es die hinzugefügte Unschärfe, die das fotografische Abbild des Ausstellungsmachers in das Medium der Malerei hebt und es aus einem situativen und zeitlichen Zusammenhang löst. Im Bildnis von Joseph Beuys (Kat.Nr. 98, Farbtaf. 10) umgibt Andy Warhol ihn mit jener idolhaften Aura, die er auch auf seinen anderen Starporträts durch Frontalität, monumenthafte Vergrößerung und Doppelung bis zur seriellen Reihung, erreicht.

Abb. 10, Kat.Nr. 99
Joseph Beuys, La rivoluzione siamo Noi, 1972

Seit den siebziger Jahren befaßten sich Künstler verstärkt mit der eigenen Person und erweiterten das Spektrum der Selbstdarstellung. Neben Aspekten der „Selbstaufspürung" (Siegmar Holsten) durch biographisches Material, wie in vielen Arbeiten von Christian Boltanski, bringen fotografisch festgehaltene Aktionen oder mit dem Videogerät aufgezeichnete Performances neue Formen der Selbstdarstellung zum Ausdruck, in deren Mittelpunkt der Körper des Künstlers steht. Zuweilen haben diese Selbstdarstellungen der *Body-Art* zu radikalen künstlerischen Lösungen geführt, die, wie bei den Wiener Aktionisten, über die Selbstverfremdung hinaus bis zur Verletzung, Verstümmelung und auch Zerstörung reichten. Arnulf Rainer begann Ende der sechziger, Anfang der siebziger Jahre – parallel zu Bruce Naumanns grimassierenden Studien für Hologramme – seine Serien mit übermalten Fotos, auf denen er die exaltierte, gleichsam autistisch anmutende Ausdrucksfähigkeit seines Gesichts und Körpers erforschte. Ein farbig übermaltes Selbstbildnis aus der Serie *Face Farces* von 1971/72 (Kat.Nr. 99, Abb. 49) zeigt, wie das Gesicht als Angriffsfläche dient, der Kopf zum Material der eigenen Arbeit wird.[29]

Ein Porträt wie Joseph Beuys' Multiple *La revoluzione siamo Noi* (Kat.Nr. 99, Abb. 10) bringt aber auch den politschen Impetus vieler Künstler der siebziger Jahre zum Ausdruck. Programmatisch inszeniert sich Beuys in ganzfiguriger Frontalansicht mit forschem Schritt und nach vorne gerichtetem Blick als jemand, der im revolutionären Aufbruch begriffen ist und durch die Bildunterschrift auch den Betrachter zum Umdenken auffordert. Damit reklamiert Beuys die führende Rolle des Künstlers als kreatives Element in der Gesellschaft, ein Anspruch, der sich bis zur Renaissance zurückverfolgen läßt und über die Jahrhunderte hinweg auf Künstlerbildnissen immer wieder thematisiert wird.

Stefanie Heraeus

Anmerkungen

1 Die Einführung sucht in enger Anlehnung an die Ausstellung und mit Blick auf die spezifische Situation in Kassel einen Überblick über die Veränderungen des Künstlerbildnisses vom 18. bis 20. Jahrhundert zu bieten. Die Verfasserinnen des Katalogs danken Dr. Marianne Heinz, der Initiatorin der Ausstellung, für ihre umfassende Unterstützung. Für Rat und Hilfe danken wir außerdem Dr. Christiane Lukatis und für weitere wertvolle Hinweise Dr. Hildegard Westhoff-Krummacher (Münster) und Dr. Renate Zander-Seidel (Nürnberg).

2 Vgl. die kontrovers diskutierte Studie von Boehm 1985 (dazu die Rezension von Peter Burke, in: Kunstchronik 41. Jg., Jan. 1988, S. 24-26), außerdem Asemissen/ Schweikhart 1994, S. 63ff.; zum gegenwärtigen Stand der Diskussion vgl. die beiden Tagungsberichte von Claudia Brink/ Andreas Köster, in: Kunstchronik 49. Jg., Febr. 1996, S. 61-64, u. Claudia Hattendorff/ Luke Syson, in: ebd., Aug. 1996, S. 349-355.

3 Vgl. Raupp 1980, S. 9f.

4 Zur Topik der Anekdoten und Legenden, die über Künstler berichtet werden und sich auch in Vasaris Künstlerviten finden, vgl. die Untersuchung von Kris/ Kurz (1934) 1980.

5 Vgl. Raupp 1984, S. 45ff.

6 Vgl. Prinz 1971 u. Langedijk 1992.

7 Vgl. Kemp 1975, S. 122f. u. Schoch 1975, S. 24-36.

8 Johann Georg Lavater, Physiognomische Fragmente zur Beförderung der Menschenkenntnis und Menschenliebe, Leipzig 1783.

9 So etwa die 1769 begonnene Sammlung von Künstler- und Gelehrtenporträts des Leipziger Buchhändlers Philipp Erasmus Reich, dazu Kanz 1993, S. 151ff.

10 Johann Georg Sulzer, Art. Portrait (Malerey), in: ders., Allgemeine Theorie der schönen Künste (1771-1774), Reprint Hildesheim 1967, Bd. 3, S. 718-722; vgl. dazu Kanz 1993, S. 99-105.

11 Vgl. Sulzer 1771-1774, Bd. 3, S. 719, Sp. 1.

12 In zahlreichen Biographien Kasseler Künstler bis weit ins 19. Jahrhundert hinein trifft man auf diesen künstlerischen Werdegang, vgl. die Biographien der Katalognummern. Zur Akademieausbildung allgemein vgl. Siegmar Holsten, Künstlerbildnisse, in: Ausst.Kat. Hamburg 1977, S. 247, zur Situation in Kassel vgl. Knackfuß 1908, S. 25-67.

13 Zwischen 1770 und 1785 besuchten etwa Herder, Voß, Klopstock, Claudius, Goethe und wahrscheinlich auch Lessing Kassel, vgl. Ausst.Kat. Kassel 1979, S.103.

14 Vgl. Kluxen 1989, S. 51-54.

15 Vgl. Busch 1993, S.12f.

16 Zur Tradition des Familienporträts am Beispiel eines Selbstbildnisses von Annibale Carracci vgl. Zapperi 1986, S. 15-20.

17 Zu Gleims Freundschaftstempel vgl. Kanz 1993, S. 138-151, zum Typus des Freundschaftsbildnisses vgl. Keller 1967, S.161-173 u. Lankheit 1952.

18 Vgl. Werner Hofmann, Das neue Selbstbewußtsein des Künstlers, in: Ausst.Kat. Hamburg 1989, S. 341-344 u. ausführlich Großmann 1992, bes. S. 146-172.

19 Vgl. die zahlreichen Selbstbildnisse Runges, die seine Biographie begleiten, in: Ausst.Kat. Hamburg 1977, S. 242-245.

20 Vgl. Kluxen 1989, S. 136-140 u. Mildenberger 1993, S. 244, der die Wandlungen des Künstlerporträts des Klassizismus mit Blick auf den Stuttgarter Hof darlegt.

21 Dies wird besonders deutlich bei so unterschiedlich arbeitenden Künstlern wie Franz von Stuck, Edvard Munch, Ernst Ludwig Kirchner und später Arnulf Rainer, die die Kamera als Instrument nutzten, um die eigene Körpersprache zu analysieren; vgl. hierzu Erika Billeter, in: Ausst.Kat. Stuttgart 1985, S. 15-25. Zu den Wechselbeziehungen zwischen Malerei und Fotografie im 19. Jahrhundert vgl. Schmidt 1982, S. 114-129.

22 Zur Rembrandtrezeption in Deutschland seit dem 19. Jahrhundert vgl. Stückelberger 1996, bes. S. 29-39 u. 53-66.

23 Vgl. Stefan Germer/ Barbara Lange-Pütz, in: Ausst.Kat. Bonn 1990, S. 1f.

24 Vgl. Tutsch, in: Ausst.Kat. Kassel 1991, S. 20-22, Nr. 14.

25 Vgl. Oellers 1976, S. 47-81.

26 Otto Dix im Gespräch mit Fritz Löffler, August 1957, zit. nach Diether Schmidt, Otto Dix im Selbstbildnis, Berlin 1978, S. 221.

27 Zum Bildnis der zwanziger Jahre vgl. Ausst.Kat. Bonn 1976 mit der Einführung von Joachim Heusinger von Waldegg, S. 9-22, zum Porträtstil der Neuen Sachlichkeit vgl. die ikonographische Untersuchung von Oellers 1983.

28 Vgl. Lippert 1975, S. 98-123.

29 Vgl. Siegmar Holsten, Neue Aspekte der Selbstdarstellung, in: Ausst.Kat. Hamburg 1978, S. 44-51 u. 106-112.

KATALOG

Abkürzungen

Abb.	Abbildung
Ausst.Kat.	Ausstellungskatalog
AZ	Städtischer Besitz
bez.	bezeichnet
Biogr.	Biographie
GS	Graphische Sammlung
Inv.	Inventar
Kat.Nr.	Katalognummer
l.	links
MG	Moderne Graphik
MP	Moderne Plastik
o.	oben
r.	rechts
u.	unten

18. Jahrhundert

Malerei

Justus Juncker (Mainz 24.7.1703 - 15.6.1767 Frankfurt/Main)
Nach seiner Ausbildung in Frankfurt am Main bei dem Fassadenmaler Johann Hugo Schlegel hielt sich Juncker für längere Zeit in London auf. Im Jahr 1726 kehrte er nach Deutschland zurück und ließ sich in Frankfurt als Maler nieder. In Frankfurter Kreisen, so im Elternhaus von Johann Wolfgang Goethe, schätzte man ihn vor allem wegen seiner Interieurbilder und Stilleben.

1
Der Meister an der Staffelei
1752
Eichenholz, 48 x 36,8 cm
bez. l. auf einer Lage Zeichenpapier: Juncker fecit 1752
erworben 1752 von Landgraf Wilhelm VIII.
Inv. 1875/657
Abb. 11

Kat.Nr. 1, Abb. 11
Justus Juncker, Der Meister an der Staffelei, 1752

In einem wohl geordneten Atelier, in dem an den Wänden Gemälde in der Art von Bilderkabinetten in mehreren Reihen übereinander hängen, sitzt der Meister – wahrscheinlich Juncker selbst – mit Palette und Pinseln in der Hand vor der Staffelei. Den Kopf zur Seite gewandt, haftet sein prüfender Blick auf dem Blatt seines jungen Schülers, der einen Akt zeichnet. Als Modell dient eine kleine, antiken Vorbildern nachgebildete männliche Gipsfigur, die neben einigen Folianten, Zeichenpapier, Zirkel und Lineal auf dem Tisch postiert ist.
Die verschiedenen Kopfbedeckungen von Lehrer und Schüler – die schlichte Mütze und die zum Zopf gebundene Perücke – weisen explizit auf den unterschiedlichen Status beider Personen hin. Kopfbedeckungen standen bereits in der *Iconologia* des Cesare Ripa (1603) stellvertretend für die darunterliegenden Gedanken. Als gegen Ende des 17. Jahrhunderts die Perücke zum Bestandteil der offiziellen repräsentativen Tracht wurde, zogen es viele Maler vor, Mütze oder Turban als Zeichen des künstlerischen Schaffens beizubehalten.
Mit dem Typus des Atelierbildnisses, der Integration des Selbstporträts in eine Atelierszene, berief sich Juncker auf die holländische Malerei des 17. Jahrhunderts. Auch das von links einfallende Licht, die gedämpfte Farbigkeit wie die Kompositon insgesamt scheinen holländischen Darstellungen von Ateliers und Studierzimmern entlehnt zu sein. Werke von Thomas Wyck, Jan Davidsz. de Heem und Jan van Huysum in Frankfurter Privatsammlungen hatte Juncker während seiner künstlerischen Ausbildung ausführlich studiert und kopiert. Wie für holländische Interieurbilder typisch, so eröffnen auch hier Durchgänge Einblick in weitere Räume. In einem von diesen ist ein Gehilfe des Meisters mit dem Reiben von Farben befaßt.
Das dargestellte Atelier ist offensichtlich kein realer Ort, der Junckers Lebenssituation entsprochen hätte. Vielmehr handelt es sich um eine Kombination verschiedener Motive, die auf hölzernem Malgrund zusammengefügt sind. Neben der Anlehnung an holländische Interieurdarstellungen lassen die Hängung der Gemälde und die kleine Gipsfigur auf dem Türrahmen auch an flämische Galerie- und Atelierbilder denken.
Johann Heinrich Tischbein d. Ä. dürfte Junckers Atelierbild gekannt haben, das Landgraf Wilhelm VIII. unmittelbar nach der Fertigstellung 1752 für die Kasseler Gemäldesammlung erworben hatte. Ein Familienbildnis aus dem Jahr 1774 (Hannover, Niedersächsisches Landesmuseum), auf dem Tischbein sich mit seinen beiden Töchtern in seiner häuslichen Umgebung porträtiert hat, ist dem Meister an der Staffelei in Raumanordnung und Lichtführung auffallend ähnlich.

Hoff 1972, S. 7, Abb. 4; Ausst.Kat. Frankfurt 1982, S.49-54; Hans-Joachim Raupp, in: Ausst.Kat.

Braunschweig 1980, S. 13; Mai 1984, S. 7f.; Ausst.Kat. Kassel 1989, S. 148f., Abb. S. 24, Nr. 27

Johann Valentin Tischbein (Haina 11.12.1715 - 24.4.1776 Hildburghausen)
Tischbein erhielt seine künstlerische Ausbildung zunächst in Darmstadt bei dem Hofmaler Johann Christian Fiedler, dann um 1733/36 in Kassel bei dem Hofmaler Johann Georg von Freese und danach wahrscheinlich in Frankfurt bei Franz Lippold. Seinen Lebensunterhalt erwarb er sich als Hof- und Theatermaler. 1739 arbeitete er am Hof in Laubach, 1744 in Kirchberg/Hohenlohe, zwischen 1747 und 1764 hielt er sich in Holland auf, ab 1765 war er Hofmaler in Sachsen-Hildburghausen.

2
Selbstbildnis
um 1760
Leinwand, 40,3 x 32,8 cm
erworben 1973 von Konrad Strauss, München
Inv. 1875/1590

Mit Palette und Pinseln in der Hand, den Insignien des Malers, stellt sich Johann Valentin Tischbein als ein selbstbewußter Künstler dar, der seinen Blick auf den Betrachter richtet. Er nimmt eine Haltung ein, als ob er Farben auf der Palette mischen würde. Der Hintergrund ist in neutralem Braun gehalten und nur ein altrosafarbener, gebauschter Vorhang am rechten Bildrand definiert geringfügig den Raum, so daß der Blick ganz auf das Gesicht und die Malgeräte gelenkt wird.
Mit Haartracht, Kleidung und Vorhang greift der Maler zwar formelhaft barocke Standessymbole auf, doch geht es ihm nicht um Prächtigkeit, vielmehr sucht er sich betont ungezwungen und leger zu geben. Die weiß gepuderte Allongeperükke, die als Anspielung auf Löwenmähnen an den europäischen Höfen des ausgehenden 17. und frühen 18. Jahrhunderts repräsentativer Bestandteil der männlichen Hofkleidung war, ist an den Enden bereits etwas ausgedünnt, das Hemd ist lässig geöffnet und der braune Rock etwas eng geworden.
Die Lässigkeit der Kleidung läßt sich im 18. Jahrhundert auf vielen Künstlerbildnissen beobachten und wird allgemein als Ausdruck von Kreativität und Streben nach Natürlichkeit und Individualisierung interpretiert. Häufig ist es auch ein Hinweis auf die private, nicht offizielle Funktion des Porträts, wofür hier auch das kleine Format spricht.

Thieme-Becker XXXIII, 1913, S. 212; Gregor Martin Lechner, in: Ausst.Kat. Göttweig 1987, S. 7

Johann Anton Tischbein (Haina 28.8.1720 - 26.7.1784 Hamburg)
Zunächst erlernte er das Tapetenmalen in Paris, 1750/51 ging er mit seinem jüngeren Bruder Johann Heinrich nach Rom. 1753 schrieb er sich als Lehrling an der Akademie in Den Haag ein. Seit 1766 lebte er in Hamburg als Bildnis-, Landschafts- und Historienmaler und gründete eine Zeichenschule.

3
Selbstbildnis vor Staffelei
um 1760
Leinwand, 108 x 86,4 cm
bez. rechts auf der Zeichenmappe: J. A. Tischbein pinxit
erworben in den 1930er Jahren von Ludwig Steinhauser, München
Inv. 1875/1325

Auf diesem Selbstbildnis ist die Inszenierung des Künstlers mit seinen Gerätschaften besonders offensichtlich. Mit grünem, in sich gemustertem Rock und dunkelroter Samtkappe bekleidet, sitzt der Maler an einem Tisch, auf dem er seine Malutensilien angeordnet hat. Pinsel und Palette mit einzelnen Farbtupfern sind zu seiner Linken drapiert, in der einen Hand hält er eine bläulich graue Zeichenmappe, in der anderen einen Halter mit zwei Kreiden, als wollte er gerade zum nächsten Strich ansetzen. Doch ist die Mappe geschlossen, Tischbein porträtierte sich nicht bei der Arbeit, sondern in jener signifikanten Pose, die seit der Mitte des 17. Jahrhunderts einen „geradezu ‚kanonischen' Typus des Künstlerporträts" (Raupp) vorgab. Tischbeins konzentrierter Blick mit den leicht zusammengezogenen Augenbrauen ist aus dem Bild auf den Betrachter gerichtet, ganz so, als wäre dieser sein Modell. Zu seiner Rechten steht die Staffelei mit dem angefangenen, lebensgroßen Bildnis einer Frau mittleren Alters.
Mit diesem Bildnis, das wahrscheinlich die Ehefrau des Künstlers darstellt, präsentiert sich Tischbein als Porträtmaler. Darüber hinaus knüpft er an jene Darstellungen an, die der Frau die Rolle der künstlerischen Muse zuweisen. Dieses Motiv, das sich bis in die antike Mythologie zu Apelles und Campaspe zurückverfolgen läßt und in vielfältigen künstlerischen Umsetzungen bekannt ist, war auf Künstlerporträts des 18. Jahrhunderts ein besonders beliebtes Sujet. Johann Peter Haborg oder Philipp Wilhelm Oeding etwa hatten einige Jahre zuvor, um 1730 bzw. zwischen 1740 und 1750, auf ihren Selbstbildnissen auch das Porträt ihrer Frau auf einer Staffelei im Hintergrund dargestellt (Braunschweig, Herzog Anton Ulrich-Museum).
Auf Tischbeins Bildnis wirkt das Porträt der Frau in

ihrer Körperlichkeit auffallend präsent. Das Gesicht und ein über die Schulter gelegtes, rotes Tuch sind bereits recht weit ausgearbeitet und so plastisch modelliert, daß die beiden Darstellungsebenen verschwimmen, die gemalte Frau auf der Staffelei gleichsam in die Wirklichkeit des Malers tritt. Allein der grob grundierte Oberkörper mit dem noch fehlenden Inkarnat und dem nur angedeuteten altrosafarbenen Kleid weist darauf hin, daß es sich um ein Bildnis im Bildnis handelt.

Thieme-Becker XXXIII, 1913, S. 205; Ausst.Kat. Kassel 1946, Nr. 14; Gaus 1974, S. 221f.; Ausst.Kat. Hamburg 1978, S.88; Ausst.Kat. Braunschweig 1980, S. 7, 22, S. 70-72, Nr. 14, S. 75, Nr. 16

Johann Heinrich Tischbein d. Ä.
(Haina 3.10.1722 - 22.8.1789 Kassel)
Mit 13 Jahren begann Tischbein in Kassel eine Lehre bei dem Tapetenmaler Zimmermann und erhielt parallel dazu mit seinem älteren Bruder Johann Valentin Unterricht bei Johann Georg von Freese. Zwischen 1743 und 1748 lebte er für mehrere Jahre in Paris und lernte durch Carl Vanloo die akademische französische Historienmalerei und die pompös ausstaffierten Standesporträts von Hyacinthe Rigaud und Nicolas de Largillière kennen. Nach einer längeren Italienreise im Jahr 1751 begann ab 1754 seine Karriere als Hofmaler bei den Kasseler Landgrafen, zunächst unter Wilhelm VIII. (1754–60), dann unter Friedrich II. (1760–1785). Seit 1762 hatte Tischbein eine Professur am *Collegium Carolinum* inne, 1776 wurde er Direktor der neu gegründeten Kasseler Akademie für Malerei, Bildhauerei und Baukunst.

4
Selbstbildnis in jüngeren Jahren
um 1752/55
Leinwand, 97,5 x 79,3 cm
erworben 1919 von A. S. Drey aus der Sammlung Georg Hirth, München
Inv. 1875/1246
Abb. Titelbild

Mit versonnenem Blick, dem Betrachter zugewandt, gibt sich Johann Heinrich Tischbein mit grau gepudertem Zopf und eleganter Kleidung als junger Maler zur Zeit des Spätabsolutismus. Im Jahr 1754, zur Entstehungszeit dieses Selbstbildnisses, wurde er von Landgraf Wilhelm VIII. zum Kasseler Hofmaler ernannt. Der gesellschaftliche Anspruch, der mit dem Status des Hofkünstlers verbunden war, äußert sich auch in der Wahl des repräsentativen Kniestücks, das Tischbein beinahe in ganzer Figur wiedergibt.
Demonstrativ hält er in seiner rechten Hand anstelle eines Pinsels den Griffel mit zwei Kreidespitzen und in der linken eine Kreidedose. Diese Geste, ebenso wie die große Zeichenmappe auf seinen übereinandergeschlagenen Beinen, kann man als Bekenntnis zur akademisch-klassizistischen Kunsttheorie deuten, in der die Zeichnung als direkteste Äußerung der künstlerischen Einbildungskraft galt. Auch das kaum begonnene Historienbild auf einer Staffelei im Hintergrund, auf dem skizzenhaft der Oberkörper einer männlichen Figur mit erhobenem Arm vorgezeichnet ist, weist auf den *disegno* als unmittelbarsten Ausdruck der künstlerischen Idee.

Ausst.Kat. Kassel 1989, S. 156, Nr. 6 u. S. 135

5
Selbstbildnis in mittleren Jahren
um 1760
Leinwand, 80,8 x 62,4 cm
erworben 1963 von Walter Baumgarten, Santiago de Chile
Inv. 1875/1418
Abb. 12

Auf dem knapp zehn Jahre später entstandenen Selbstbildnis repräsentiert sich Tischbein als ener-

Kat.Nr. 5, Abb. 12
Joh. Heinrich Tischbein d. Ä., Selbstbildnis, um 1760

gische, selbstsichere Persönlichkeit. Seine Körperhaltung ist äußerst kontrolliert. Während er seinen Oberkörper nach links gedreht hat, ist sein Kopf frontal gegeben. Sein direkter, durchdringender Blick fixiert den Betrachter. Der mit goldenen Knöpfen und Brokatstickereien verzierte Rock, die mit einer Goldborte versehene Weste und das Spitzenjabot weisen ihn als Mitglied der aristokratisch orientierten Gesellschaft am Kasseler Hofe aus. Jegliche Accessoires, die auf den künstlerischen Beruf deuten könnten, etwa Zeichen- oder Malutensilien, fehlen.

Der dunkle Hintergrund dient als neutrale Folie, vor der sich das Brustbild einer Person abhebt, die nicht ihre offiziellen Funktionen am Hof, sondern ihren beanspruchten sozialen Status darstellt. Ein solches Werk wird seinen Platz zwischen den Standesporträts in der Familiengalerie gehabt haben. Gegenstück dieses Selbstbildnisses dürfte das beinahe gleich große Porträt von Tischbeins erster Frau Marie Sophie aus dem Jahr 1761 sein (Hamburger Kunsthalle), das in Körperhaltung und Farbigkeit wie ein Pendant zu diesem Porträt wirkt. Ihr Oberkörper ist nach rechts gedreht, so daß sich die beiden Bildnisse - Tischbein links, seine Frau rechts - zu einem Bilderpaar ergänzen.

Aufbau, Kleidung und Körperhaltung von Tischbeins Selbstbildnis, insbesondere die linke, in die Weste eingeschobene Hand, folgen verbreiteten Formulierungen ständischer Repräsentation. Besonders ähnlich ist etwa ein Bildnis des französischen Dichters Jean-Baptiste Gresset von Louis Tocqué (1696–1772) aus dem Jahr 1750 (Versailles, Musée Nationale du Château de Versailles). Eine Nähe zur französischen Formensprache des Spätabsolutismus zeigt sich auf vielen Bildnissen Tischbeins. Sein mehrjähriger Studienaufenthalt in Paris hatte seinen Porträtstil maßgeblich geprägt.

Becker 1971, S. 35; Ausst.Kat. Kassel 1989, S. 56, Abb. 7; S. 162, Nr. 20

6
Selbstbildnis im Alter
1782
Leinwand, 86 x 71 cm
bez. auf der Zeichenmappe: me ipsum pinxi J. H. Tischbein Hess. Cass. 1782
alter Bestand
Inv. 1875/ 751
Farbtaf. 1

Tischbein hat in diesem Gemälde, das er später der Kasseler Akademie vermachte und von dem es mehrere, leicht voneinander abweichende Fassungen sowie einen Stich gibt, eine neue Auffassung vom Porträt formuliert, wie sie sich im letzten Drittel des 18. Jahrhunderts durchzusetzen begann. Im Vergleich zu den beiden früheren Selbstbildnissen fällt hier die Konzentration auf den Gesichtsausdruck auf. Nicht nur der Bildausschnitt, auch der starke Helldunkel-Kontrast akzentuiert Gesicht und Hände. Es wird kein besonderer Wert auf dekorative Äußerlichkeiten gelegt, etwa auf Details der Kleidung, Spitzenmanschetten oder Goldstickereien, verspielte Schleifenbänder an der Zeichenmappe oder andere Accessoires, die den Blick des Betrachters ablenken.

Tischbein gibt sich als reifer, räsonierender Künstler, als moderner „peintre philosophe“ der Aufklärung, dessen Augen zwar auf den Betrachter gerichtet sind, aber tatsächlich weniger auf einem Objekt der Außenwelt zu haften scheinen, sich eher nach innen kehren. Die Zeichenhand ruht, der Maler ist in seine Gedanken vertieft. Ähnlich wie auf dem frühen Selbstbildnis aus den 1750er Jahren hat er sich vor einer Staffelei mit einem bereits als Skizze begonnenen Gemälde dargestellt, hier ist es die Allegorie auf die Gründung der Kasseler Akademie. Er sitzt an einem Tisch und hält in seinen Händen Kreidestift und Zeichenmappe. Die wie zufällig auf dem Tisch abgelegten beiden Bände von Johann Georg Sulzers *Allgemeiner Theorie der schönen Künste* (1771–1774), sind ein ausdrücklicher Hinweis auf das veränderte zeitgenössische Porträtverständnis. Sulzer hatte im zweiten Band der *Theorie der schönen Künste*, der zu oberst liegt, seinen berühmten Artikel zum Porträt publiziert. Dieser Text sollte die Bildnismalerei bis in die ersten Jahrzehnte des 19. Jahrhunderts maßgeblich beeinflussen. Sulzer erklärte darin den Porträtmaler zum „Seelenmahler“, der anstelle äußerer, idealisierender Repräsentation mit psychologischem Gespür die „menschliche Seele“ und das jeweilige Wesen eines Menschen künstlerisch zu erfassen habe. Der Betrachter solle im Porträtierten gleich wie vor einer wahrhaften Person seinen Charakter empfinden können. Neben theoretischen Erörterungen gab Sulzer auch ganz praktische Hinweise. Ausführlich legte er dar, wie die Hinlenkung auf den Gesichtsausdruck durch Lichtführung, Körperhaltung, Farbgebung und die Ausschnittwahl des Brustbildes künstlerisch zu realisieren sei.

Mit dem *Selbstbildnis im Alter* nähert sich Tischbein dem psychologisierenden bürgerlichen Porträt des ausgehenden 18. Jahrhunderts, wie es in Deutschland vor allem die Bildnisse von Anton Graff verkörpern (Kat.Nr. 19), die Sulzer in seinem Artikel eigens lobend hervorhob.

Sulzer 1771-1774, Bd. 3, S. 718-723; Ausst.Kat. Kassel 1989 S. 166, Nr. 31; Kanz 1993, S. 99-105

Emanuel Handmann (Basel 16.8.1718 - 3.11.1781 Bern)
Nach einer vierjährigen Malerlehre bei Johann Ulrich Schnetzler in Schaffhausen ging er 1739 nach Paris und setzte bis 1742 im Atelier von Jean Restout d. J. seine Ausbildung fort. Nach einem längeren Italienaufenthalt kehrte er schließlich 1746 in die Schweiz zurück und arbeitete in Bern hauptsächlich als Bildnismaler des dort ansässigen Patriziates.

7
Der Bildhauer Johann August Nahl d. Ä.
um 1755
Leinwand, 77,5 x 63,5 cm
erworben 1902/03 vom Buchhändler Vietor, Kassel
Inv. 1875/1157
Abb. 13

Dieses Porträt dürfte kurz vor Nahls Umzug von Bern nach Kassel im Jahr 1755 entstanden sein. Nahl hatte seit 1746 in Bern gelebt und wohl dort den Bildnismaler Handmann kennengelernt. Handmann hat mit diesem halbfigurigen Porträt ein Bildnis von Nahl als Bildhauer geschaffen, das in der Tradition barocker Repräsentationsporträts steht.
Den Kopf nach links gewandt und leicht gehoben, blickt Nahl in die Ferne. Er trägt ein weißes Hemd und einen Rock in gedämpftem, changierendem Ockergelb mit viollettfarbenen Schleifenbändern an Kragen und Ärmeln. Der Rock bildet einen farblichen Kontrast zum leuchtenden Blau des Himmels und zum gedämpften Braun des Mauerwerks im Hintergrund, vor dem am linken Bildrand ein Sockel mit einer Büste im Profil steht und ein Meißel liegt.
Nahls Hände, die sich beinahe in der Bildmitte befinden, umfassen kraftvoll einen Hammer. Diesen stützt er vor seinem Körper auf einen großen, aus Stein gehauenen, bärtigen Kopf. Der Kopf ist überlebensgroß und seine Gesichtszüge enthalten durch die hervorspringende Nase und die kräftigen Augenbrauen etwas Grobes. Er wirkt besonders wuchtig und präsent, da er angeschnitten ist und unmittelbar an den unteren Bildrand grenzt.
Mit der Darstellung der Skulptur und der für Nahl gewählten Pose knüpfte Handmann an eine Tradition des Bildhauerporträts an, die im 16. Jahrhundert in Venedig entwickelt worden war und auch nördlich der Alpen, besonders durch die Vermittlung von van Dycks *Iconographie,* wirkte. Auf diesen Bildnissen halten die Bildhauer in ihren Händen Skulpturenfragmente, die zumeist nicht ihre eigenen Werke, sondern Antiken wiedergeben. Auch Handmann hat mit dem Kopf wohl nicht auf ein bestimmtes Werk von Nahl angespielt als vielmehr auf die *sculptura,* die Bildhauerkunst allgemein.

Kat.Nr. 7, Abb. 13
Emanuel Handmann, Johann August Nahl d. Ä., um 1755

Thieme-Becker XV, 1913, S. 583-585; Bleibaum 1933, Frontispiz m. Abb.; Ausst.Kat. Bern 1970, S. 21f.; Freivogel 1985-1988, S. 44-50; Raupp 1989, S. 81-83

Johann Werner Kobold? (Eschwege? 1740 - 30.4.1803 Kassel)
Durch eine jährliche Unterstützung des Landgrafen Wilhelm VIII. erhielt Kobold seit 1755 eine Ausbildung im Zeichnen und Schreiben, während der er sich zeitweise auch in Franken und Schwaben aufhielt. Nach seiner Rückkehr nach Kassel arbeitete er als Hofdessinateur des Landgrafen Friedrich II. Seit Februar 1772 lehrte er in der Nachfolge von Johann Heinrich Tischbein d. J. als Mal- und Zeichenlehrer an der Kasseler Akademie. Er arbeitete überwiegend als Bildnismaler und war über die engeren Landesgrenzen hinaus bekannt.

8
Johann August Nahl d. Ä.
undat.
Leinwand, 80,2 x 66,2 cm
erworben 1956 von Gertrud Nahl, Darmstadt
Inv. LM 1956/ 124

Im Unterschied zu Handmann, der Nahl in einem lichten Außenraum präsentiert, zeigt Kobold ihn in einem dunklen Atelier. An der rechten Wand im

Hintergrund sind verschiedene Gipsmodelle zu erkennen. Eine männliche Büste und ein kleiner Torso stehen auf einer Konsole, eine abgeformte Hand und ein Kopf sind mit Haken an der Wand befestigt.
Den Kopf leicht zur Seite gedreht, blickt Nahl mit weit geöffneten Augen aus dem Bild. Er trägt eine Hauskappe und einen braunen zweireihigen Rock, der sich kaum von der gedämpften Farbigkeit des Hintergrundes abhebt. Lediglich das Innenfutter des Rockes und die Umschläge an den Ärmeln setzen einzelne Farbakzente in hellem Grünblau und blaßem Gelb. Der Bildhauer stützt seinen Arm auf einen Bossierstuhl, auf dem Modelliermasse, Modellierstäbe und ein Tuch liegen. In seiner rechten Hand hat er einen Modellierstab, so als ob er mitten in der Arbeit begriffen sei. In der anderen Hand hält er einen Bozzetto, der anscheinend Nahls *Ausruhenden Herkules* darstellen soll, wenngleich Proportionen und Körperhaltung etwas abweichen und die Figur spiegelbildlich gegeben ist. Sie gibt einen Anhaltspunkt für die Datierung des Bildnisses. Nahl hatte um 1770 seine Terrakottakopie nach einer kleinformatigen Bronzereplik der antiken Mamorstatue des *Herkules Farnese* angefertigt, die sich seit Mitte des 18. Jahrhunderts in der landgräflichen Sammlung befand.

Thieme-Becker XXI, 1913, S. 64; Ausst.Kassel. 1979, S. 223, Nr. 315; Ausst.Kat. Kassel 1994 (b), S. 44, Nr. 8

Anna Dorothea Therbusch, geb. Lisiewska
(Berlin 23.7.1721 - 9.11.1782 Berlin)
Die an den deutschen Höfen anerkannte Porträtistin gehörte der aus Polen stammenden Berliner Malerfamilie Lisiewski an. Sie war die jüngere Schwester der Malerin Anna Rosina de Gasc und die Tochter des Malers Georg Lisiewski, bei dem sie auch ihre Ausbildung erhielt. In der Sammlung Friedrichs II. studierte sie außerdem die Werke von Antoine Watteau und Antoine Pesne, die ihren Malstil stark beeinflußten. Ab 1760 bekam sie Aufträge des Stuttgarter Herzogs Karl Eugen und des Mannheimer Kurfürsten Carl Theodor, letzterer ernannte sie zur Hofmalerin. Zwischen 1765 und 1768 hielt sie sich in Paris auf und wurde in die Académie Royale aufgenommen. Ab 1769 lebte sie wieder in Berlin und bekam Bildnisaufträge von Mitgliedern des Preußischen Hofs, des Adels und der Bürgerschaft.

9
Ernst Friedrich Therbusch (+ 1772), der Ehemann der Malerin und sie selbst im Hintergrund
1764/65 und um 1776
Leinwand, 147,5 x 118 cm
alter Bestand
Inv. 1875/1390
Abb. 14

In einer Waldlichtung sitzt auf einem moosbewachsenen Vorsprung ein Mann mittleren Alters, der in ganzer Figur wiedergegeben ist. Die Beine übereinandergeschlagen, hält er in seinen Händen Zeichenmappe und Kreide und fixiert mit leicht geneigtem Kopf den Blick des Betrachters. Bekleidet ist er mit einem schwarzen, runden Hut mit weißer Krempe und einem Rock und Kniehose aus orange-brauner Seide. Über seine linke Schulter hat er einen hellviolettfarbenen Mantel geworfen, der in großen Falten aufgebauscht ist.
Ursprünglich hatte Anna Dorothea Therbusch nur ein Kniestück gemalt. Erst 1776 stückte sie das Bildnis an allen vier Seiten an und erweiterte es zu einem ganzfigurigen Landschaftsporträt. Bäume und Blattwerk sind nur flüchtig angedeutet und unterscheiden sich im Pinselduktus vom nuancierten Farbauftrag der pastellfarbenen Kleidung und des Inkarnats. Derartige Landschaftsporträts waren ge-

Kat.Nr. 9, Abb. 14
Anna Dorothea Therbusch, Der Ehemann der Künstlerin und sie selbst im Hintergrund, 1764/65 und um 1776

rade im ausgehenden 18. Jahrhundert in England sehr verbreitet.
Bei der Erweiterung des Gemäldes fügte Therbusch im Hintergrund auch eine weibliche Figur hinzu, die eine weiße Haube und ein hellblaues Kleid trägt und in den Händen ein Buch hält. Wenn man dies als Skizzenbuch deuten darf, so ist es ein Hinweis darauf, daß sich die Malerin hier selbst dargestellt hat. Ihre Gesichtszüge legen dies im Vergleich mit anderen Selbstbildnissen allerdings nicht unmittelbar nahe.
Die bisherigen Deutungen der männlichen Gestalt sind wenig überzeugend. Reidemeister (1924, S. 66, Nr. 22) hält den Dargestellten für Ernst Friedrich Therbusch, den Ehemann der Malerin. Dieser aber war Gastwirt, nicht Maler. Und in den 1760er Jahren war das Zeichnen in der Landschaft unter Amateuren noch kaum verbreitet. Außerdem hatte Therbusch ihren Mann vier Jahre zuvor in einem Brustbild festgehalten (Nürnberg, Germanisches Nationalmuseum; Abb. bei Berckenhagen 1987, S. 148, Nr. 116), auf dem dieser – außer in der Mundpartie – wenig Übereinstimmungen mit dem Kasseler Bildnis aufweist. Berckenhagen (1987, S. 145, Nr. 100) deutet die männliche Figur als den Bruder der Malerin, Christian Friedrich Reinhold Lisiewski, der Hofmaler in Dessau war. Diese Vermutung basiert vor allem auf der Tatsache, daß die beiden Geschwister zwischen 1772 und 1779 in Berlin zusammenarbeiteten. Es gibt ferner ein Selbstbildnis der Malerin (Weimar, Schloßmuseum), das lange Zeit als Pendant des Kasseler Porträts diente, auch Anfang der 1760er Jahre entstanden ist und ebenfalls 1776 angestückt wurde. Auf diesem ist im Hintergrund eine männliche Figur an der Staffelei zu erkennen, die als Therbuschs Bruder angesehen wird, ohne daß sich dies allerdings eindeutig plausibel machen läßt.
Ein Selbstporträt des Dilettanten Johann Christian Samuel Gohl (1743-1825) aus dem Jahr 1778 (Braunschweig, Herzog Anton Ulrich-Museum) hat hingegen auffällige Ähnlichkeit mit der männlichen Figur des Kasseler Bildnisses. Nicht nur in den Gesichtszügen, auch in der Kleidung – der rosig-orangefarbenen Seidenjacke über dem weißen Hemd, dem pflaumenroten Mantel und dem breitkrempigen Hut – gibt es Parallelen. Therbusch kannte Gohl, der zunächst als Hauptmann im Militär der Braunschweiger Herzöge gedient hatte. Zwischen 1756 und 1763 nahm er dann Mal- und Zeichenunterricht bei ihrer älteren Schwester, der Braunschweiger Hofmalerin Anna Rosina de Gasc. In der Folgezeit soll er sich bei den Geschwistern seiner Lehrmeisterin – der Therbusch und ihrem Bruder – weitergebildet haben. Es kann also durchaus möglich sein, daß es sich bei dem Dargestellten um Gohl handelt.

Reidemeister 1924, S. 66 u. 79f.; Ausst.Kat. Braunschweig 1980, S. 81-83; Berckenhagen 1987, S. 118-160; Kat. Braunschweig 1989, S. 131f., Nr. 711

Johann Friedrich August Tischbein (Maastricht 9.3.1750 - 21.6.1812 Heidelberg),
Der Sohn des Johann Valentin Tischbein gehört neben seinem Onkel Johann Heinrich d. Ä., bei dem er auch Unterricht erhielt, zu den bedeutendsten Malern der Tischbein-Familie. Im Unterschied zu seinem Onkel malte er überwiegend Porträts. 1772 bis 1777 setzte er seine Ausbildung in Paris, dann bis 1780 in Rom und Neapel fort. Er lebte als höfischer Wanderkünstler, zunächst ab 1780 als Waldeckischer Rats- und Kabinettmaler in Arolsen. Zwischen 1781 und 1794 hielt er sich mehrfach in Den Haag und Amsterdam auf. 1795 wechselte er in den Dienst des Fürsten Leopold Friedrich Franz nach Dessau und im Jahr 1800 wurde er Direktor der Leipziger Kunstakademie. Von 1806 bis 1808 lebte er in Petersburg.

10
Selbstbildnis mit Frau Sophie und Tochter Betty
1788
Leinwand, 130 x 120 cm
erworben 1975 vom Auktionshaus Weihmüller, München
Inv. AZ 4450
Farbtaf. 2

Vor einer Baumgruppe hat sich Tischbein mit seiner Frau und der neugeborenen Tochter Betty in einer idyllischen Landschaft mit bewachsenem Ufer, Gewässer und einer Bergkette am Horizont dargestellt. Seine Frau, sitzend nach rechts gewandt, hat ihre rechte Brust entblößt und stillt ihr Kind, das nackt in ihrem Arm liegt. Während ihr zärtlicher, liebevoller Blick auf dem Kind ruht, und sie mit ihm zu einer innigen Szene vereint ist, richtet Tischbein seine Augen frontal auf den Betrachter, wenngleich sein Blick eher abwesend und versonnen wirkt. Er stützt sich, die lange Tonpfeife in der Hand, auf einen grasbewachsenen Felsblock. Nicht nur räumlich, auch durch die Farbe seiner Kleidung wird der junge Vater von Mutter und Kind getrennt. Sein schwarzer Frack, unter dem der Kragen seiner roten Weste hervorschaut, bildet einen farblichen Kontrast zum gebrochenen Weiß des bodenlangen Seidenkleides und den etwas wärmeren Weißtönen der Inkarnate. Die Farben sind sehr dünn aufgetragen und wirken mit ihren weichen Übergängen und dem gedämpften Kolorit wie Pastellmalerei.
Dieses Porträt ist ein Beispiel für den im 18. Jahrhundert neuen Typus des zum Familienbild erwei-

terten Selbstporträts, wenngleich die offen gezeigte Intimität dieser Stillszene eher ungewöhnlich ist. Ein Porträt, das in Bildaufbau und Personenanordnung Tischbeins Gemälde recht ähnlich ist und auch eine private Stillszene wiedergibt, ist ein undatiertes Familienbildnis von Johann Georg Edlinger (München, Neue Pinakothek). Mit der Darstellung seiner Familie gab sich der Künstler als Teil der bürgerlichen Gesellschaft, der die Familie materiell und ideel als tragende Lebensgemeinschaft galt. Häufig, wie auch hier, fehlen Berufsutensilien. Statt dessen werden Attribute gezeigt, die auf persönliche Vorlieben aufmerksam machen, wie Tischbeins Pfeife.

Analog zu traditionellen Familienbildnissen, deren Typus sich im 16. Jahrhundert durchsetzte, ist Tischbein auf der rechten und seine Frau auf der linken Seite gegeben. Mit der pyramidalen Anordnung der Dreiergruppe, die bereits in der Komposition die Familienzusammengehörigkeit zum Ausdruck bringt, knüpfte Tischbein an Darstellungen der Heiligen Familie an. Häufig sind auf diesen Maria und Christuskind im Vordergrund sitzend dargestellt, während Joseph – wie hier Tischbein – etwas abseits hinter der Gruppe steht. Mit der Nähe zur Heiligen Familie griff Tischbein eine Formulierung aus einem religiösen ikonographischen Bildschema auf, um diese für die Darstellung seines künstlerischen Selbstverständnisses zu profanisieren.

Das Familienidyll mit nacktem Säugling in der Natur wirkt geradezu wie eine Illustrierung der Prinzipien Rousseaus. Jean Jacques Rousseau hatte sich gegen das Ammenwesen gewandt und propagiert, daß Mütter ihre Kinder selbst stillen sollten. Auf vielen Frontispizen seiner Schriften, so von Charles Nicolas Cochin oder Noel Lemire, die die wichtigsten Stufen der Erziehung schildern, sind stillende Mütter dargestellt. Auch meint man hierin die neuen pädagogischen Auffassungen von der eigenen Persönlichkeit des Kindes zu erkennen, wie sie Johann Bernhard Basedow und Johann Heinrich Pestalozzi forderten und mit der sich Tischbein beschäftigt haben soll.

Die Darstellung einer zärtlichen Beziehung zwischen Mutter und Kind, die auch auf anderen Porträts von Tischbein zu beobachten ist, scheint von der zeitgenössischen Malerei in Frankreich und England beeinflußt zu sein. Tischbeins Parisaufenthalt Anfang der 1770er Jahre hatte ihn mit den Bildnissen von Jean-Baptiste Greuze und Elisabeth Vigée-Lebrun vertraut gemacht. Anschließend in Rom lernte er durch Anton Raphael Mengs die moderne englische Porträtauffassung kennen. Vor allem englische Familienbildnisse des ausgehenden 18. Jahrhunderts waren häufig in Landschaften eingebettet, um die Natürlichkeit der Empfindungen zu bezeugen.

Kat.Nr. 11, Abb. 15
Wilhelm Böttner, Selbstbildnis im Reisekostüm, 1781

Von Einem 1978, S. 29f.; Kat.München 1978, S. 79, Nr. 10082; Lorenz 1985, S. 60f., 65f.; Börsch-Supan 1988, S. 140f.; Kluxen 1989, S. 141f.; Erlemann 1993, S. 43-50, S. 130, Abb. 66; Franke 1993, Bd. 1, S. 73f., Bd. 2, S. 472, Nr. 461; Ausst.Kat. Münster 1995, S. 190f.

Wilhelm Böttner (Ziegenhain 24.2.1752 - 24.11.1805 Kassel)
Seit 1767 war er Schüler von Johann Heinrich Tischbein d. Ä., ab 1773 setzte er seine Ausbildung in Paris und ab 1777 in Rom fort. 1781 zog er nach Kassel, drei Jahre später wurde er zum Hofmaler berufen und acht Jahre später zum Professor an der Kasseler Akademie ernannt. Nach dem Tod seines Lehrers Johann Heinrich Tischbein im Jahr 1789 wurde er Direktor der Kasseler Akademie und galt als einer der führenden Porträt- und Historienmaler Kurhessens.

11
Selbstbildnis im Reisekostüm
1781
Leinwand, 56 x 44,3 cm
erworben 1966 von Peter Flori, Wiesbaden
Inv. 1875/1441
Abb. 15

Das Selbstbildnis mit schwarzem, breitkrempigem Reisehut und capeartigem Mantel entstand in je-

nem Jahr – 1781 – als Böttner von Rom nach Kassel umzog, da ihn die hiesige Akademie als Mitglied aufgenommen hatte.
Der Hauptakzent dieses Brustbildes, das vor neutralem dunklem Grund dargestellt ist, liegt auf dem Gesicht, auf dem sich das Licht bündelt. Während der Oberkörper nach links gedreht ist, wendet der Maler seinen Kopf dem Betrachter zu. Sein Blick ist direkt und unverstellt, die Gesichtszüge wirken noch jung. Jegliche Attribute, die auf den künstlerischen Beruf hinweisen, fehlen. Der mit einer Goldborte versehene, breite Mantelkragen sowie die rote, kaum sichtbare Innenseite des Stehkragens sind neben den rötlich gefärbten Lippen die einzigen Farbakzente des Bildes.
Das Reisekostüm spielt wohl auf Böttners ausgedehnte Heimreise von Rom nach Kassel an. Gemeinsam mit Johann August Nahl d. J. war er im Mai 1781 von Rom über Mantua, Venedig, Innsbruck, Augsburg, München, Wien, Prag und Dresden nach Kassel gereist, wo er schließlich ein halbes Jahr später, im Oktober, eintraf.
Das Reisekostüm war auch jenes Kleidungsstück, das die damals in Rom lebenden Künstler, Gelehrten, Bildungsreisenden und Diplomaten zu tragen pflegten. Diese Kleidung, mit der man auf besondere Standessymbole verzichtete, war Ausdruck für das Studieninteresse der Reisenden, die die römischen Altertümer erkunden wollten. Böttner hatte mehrere Jahre, zwischen 1777 und 1781, in Rom gelebt und die dort lebende Künstler- und Gelehrtenkolonie kennengelernt.

Justi, Böttner und Nahl, in: Meusel 1796, S. 290-305; Thieme-Becker IV, 1913, S. 211f.; Ausst.Kat. Köln 1977, S. 7-17, Nr. 2-6; Ausst.Kat. Kassel 1994 (b), S. 25

12
Selbstbildnis mit Palette
um 1785/1790
Leinwand, 56 x 44,3 cm
erworben 1969 von Clara Egger, Kassel
Inv. 1875/1511
Abb. 16

Auf dem einige Jahre später entstandenen Selbstporträt gibt sich Böttner in der Pose des selbstsicheren Künstlers. 1784 war er vom Landgrafen Friedrich II. zum Hofmaler berufen worden und ab 1789 trat er die Nachfolge von Johann Heinrich Tischbein d. Ä. als Direktor der Kasseler Kunstakademie an. Der Stolz auf seine beruflichen Erfolge ist in diesem Bildnis zu spüren.
Souverän lehnt Böttner mit seinem rechten Arm auf einem Fensterrahmen, so daß sein Ellenbogen illusionistisch aus dem Bild ragt. Während sein Oberkörper zur Seite gedreht ist, richtet er seinen ernsten Blick auf den Betrachter. Er ist vornehm zurückhaltend gekleidet, mit weiß gepuderter Perücke, grauem Rock und weißem Halstuch. Sein Gesicht zeigt edle Blässe und hat durch die glatte Malweise beinahe porzellanene Qualität. In den Händen hält er Pinsel, Palette und Malstock. Im Hintergrund sind ein dunkelgrüner Vorhang und eine grob grundierte Leinwand auf einer Staffelei zu erkennen.
Mit der Pose des auf einer Brüstung aufgestützten Arms folgte Böttner einem traditionellen Darstellungstypus. Ein bekanntes Beispiel dafür ist Tizians frühes, um 1512 entstandenes Bildnis eines unbekannten Mannes (London, National Gallery), auf dem der Dargestellte in etwas stärkerer Seitenansicht auf einem hölzernen Fensterbalken lehnt. Auch Rembrandt, der Tizians Gemälde kannte, stellte sich auf zwei Selbstbildnissen in dieser Pose dar, auf einem radierten Selbstbildnis von 1639 und dem ein Jahr später fertiggestellten Selbstbildnis im Alter (London, National Gallery). Das Zitieren und Variieren bekannter Vorbilder läßt sich bei Selbstbildnissen oft beobachten. Der Anschluß an bedeutende Künstlerbildnisse wurde bewußt gesucht, um zu demonstrieren, daß man sich diesen gewachsen fühlte. Im Falle Böttners, der wahrscheinlich gerade zum Dirketor der Akademie berufen worden war, kommt hiermit ein gesellschaftlicher Anspruch zum Ausdruck. Darüberhin-

Kat.Nr. 12, Abb. 16
Wilhelm Böttner, Selbstbildnis mit Palette, um 1785/90

aus formulierte er damit das akademische Selbstverständnis, das das Kopieren alter Meister als wichtigen Bestandteil der künstlerischen Ausbildung ansah.

Justi, Böttner und Nahl, in: Meusel 1796, S. 290-305; Raupp 1984, S. 171; Ausst.Kat. Berlin 1991, S. 218-221, Nr. 32

Johann August Nahl d. J. (Bern 7.1.1752 - 31.1.1825 Kassel)
1763 ging er für etwa ein Jahr in die Malerlehre zu Johann Heinrich Tischbein d. Ä., ab 1765 setzte er seine Ausbildung in Straßburg fort, erst bei dem Maler Tanesch, dann bei dem Landschaftsmaler Christoph von Bemmel. Von 1765 bis 1770 erlernte er bei Emanuel Handmann in Bern die Porträtmalerei. Nach einem längeren Aufenthalt in Kassel ging er 1773 nach Paris und ein Jahr später nach Rom. 1781 kehrte er gemeinsam mit Böttner nach Kassel zurück, um ein Jahr später wieder nach England aufzubrechen. Es folgten weitere Reisen nach Rom, Neapel, London und in die Schweiz. 1793 schließlich kehrte er endgültig nach Kassel zurück, und 1815 wurde er zum Direktor und Professor der Malerei-Klasse an der Kasseler Akademie ernannt.

13
Selbstbildnis
um 1775-1780
Leinwand, 56,9 x 47 cm
erworben 1953 von G. Nahl
Inv. AZ 1437
Abb. 17

Dieses undatierte Brustbild dürfte während Nahls erstem Aufenthalt in Rom entstanden sein, wo er frei und unabhängig von akademischen Regeln dem Studium antiker Kunst nachgehen konnte.
Nahl gibt sich als jungen Künstler wieder, der schwärmerisch seinen Gedanken nachgeht. Vor dunkelbraunem Hintergrund hat er den Oberkörper nach links gedreht, während er seinen leicht zur Seite geneigten Kopf in entgegensetzte Richtung über die rechte Schulter dem Betrachter zuwendet. Sein Blick mit den schweren Augenlidern wirkt entrückt, wie von einer Idee erfüllt.
Das Bildnis ist eng in die Fläche eingepaßt. Mit Palette und Pinseln, die Nahl in der linken Hand hält, ist es als Dreieckskomposition aufgebaut, die den Kopf des Malers hervorhebt.
Der lockere Pinselduktus des Oberkörpers und das salopp geöffnete weiße Hemd unterstützen den Eindruck des inspirierten, schöpferischen Künstlers. Nahl trug die Farben bei Gesicht und Körper

Kat.Nr. 13, Abb. 17
Johann August Nahl d. J., Selbstbildnis, um 1775/80

unterschiedlich auf. Während er seine Gesichtszüge fein herausarbeitete, gab er von dem einfachen, weißen Hemd und der dunkelroten, schmucklosen Weste keine Details wider. Großzügige, rasch gesetzte Pinselstriche umschreiben die unterschiedlichen stofflichen Qualitäten der Kleidung.

Ausst.Kat. Kassel 1994 (b), S. 66, Nr. 70 m. Abb.

14
Samuel Nahl zeigt seiner Braut die Büste seines Bruders
1782
Leinwand, 44,5 x 36,9 cm
erworben 1932 von G. Nahl
Inv. 1875/1297
Abb. 18

Dieses Bildnis der Künstlerfamilie Nahl entstand kurz vor der Abreise des Malers nach London im Frühjahr 1782 und war ein Hochzeitsgeschenk für seinen älteren Bruder, den Bildhauer Samuel Nahl (1748-1813). Mit Blick auf die Thematik des Künstlerbildnisses ist dieses Doppelporträt insofern besonders interessant, da es Künstlerbildnisse zweier Generationen enthält und das Porträt des Bildhauers Nahl mit seinen Werken unmittelbar verschränkt ist mit der Selbstdarstellung einer Künstlerfamilie.

Kat.Nr. 14, Abb. 18
Johann August Nahl. d. J., Samuel Nahl und seine Braut vor der Büste des Bruders, 1782

Samuel Nahl ist zusammen mit seiner Braut Charlotte Louise Guyart (* 1761) als Hüftstück in einem klassizistisch gestalteten Intérieur gezeigt. Während er in seiner linken Hand ein Modellierholz hält und sich auf einen Stuhl abstützt, auf den er sein Arbeitstuch abgelegt hat, weist er mit seiner rechten auf eine von ihm geschaffene Gipsbüste, die auf einem runden Tischchen steht und den Bruder Johann August wiedergibt, den Maler des Gemäldes. Diese Büste gilt seit 1945 als verschollen. Die physiognomischen Ähnlichkeiten zwischen den beiden Brüdern sind augenfällig: das runde, weiche Kinn, die schmale aufwärts geschwungene Nase und die vollen Wangen.
Charlotte, die mit einem Strohhut mit Seidenblumen, einem mattrosa schimmernden Kleid und einem pelzverbrämten, cremefarbenen Umhang elegant gekleidet ist, hat ihre linke Hand auf Samuels Schulter gelegt, mit der rechten deutet sie auf ein Reliefmedaillon, das in die mit Grau und Grün abgesetzte Verkleidung der klassizistisch ornamentierten Rückwand eingelassen ist. Es stellt im Profil den Vater der beiden Brüder dar, den ein Jahr zuvor verstorbenen Bildhauer Johann August Nahl d. Ä. (1710-1781). Samuel Nahl hatte das Marmororiginal, das sich heute im Weißensteinflügel des Schlosses Wilhelmshöhe in Kassel befindet, ein Jahr zuvor, 1781, angefertigt. Indem es auf dem Gemälde in einen Lorbeerkranz eingefaßt ist, wirkt es wie ein Memorialbild. Es bildet den Endpunkt einer ansteigenden Diagonale, die von der Büste des jüngeren Bruders ausgeht und über das Brautpaar zum Vater verläuft. Damit spiegelt die Komposition die Familiengenealogie wider mit Johann August Nahl d. Ä. an der Spitze. Auffällig ist außerdem, daß Vater und Söhne – die Mitglieder der Familie Nahl – im Profil, Charlotte hingegen en face dargestellt ist.
Die drei Künstlerbildnisse geben verschiedene Porträtauffassungen wieder. Während der Vater im Rundrelief mit der zu einem Zopf geflochtenen Perücke und den feinlinigen Gesichtszügen vornehm und etwas idealisierend dargestellt ist, zeigt die Büste des Bruders im Gesicht starke physiognomische Ähnlichkeit, die Haartracht hingegen scheint antiken Vorbildern nachempfunden zu sein. Samuel Nahl ist in der zeitgenössischen Mode wiedergegeben, mit breitkrempigem, schwarzem Hut, grüngefüttertem rotbraunem Rock, gelber Weste und weißem Hemd.

Ausst.Kat. Kassel 1994 (b), S. 25, S. 66f., Nr. 71

15
Jugendbildnis des Johann Christian Ruhl
1782
Blei-Zinn-Legierung, 15 x 11 cm
bez. verso in die Platte eingeritzt: A. Nahl p. 1782; verso auf der Abdeckpappe: August Nahl pinxit/ 1782 Caßel/ im 16ten jahr
erworben 1940 aus dem Nachlaß von A. Fiorino
Inv. LM 1940/479

Nahl wird dieses kleinformatige Brustbild seines sehr viel jüngeren Künstlerfreundes Johann Christian Ruhl (1764-1842) Anfang des Jahres 1782 gemalt haben, kurz vor seiner Abreise nach London. Der aus Kassel stammende Ruhl, der später als Professor an der Kasseler Akademie tätig war und Möbelentwürfe und Skulpturen für die Ausstattung des Wilhelmshöher Schlosses schuf, war zum Zeitpunkt, als das Porträt entstand, erst sechzehn Jahre alt. Er hatte bereits zwei Jahre lang zwischen 1777 und 1779 die Zeichenklasse der neugegründeten Kasseler Akademie besucht.
Er ist im Dreiviertelprofil vor neutralem braunem Grund gegeben. Während er seinen Oberkörper nach rechts gedreht hat, ist sein Kopf in entgegengesetzte Richtung nach links gewandt. Das Licht fällt vor allem auf die rechte Gesichtshälfte. Die zarten Schattierungen des Inkarnats und der leicht geöffnete Mund betonen die weichen Gesichtszüge und lassen ihn noch jünger, beinahe kindlich erscheinen. Warme, braun-grüne Farbtöne sind vorherrschend. Ruhl trägt einen braunen Rock mit grünem, abgesetztem Revers, ein weißes, offenes

Hemd und einen braunen Hut mit hellgrauem Schmuckband.
Das Porträt ist ein Beispiel für die zahlreichen Freundschaftsbildnisse, die im ausgehenden 18. Jahrhundert im Zuge der starken Aufwertung der Freundschaft entstanden. Neben großen repräsentativen Bildnissen, die der persönlichen Affinität oder Geistesverwandtschaft Ausdruck verleihen sollten, fertigten Künstler – zumeist jüngeren Alters – auch miniaturhafte Porträts voneinander an.

Lankheit 1952, S. 39-48; Ausst.Kat. Kassel 1994 (a), S. 125, Nr. 42, S. 128; Ausst.Kassel 1994 (b), S.67, Nr. 72 m. Abb.; Ausst.Kat. Bordeaux 1995, S. 13-24

16
Johann Christian Ruhl
1789
Blei-Zinn-Legierung, 16 x 12 cm (ovaler Spiegel)
bez. verso oben in die Platte eingeritzt: Nahl pinxit; verso auf der Abdeckplatte: August Nahl pinxit. a Rom 1789 im 24ten jahr.
erworben 1940 aus dem Nachlaß von A. Fiorino
Inv. LM 1940/480

Dieses Bildnis entstand zu jener Zeit, als sich Ruhl als Kasseler Stipendiat in Rom aufhielt und wahrscheinlich bei seinem älteren Freund Nahl wohnte. Das Brustbild vor dunkelgrün-grauem Grund ist ähnlich wie das sieben Jahre zuvor entstandene Bildnis aufgebaut. Ruhl hat seinen Oberkörper leicht nach rechts, den Kopf hingegen nach links gewandt. Auch in Farbgebung und Kleidung ist es dem ersten Porträt verwandt. Ruhl trägt einen dunkelblauen Rock und eine ockerfarbene Weste über einem weißen Hemd und einen schwarz-grünen, breitkrempigen Hut.
Das ovale Format des Bildnisses und der metallene Grund macht die Nähe zu den damals verbreiteten Bildnisminiaturen und damit die Intimität dieses Freundschaftsbildes deutlich.

Ausst.Kat. Kassel 1994 (a), S. 125, Nr. 42; Ausst.Kat. Kassel 1994 (b), S. 71, Nr. 78; Ausst.Kat. Bordeaux 1995, S. 13-24

Graphik

Johann Samuel Nahl d. J. (Bern 7.3.1748 - 24.2.1813 Kassel)
Der Bildhauer Samuel Nahl, ein Sohn des Kasseler Hofbildhauers Johann August Nahl d. Ä. (1710 - 1785) und Bruder des Malers Johann August Nahl d. J. (1752 - 1825) lernte zunächst in der Werkstatt des Vaters. Nach Studienaufenthalten an der Akademie in Wien, in Paris und Rom kehrte er 1777 nach Kassel zurück. 1783 vollendete er die von seinem Vater begonnene Statue Landgraf Friedrichs II. auf dem Friedrichsplatz vor dem *Museum Fridericianum.* Nach seiner Ernennung zum Professor für Bildhauerei 1778 leitete Samuel Nahl von 1808 bis 1811 die Kasseler Kunstakademie als deren Direktor.

17
Jugendliches Selbstbildnis
um 1765
Rötel
219 x 171 mm
bez. verso von fremder Hand: Jugendliches Selbstporträt des Bildhauers Samuel Nahl, erworben 1923 aus Nahl'schem Familienbesitz; bez. von fremder Hand auf einem Klebezettel: Jugendliches Selbstporträt des Bildhauers Samuel Nahl
erworben 1923
GS 12 385

In einer kräftigen Rötelzeichnung stellt sich der junge Bildhauer Samuel Nahl en face und in halber Figur dar, ohne näheren Hinweis auf seine künstlerische Tätigkeit. Der „Blick aus dem Bilde" identifiziert das Blatt zweifelsfrei als vor dem Spiegel gezeichnetes Selbstbildnis. Unterarme und Hände hat er beim Zeichnen weggelassen und konzentriert sich ganz auf Kopf und Büste. Die weichen Formen des Gesichts mit den rundlichen Wangen, dem kleinen, markanten Kinn, vollen Lippen, schmaler Nase und großen Augen unter dunklen Brauen sprechen für ein Jugendbildnis und legen, ebenso wie die lockere Strichführung, eine Datierung des Blattes um 1765 nahe.
Nahl hat das Haar gepudert, den Zopf im Nacken hält eine Schleife. Das Jabot ist eng um den Hals geschlungen, die Rüschenenden werden im Ausschnitt des eng geknöpften, mit Borten reich besetzten Rockes sichtbar, unter dem er ein helles Hemd und eine dunkle Weste trägt. Der Hintergrund ist, wie in Studienblättern und Bildhauerzeichnungen Nahls aus der Zeit, dicht schraffiert. Die stehengelassenen hellen Flächen im Grund lokalisieren die Lichtquelle rechts im Bild. Plastizität suggeriert der Schatten links im Bild. Die Gesichtszüge des jungen Samuel sind auch in dem Verlöbnisbild des 34jährigen von 1782 wiederzuerkennen (siehe Kat.Nr. 14). Die Provenienz des Blattes aus Nahlschem Familienbesitz, spricht für das Generationen überdauernde Traditionsbewußtsein der Künstlerfamilie.

Thieme-Becker XXV, 1931, S. 333; Bleibaum 1933, S. 31, Taf. II; Ausst.Kat. Kassel 1994 (b), S. 21 f. und Kat. Nr. 59

Johann Heinrich Tischbein d. J. (Haina 28.11.1742 - 22.12.1808 Kassel)
Johann Heinrich Tischbein d. J., Sohn des Hospitalschreiners Johann Conrad Tischbein aus Haina (1712-1778), lernte bei seinem Onkel, dem Kasseler Hofmaler Johann Heinrich Tischbein d. Ä. Seit 1766 gab er als „Dessinateur" selbst Zeichenunterricht am Kasseler *Collegium Carolinum.* Nach der Rückkehr von Studienreisen in Holland 1773 wurde er 1775 als Nachfolger des verstorbenen Kasseler Galerie-Intendanten Johann Georg von Freese (1701 - 1775) zum ersten Inspektor der Kasseler Gemäldegalerie ernannt. Als Reproduktionsstecher geschätzt, galt sein vorrangiges Interesse der Wiedergabe von Zeichnungen und Gemälden im Radierverfahren. Er schuf zahlreiche Radierungen nach Werken seines Onkels, nach Gemälden Rembrandts und Tierstücken Potters in der Kasseler Galerie sowie nach den Genreszenen Salvator Rosas. 1790 veröffentlichte er *Eine Kurzgefaßte Abhandlung über die Ätzkunst.*

18
Selbstbildnis vor der Staffelei im Rund
um 1770
Pinsel in Braun
Durchm. 165 mm
Alter Bestand
Inv. K III 1964/7
Abb. 19

Der Künstler zeigt sich stehend, in halber Figur, mit kurzgeschnittenem Haar, weißem Hemd und Jabot und dunklem Rock. Er wendet den Blick über seine rechte Schulter dem Betrachter entgegen. In der linken Hand trägt er die Zeichenmappe, mit dem Zeigefinger der rechten weist er auf die Staffelei zu seiner Linken. Dort ist auf der Leinwand ein fast karikierend verzerrter Porträtkopf zu erkennen. Die Draperie über einem Fenster zur Linken und die Porträtbüste auf einem hohen Sockel rechts im Hintergrund deuten eine Ateliersituation an. Die lockere Pinselführung, die Abstufung der Braun- und Grautöne, das Stehenlassen des hellen Papiergrundes und die Auflösung der Formen bewirken die reizvolle, malerische Hell-Dunkel-Wirkung des Blattes.
Durch den Blick aus dem Bild, die rhetorische Pose und den demonstrativen Gestus der rechten Hand charakterisiert sich Johann Heinrich als jugendlicher Dozent der Zeichenkunst und ambitionierter Nachfolger des älteren Tischbein. Das wohl um 1770 entstandene Selbstbildnis im Rund zeigt den Zeichner unter dem Einfluß seines Onkels, Johann Heinrich Tischbein d. Ä. (1722 - 1789), an dessen jugendliches Selbstbildnis mit Zeichenmappe von 1755 er anknüpft (Kat. Nr. 4). Allerdings künden das kurzgeschnittene Haar und die strengere Kleidung vom Ende der Zopfzeit. Wie in dem Altersbildnis seines Onkels (Kat. Nr. 6) von 1782 gewinnt gegen Ende des 18. Jahrhunderts die Darstellung der Lehrtätigkeit und das Studium der Kunsttheorie gegenüber der Selbstdarstellung des Hofkünstlers in aristokratischer Pose auch in der Wahl des Bildtypus anschaulich an Bedeutung. Die von Landgraf Friedrich II. gegründete Akademie gab den jungen Künstlern die Möglichkeit durch Stipendien ihre Ausbildung im Ausland zu vervollkommnen. Nach der Rückkehr an den Hof bot die Berufung als Lehrer an die Akademie eine gesicherte Existenz in der Nähe des Hofes.

Thieme-Becker XXXIII, 1939, S. 212; Knackfuß 1908,S. 14, 35, 116, 124, 125, 132; Both/Vogel, 1973, S. 199; Ausst. Kat. Kassel 1989, Kat. Nr. 6, 20 u. 31

Kat.Nr. 18, Abb. 19
Joh. H. Tischbein d. J., Selbstbildnis, um 1770

Anton Graff (Winterthur 18.11.1736 - 22.6.1813 Dresden)
Der aus Winterthur stammende Anton Graff erhielt seine Ausbildung zum Stecher und Porträtmaler bei dem Augsburger Kupferstecher Johann Jacob Haid und dem Ansbacher Hofmaler Leonhard Schneider. 1766 Berufung an die neugegründete Dresdener Kunstakademie, wo sich Graff 1765 mit einem repräsentativen Selbstbildnis als Aufnahmestück bewarb (Dresden, Gemäldegalerie). 1788 wurde Graff Professor für Porträtmalerei in Dresden. Gemeinsam mit dem Leipziger Verleger Philipp Erasmus Reich reiste er 1771 nach Berlin. Hier lernte Graff den Naturwissenschaftler und Phi-

losophen Johann Georg Sulzer kennen und heiratete noch im gleichen Jahr dessen Tochter Elisabeth Sophie Auguste. Für Reichs Sammlung von Bildnissen nahmhafter Vertreter der deutschen Aufklärung entstand 1771 in der Tradition des Gelehrtenporträts auch das erste Bildnis Sulzers (Leipzig, Universitätsmuseum). In seiner Hinwendung zum bürgerlichen Porträt zählt Graff zu den bedeutendsten Porträtisten des ausgehenden 18. Jahrhunderts.

19
Profilbildnis Johann Georg Sulzer
um 1774
Radierung (3. Zustand)
sign. in der Platte: Prof. Sulzer/A. Graff fec.
155 x 91 mm
Geschenk Dr. Grosse
Inv. Nr. 1968/5
Abb. 2

Im büstenhaften Ausschnitt und im strengen Profil sucht Graff das Wesen der Persönlichkeit zu ergründen. Das Fehlen der Perücke, der offene Hemdkragen und das schlichte Revers des Rockes lenken den Blick auf die Physiognomie des Dargestellten. In der Schilderung individueller Züge und einzelner Charaktereigenschaften sucht er den Aufklärer in seiner Individualität festzuhalten. Die Vermeidung repräsentativer Posen durch die Wahl des nahsichtigen Bildausschnittes kennzeichnet einen Wandel in der Auffassung des Porträts der Aufklärung, die auch die Bildnisbüste Johann Joachim Winckelmanns von 1777/78 (Kat. Nr. 20) auszeichnet.
Dem Züricher Kreis um Johann Jakob Bodmer verhaftet, war der Philosoph und Pädagoge Johann Georg Sulzer (1720-1779) 1747 als Professor für Mathematik an das Joachimsthaler Gymnasium nach Berlin berufen worden. Seit 1750 Mitglied der preußischen Akademie der Wissenschaften, leitete er nach dem *Siebenjährigen Krieg* die Ritterakademie als Professor für Philosophie. Sulzer suchte die Psychologie zur allgemeinen Grundlage der Ästhetik und der Pädagogik zu machen. Seine zwischen 1771-74 erschienene zweibändige *Allgemeine Theorie der Schönen Künste* wurde wegweisend für die Kunsttheorie der deutschen Aufklärung und des Klassizismus. Den „schönen Künsten" wies er eine moralische Funktion zu; sie sollten über das Erkennen und das Gefühl wirken und so zur sittlichen Vervollkommunung des Menschen beitragen.
Die mit Namen und Titel des Philosophen bezeichnete und signierte Radierung Graffs geht im Typus auf das dritte, 1773/74 entstandene Porträt Sulzers (Halberstadt, Gleimhaus) und die zugehörige Porträtstudie Graffs zurück (Dresden, Kupferstich-Kabinett). Das zweite Porträt von 1771 (Winterthur, Kunstmuseum), ein repräsentatives Kniestück, zeigt den Gelehrten im dunklen Gehrock, mit gepuderter Perücke, Feder und Papier in Händen, am Schreibtisch sitzend. Demgegenüber bedeutet die Konzentration auf Büste und Kopf des Denkers im strengen Profil einen Verweis auf die Memorialfunktion antiker Münzbilder. Nach dem Tode Sulzers überließ Graff das Gemälde dem Dichter Johann Wilhelm Georg Gleim (1719-1803), der es als Zeugnis persönlicher Verbundenheit und Geistesverwandtschaft in den Freundschaftstempel in seinem Hause in Halberstadt integrierte.
Mehrfach erscheint das Bildnis Sulzers im Profil auch in Graffs zahlreichen Familienbildnissen: Noch unvollendet im Hochzeitsbild von 1773 (Winterthur, Kunstmuseum); auf der Staffelei in den Familienporträts von 1785 und 1786 (Winterthur, Kunstmuseum u. Stiftung Oskar Reinhardt); auf der Studie zu Graffs spätem Selbstbildnis von 1809 (Leipzig, Museum der bildenden Künste). Es ist sicher kein Zufall, daß Graff außer dem Bildnis seines Schwiegervaters nur sein Selbstbildnis eigenhändig radiert hat. Der Stich sorgte für die Verbreitung dieses Bildnistypus.
Sulzer selbst hatte in seinem Artikel „Porträt" gefordert, der Bildnismaler müsse nicht nur die äußere Natur des Menschen nachahmen, sondern auch Seelenmaler sein. Würde und Rang der Porträtmalerei siedelte er „unmittelbar neben der Historie" an. Graffs Porträtkunst kam seinem Ideal besonders nahe: „Ich habe mehr als einmal bemerkt, daß verschiedene Personen, die sich von unserem Graf, der vorzüglich die Gabe hat, die ganze Physiognomie in der Wahrheit der Natur darzustellen, haben mahlen lassen, die scharfen und empfindungsvollen Blicke, die er auf sie wirft, kaum vertragen können; weil jeder bis ins Innere der Seele zu dringen scheint." Graffs Bildnisse Sulzers wirken wie eine Summe seiner theoretischen Überlegungen: „Gegen das Gesichte muß im Portrait gar nichts aufkommen; dieses ist das Einzige, das die Aufmerksamkeit an sich ziehen muß."

Sulzer, 2. Ausg. 1792, Bd. III, S. 721; Lavater 1783, I, XVI, S. 142; Thieme-Becker XIV, 1921, S. 480; Ausst.Kat. Dresden 1964, Kat.Nr. 108, mit Abb. (1.Zustand); Ekhart Berckenhagen, Anton Graff, Leben und Werk, Berlin 1967, Kat. Nr. 1348; dioe zugehörige Kupferplatte: Kat. C. G. Boerner, Leipzig, Nr. 125, 21.3.1914, Nr. 223; Rothbauer 1986; Ausst.Kat. Leipzig 1986, Kat. Nr. 114, mit Abb.; Kanz 1993, S. 99-104, Abb. 39 u. 62

Friedrich Wilhem Doell (Veilsdorf 8.10.1750 - 30.3.1816 Gotha)
Nach fünfjähriger Lehrzeit bei dem Modellmeister Ney schickte ihn der spätere Herzog Ernst von Sachsen-Gotha 1770 mit dem französischen Bildhauer Jean Antoine Houdon, der gerade am sächsisch-gothaischen Hof weilte, nach Paris. Nachdem Doell zwischen 1773 und 1782 einige Jahre in Rom gearbeitet hatte, wurde er in die Heimat zurückgerufen und erhielt zahlreiche Aufträge von den Höfen in Gotha, Anhalt-Dessau und Meiningen. 1781 ernannte ihn die Berliner Akademie zum auswärtigen Mitglied, und 1787 wurde ihm die Aufsicht über die Gothaischen Kunstdenkmäler übertragen.

20
Porträt Johann Joachim Winckelmann
um 1777/78
Bronze, 49,5 x 31 x 29 cm
alter Bestand
Inv. MP 1976/11
Abb. 20

Kat.Nr. 20, Abb. 20
Friedrich Wilhelm Doell, Johann Joachim Winckelmann, um 1777/78

Das Porträt von Johann Joachim Winckelmann (1717-1768), bei dem es sich streng genommen nicht um ein Künstlerporträt handelt, zeigt besonders deutlich, wie im Zeitalter der Aufklärung und einer neuen bürgerlichen Öffentlichkeit nicht Standespriorität, sondern individuelle – künstlerische, gelehrte oder gesellschaftliche – Verdienste einer Person Gegenstand eines Bildnisses waren.
Bei dieser lebensgroßen Büste handelt es sich um die Bronzefassung einer Gipsbüste von Friedrich Wilhelm Doell, die 1777 während seines Romaufenthaltes entstanden war und die er ein Jahr später von Louis Valadier in Bronze gießen ließ. Doell hat in der Folgezeit mehrere, leicht variierende Fassungen der Winckelmann-Büste geschaffen, darunter ein Marmorexemplar für den Herzog von Sachsen-Gotha und eine größere Marmorbüste für das Pantheon in Rom.
Als Dank für seine Aufnahme als Mitglied hatte der sächsische Hofrat Johann Friedrich Reiffenstein die Bronzebüste im Jahr 1778 der *Société des Antiquités de Cassel* geschenkt. Reiffenstein betrieb im Dienst des Herzogs von Sachsen-Gotha seit 1762 Altertumsforschungen in Rom und galt als einer der angesehensten Reiseführer. Er hatte den noch jungen Doell angeregt, zum Gedenken an den verstorbenen Gelehrten eine Büste zu schaffen.
Aus einem Brief von Friedrich Justus Günderode aus dem Jahr 1781 geht hervor, daß die Büste von Winckelmann in jenem Zimmer des Kasseler Schlosses aufgestellt war, in dem die Versammlungen der *Société des Antiquités* stattfanden. Winckelmann, der als Begründer der klassischen Archäologie gilt, hat mit seinen Forschungen zur Kunst des Altertums den gelehrten Umgang mit der Antike grundlegend verändert, indem er ihn auf historische Fragestellungen, auf Überlegungen nach den spezifischen Bedingungen eines künstlerischen Stils gründete und entwicklungsgeschichtliche Abfolgen von Stilen zu formulieren suchte. Die Kasseler *Société des Antiquités* stellte anläßlich ihrer Gründung am 11. April 1777 die Preisaufgabe, Winckelmanns Verdienste für die Altertumskunde darzulegen.
Doells Winckelmann-Büste spiegelt die zeitgenössische Porträtauffassung wider, die gleichzeitige Forderung nach individueller Ähnlichkeit und überhöhender Idealisierung. Durch die Reduktion der Büstenform auf Brust- und Schulteransatz steht der Gesichtsausdruck im Zentrum. Der hagere, leicht nach vorn gesenkte Kopf vermittelt den Eindruck von höchster Konzentration und innerer Ruhe. Doell hatte Winckelmann, der ab 1755 bis zu seinem Tod im Jahr 1768 in Rom gelebt hatte, nicht mehr persönlich kennengelernt. Er arbeitete nach zeitgenössischen Vorlagen und Beschreibungen und korrigierte seine Entwürfe durch Hinweise

von Zeitgenossen, die Winckelmann gut gekannt hatten, darunter Reiffenstein und die Maler Anton von Maron und Anton Raphael Mengs, die Winckelmann bereits einige Jahre zuvor porträtiert hatten. Vor allem in der Profilansicht wird deutlich, wie Idealisierung des Ausdrucks und Vorstellungen von Authentizität verbunden werden konnten. Das Ähnlichkeitspostulat des 18. Jahrhunderts forderte die Wiedererkennbarkeit individueller Gesichtszüge ebenso einzufangen wie die Geisteshaltung und das persönliche Wirken des Porträtierten. So hatte Mengs dem Bildhauer nahegelegt, sich auf die Formensprache antiker Porträts zu beziehen und ihm als Vorbild den Gipsabguß einer römischen Porträtbüste aus den Florentiner Uffizien gegeben, den man für einen Cicero hielt und der damit dem Typus des Intellektuellenbildnisses besonders gut entsprach. Der ebenmäßige, strenge Kopf der Büste enthält offensichtliche Parallelen zur römischen Porträtplastik spätrepublikanischer Zeit.

Friedrich Justus Günderode, Briefe eines Reisenden über den gegenwärtigen Zustand von Cassel, Frankfurt/ Leipzig 1781, S. 145f.; Thieme-Becker IX, 1913, S. 364f.; Zeller/ Steinmann 1954/55, S. 18-56; Ausst.Kassel 1979, S. 119f., 266, Nr. 518; Kanz 1993, S. 90f.; Tutsch 1995, S. 40-46

Johann August Nahl d. Ä. (Berlin 22.8.1710 - 22.10.1781 Kassel)
Dem anfänglichem Unterricht bei seinem Vater Johann Samuel Nahl, der in Berlin in der Werkstatt von Andreas Schlüter als Bildhauer tätig war, folgten Lehr- und Wanderjahre in Sigmaringen, Bern und Straßburg. Nach einem Studienaufenthalt in Paris (1731-33), einer Italienreise (1734) und mehrjährigem Aufenthalt in Straßburg ließ sich Nahl 1741 in Berlin nieder. Fünf Jahre lang arbeitete er als „directeur des ornements" an den Schlössern in Berlin-Charlottenburg und Potsdam als Außenbildhauer, vor allem aber als Innendekorateur. Einen Höhepunkt im Schaffen Nahls bildet die Raumfolge Konzert-, Arbeitszimmer und Bibliothek im Schloß Sanssouci. 1746 flüchtete er wegen Arbeitsüberlastung und ausstehenden Zahlungen aus Berlin nach Bern. 1755 zog er nach Kassel und wurde von Landgraf Wilhelm VIII. zum Hofbildhauer ernannt. 1767 erhielt er eine Professur für Bildhauerei am *Collegium Carolinum* und ab 1777 lehrte er an der neu gegründeten Kasseler Kunstakademie.

21
Porträtbüste Johann August Nahl d. Ä., Selbstbildnis
um 1775/80
Gips, 53 x 31,5 x 24 cm
erworben 1912 aus der Kunstakademie
Inv. MP 1976/6 (LM 1921/894)
Abb. 21

Nahl hat mit den drei Porträtbüsten (Kat.Nr. 21-23), seinem Selbstbildnis und den Büsten des Hofmalers Johann Heinrich Tischbein d. Ä. und des Architekten Simon Louis du Ry, die in etwa zur gleichen Zeit entstanden sind, jene drei Künstlerpersönlichkeiten des landgräflichen Hofs festgehalten, die maßgeblich daran beteiligt waren, daß Kassel im letzten Drittel des 18. Jahrhunderts ein künstlerisches Zentrum wurde. Alle drei Büsten waren auch in Marmor ausgeführt und standen auf Konsolen in der Kasseler Akademie.
Bei seinem Selbstbildnis stellt Nahl sich als souveräne, geistig lebendige Persönlichkeit dar. Er hat den Kopf schwunghaft nach rechts gewandt und seine leicht nach oben gerichteten, in die Ferne blickenden Augen wirken inspiriert. Den Eindruck von Lebendigkeit unterstreichen die aus dem Zopf herausfallenden Seitenhaare, die das entspannt wirkende Gesicht mit der hohen Stirn um-

Kat.Nr. 21, Abb. 21
Joh. August Nahl d. Ä., Selbstbildnis, um 1775/80

spielen. Auf das Alter des über Sechzigjährigen deuten die schlaffen Falten am Hals hin. Insgesamt aber wirkt das ebenmäßige Bildnis idealisierend. Den Brustausschnitt hat Nahl nackt belassen und nicht mit einer antikisch-heroisierenden Draperie versehen, wie etwa bei dem Bildnis von Johann Heinrich Tischbein d. Ä. (Kat.Nr. 22).
Während seines mehrjährigen Studienaufenthaltes in Paris zwischen 1731 und 1733 hatte sich Nahl intensiv mit französischen Porträtbüsten beschäftigt. Die französische Plastik galt im Europa des 18. Jahrhunderts als vorbildhaft. Der Einfluß der älteren Meister, Antoine Coysevox und der Brüder Coustou, deren Büsten sich durch eindringliche physiognomische Schilderungen auszeichnen, wird besonders deutlich in den Gesichtszügen von Nahls Selbstbildnis.
In der Rechtsdrehung des Kopfes, vor allem aber in der Lebendigkeit des Ausdrucks und dem wachen Blick lassen sich Parallelen zur Diderot-Büste von Jean Antoine Houdon ausmachen. Diese hatte wenige Jahre zuvor, 1771, im Pariser Salon für Aufsehen gesorgt und Houdon, der noch am Beginn seiner Karriere stand, zu breitem Ansehen verholfen. Nahls Beschäftigung mit der Porträtkunst des sehr viel jüngeren Houdon, zeigt sich auch im Bildnis von Johann Heinrich Tischbein d. Ä.

Arnason 1970, Fig. 70; Souchal 1977, Bd. 1; Ausst.Kat. Kassel 1979, S. 223, Nr. 314; Keller 1984, S. 270-302; Ausst.Kat. Kassel 1994 (b), S. 7, S. 17-20, S. 39f., Nr. 2.3. m. Abb.

22
Porträtbüste Johann Heinrich Tischbein d. Ä.
um 1775/80
Gips, 57,5 x 38,5, x 32 cm
erworben 1912 aus der Kunstakademie
Inv. MP 1976/7 (LM 1912/893)

Tischbeins Büste wird von seinem stolzen, in die Ferne gerichteten Blick bestimmt. Der Kopf ist leicht angehoben und stark nach links gedreht. Die etwas zusammengezogenen Augenbrauen vermitteln den Eindruck innerer Anspannung und geistiger Konzentration. Das im Nacken mit einer Schleife zusammengebundene Haar und die antikische, schlichte Gewandung am Brustausschnitt verleihen der Büste etwas Strenges. Wenngleich einzelne physiognomische Eigenheiten deutlich herausgearbeitet sind, so die kräftigen Lippen, Augenbrauen und Halsmuskeln, wirkt das Bildnis insgesamt idealisierend.
Der vergeistigte Gesichtsausdruck scheint von Houdons Büsten beeinflußt zu sein. Houdon stilisierte die Bildnisse auf einen geistigen Ausdruck hin, arbeitete mit feinen Nuancierungen der Oberfläche und vermied starke Licht-Schatten-Kontraste sowie allzu pathetische Draperien.
Es gibt ein etwa gleichzeitig entstandenes Gemälde von Johann Heinrich Tischbein d. Ä., auf dem er Nahl während der Arbeit an der Gipsbüste seines Kopfes porträtiert hat (Wien, Historisches Museum).

Knackfuß 1908, S. 87 m. Abb.; Ausst.Kat. Kassel 1979, S. 223, Nr. 313; S.224, Nr.315; Ausst.Kat. Kassel 1994 (b), S.39f., Nr. 2.2. m. Abb.

23
Porträtbüste Simon Louis du Ry
um 1775/80
Gips, 57 x 36 x 30 cm
erworben 1912 aus der Kunstakademie
Inv. MP 1976/5 (LM 1912/895)

Mit gesenktem Kopf und leicht geöffnetem Mund wirkt der Architekt Simon Louis du Ry gedankenversunken, sinnierend. Seine Wangen sind stark eingefallen. Du Ry trägt eine zum Zopf gebundene Perücke. Der Brustausschnitt wird von einem antikischen Gewand eingefaßt.
Im Vergleich zu den Bildnissen von Nahl und Tischbein scheinen seine Gesichtszüge weniger idealisiert zu sein.

Knackfuß 1908, S. 98 m. Abb.; Ausst.Kat. Kassel 1979, S. 223, Nr. 312; Ausst.Kat. Kassel 1994 (b), S. 39, Nr.2.1. m. Abb.

19. Jahrhundert

Malerei

Ernst Friedrich Robert (Kassel 15.8.1763 - 12.1.1843 Kassel)
Ab 1776 studierte er an der Kasseler Akademie, zunächst vier Jahre in der Zeichenklasse, dann weitere vier Jahre bei seinem Onkel Johann Heinrich Tischbein d. Ä. Anschließend bildete er sich in Paris (1786-1788) und Rom (1789/90) weiter. 1790 kehrte er nach Kassel zurück und wurde drei Jahre später Lehrer an der Kasseler Akademie. 1814 ernannte man ihn zum Inspektor der Kasseler Gemäldegalerie und 1826 zum Professor an der Akademie. Er schuf vor allem Porträts, Historienbil-

der, Dekorationsmalereien und Kopien nach alten Meistern, besonders der Kasseler Gemäldegalerie.

24
Selbstporträt
um 1800
Leinwand, 63,5, x 50 cm (ovaler Spiegel)
erworben 1933 als Geschenk von Anna Robert, Wiesbaden
Inv. 1875/1300

Im Ausschnitt des Brustbildes hat sich Robert als junger Mann mit Lockenfrisur dargestellt. Die markant hervorspringende Nase prägt die Gesichtszüge, die mit ihren scharf gesetzten Konturen etwas vereinfacht und leicht idealisiert wirken. Robert ist vornehm gekleidet mit einem braunschwarzen Rock und einer weißen Weste und Halsbinde. Jegliche Accessoires, die auf den Malerberuf hinweisen, fehlen.
Das Bildnis, darauf deutet auch das ovale Format, hatte eine private Funktion. Wahrscheinlich ist es anläßlich der Hochzeit des Malers entstanden. Denn es bildet das Pendant zu einem Brustbildnis von Martha Robert, der Ehefrau des Künstlers, die auf diesem einen weißen, durchsichtigen Schleier auf dem Kopf trägt (Kassel, Staatliche Museen).
Mit dem Typus des Ehepaarbildes in Form von Pendantbildnissen, deren Personen sich einander zuwenden, griff Hummel eine weit verbreitete Bildtradition auf, die sich bis ins 15. Jahrhundert zurückverfolgen läßt.

Thieme-Becker XXVIII, 1934, S. 419; Hinz 1974, S. 139-147; Kat. Kassel 1991, S. 159f., Nr. 563f. m. Abb.

25
Selbstporträt mit seiner Frau im Atelier
um 1810
Leinwand, 107 x 118 cm
erworben 1933 als Geschenk von Anna Robert, Wiesbaden
Inv. 1875/1303

Der Maler sitzt im Atelier vor seiner Staffelei und arbeitet an einem gerade begonnenen Bild. Bekleidet ist er im Stil der zeitgenössischen Herrenmode, mit braunem, hoch tailliertem Frack, grauen Kniehosen, weißen Strümpfen und schwarzen Schnallenschuhen. In seiner linken Hand hält er Palette, Pinsel und Malstock, mit der rechten setzt er zum nächsten Pinselstrich an. Seine Frau, die ein weißes, bodenlanges Kleid trägt, dient ihm als Modell. Sie sitzt in gezierter Pose vor einem Tisch mit Handarbeitsutensilien. Den Oberkörper vom Tisch nach rechts zur Seite gedreht, blickt sie den Maler in ihrem Rücken über die Schulter an.
Innerhalb des ikonographisch tradierten Themas von Maler und Modell, das Robert mit dieser Atelierszene aufgreift, ist besonders interessant wie die geschlechtsspezifische Rolle der Frau im Bild auf zweifache Weise charakterisiert wird. Im Hintergrund sind auf der dunklen, blau-grün gestrichenen Rückwand mehrere Figuren- und Landschaftsgemälde gerade so angeordnet, daß ein großer, nackter Cupido direkt über ihrem Kopf hängt. Rechts daneben ist das Gemälde einer Venus angebracht, bei dem es sich um eine Kopie nach Palma Giovanes *Venus und Amor in der Schmiede des Vulkans* aus der Kasseler Gemäldegalerie handelt. Während diese Bilder, unterstützt durch die Körperhaltung der Frau, die Porträtierte in einen Zusammenhang von Weiblichkeit und Erotik rükken, gehört ihre Tätigkeit zur Ikonographie weiblicher Häuslichkeit. Ihre Arme sind auf einen Tisch gestützt, in der erhobenen rechten Hand hält sie ein Wollknäuel, das sie gerade aufrollt. Weitere Knäuel sowie eine Schere liegen auf dem Tisch.
Im Gesamtaufbau des Bildes scheint sich Robert an älteren Atelierbildnissen orientiert zu haben, so an Justus Junckers Gemälde, *Der Meister an der Staffelei* (Kat.Nr. 1) von 1752, das sich ebenfalls in der Gemäldegalerie befand. Anregungen könnten auch zwei Selbstbildnisse seines Onkels geliefert haben: Johann Heinrich Tischbeins Atelierbild, *Der Künstler und seine Frau* von 1757 (Berlin, Staatliche Museen Preußischer Kulturbesitz, Gemäldegalerie) und ein Bildnis des Malers mit seinen Töchtern aus dem Jahr 1774 (Hannover, Niedersächsisches Landesmuseum). Beide Bilder sind räumlich ähnlich aufgebaut, in beiden fällt das Licht von links durch ein großes Fenster ein.

Költzsch, Maler und Modell, in: Ausst.Kat. Baden-Baden 1969, o. S.; Herzog 1985, S. 317 m. Abb.; Kat. Kassel 1991, S. 160, Nr. 566 m. Abb.; Wiegand 1994, S. 77f.; Ausst.Kat. Münster 1995, S. 141-143

Ludwig Hummel (Neapel 11.5.1770 - 28.8.1850 Kassel)
Er war Schüler und Pflegesohn des Neapler Akademiedirektors Johann Heinrich Wilhelm Tischbein, mit dem er 1799 nach Kassel kam, wo er als Porträtmaler überwiegend für den Hof tätig wurde. Zwischen 1808 und 1813 hielt er sich in Paris auf, um im Auftrag des Herzogs von Oldenburg im Louvre vor allem Raffael zu kopieren. 1802 wurde er Preisträger im Rahmen von Goethes berühmten Weimarer Preisaufgaben. Seit 1825 war er Akademiedirektor in Kassel.

26
Selbstbildnis
um 1807
Leinwand, 54 x 44,7 cm (ovaler, angeschnittener Spiegel)
bez. verso: Luigi Hummel geb. in Neapel. Maler in Cassel.
erworben 1982 als Geschenk von Gisela Hauptmann, Kassel
Inv. AZ 1982/11

Dieses Brustbild, das 1807 in Kassel noch kurz vor Hummels Aufbruch nach Paris entstanden ist, gehört zu den wenigen noch erhaltenen Arbeiten des Malers. Aus der Profilstellung des Oberkörpers heraus wendet er den Kopf zum Betrachter. Bekleidet ist er mit einem dunkelgrünen Rock und einer weiß-grünlichen Halsbinde.
Anlaß des Selbstbildnisses war wahrscheinlich Hummels Vermählung mit der Malerin Marianne von Rohden, der Schwester des Kasseler Landschaftsmalers Johann Martin von Rohden. Es gilt als Pendant eines Porträts seiner Frau, auf dem diese mit einem weißen spitzenverzierten Kleid dargestellt ist.

Thieme-Becker XVIII, 1925, S. 130f.; Hinz 1974, S. 139-147; Herzog 1985, S. 321; Kat. Kassel 1991, S. 98f., Nr. 345f. m. Abb.

Joh. J. August von der Embde

(Kassel 4.12.1780 - 10.8.1862 Kassel)
Nachdem er zunächst das Schreinerhandwerk gelernt hatte, besuchte von der Embde zwischen 1799 und 1804 die Kasseler Akademie bei Wilhelm Böttner, Ernst Ferdinand Robert und Gottlieb Kobold. Anschließend bereiste er, unterbrochen von längeren Aufenthalten in der Heimat, mehrere Jahre deutsche Residenzen und Kunstzentren und kopierte dort die alten Meister: Bayreuth (1803/04), Dresden, Düsseldorf (1805/06), Gotha, Erfurt, Weimar. Nach Studien an den Akademien in München (1812) und Wien (1814) bei Friedrich Heinrich Füger und Joseph Abel, kehrte er an den Hof Kurfürst Wilhem I. von Hessen-Kassel zurück. Zusammen mit Ludwig Hummel, Andreas Range, Sebastian Weygandt und Ludwig Sigismund Ruhl arbeitete er 1818/19 an einer Serie von 22 lebensgroßen Bildnissen der hessischen Landgrafen für die kurfürstliche Ahnengalerie im Kuppelsaal von Schloß Wilhelmshöhe. Vom gehobenen Bürgertum und hessischen Hof- und Landadel erhielt er Bildnisaufträge. Neben Carl Glinzer gehörte er zu den bedeutendsten Bildnismalern des Biedermeier in Kassel. Seit den 1830er Jahren schuf er hauptsächlich Genreszenen mit Kindern.

27
Selbstbildnis in altdeutscher Tracht
1811
Holz, 20 x 16,6 cm
bez. verso: J. August v.d. Embde alt 31 Jahr 1811
erworben um 1945/50
Inv. AZ 1140
Abb. 4

Im Ausschnitt des Brustbilds präsentiert sich der junge Künstler mit historischer Tracht vor braunem Grund. Auf dem Kopf trägt er ein blaues geschlitztes Barett im Stil der Dürerzeit, und über den dunkelroten Reisemantel hat er ein olivgrünes Schultertuch gelegt. Die rechte Seite des Gesichts mit dem leichten Bartflaum am Wangenknochen wird beleuchtet, die andere liegt im Schatten.
Der Hinweis im Titel auf die altdeutsche Tracht ist insofern mißverständlich, als die Tracht sich zwar auf die Dürerzeit bezieht, aber nicht zu verwechseln ist mit der „altdeutschen Tracht", die nach den Befreiungskriegen als Ausdruck patriotischer Gesinnung in Deutschland unter Künstlern und Studenten zu einer verbreiteten Mode wurde. Bei von der Embde scheint die historische Kleidung, die in ähnlicher Weise die in Rom lebenden Nazarener trugen, ein Bekenntnis zur künstlerischen Tradition der alten Meister zu sein, die er ausführlich studiert und kopiert hat.
In Bildausschnitt, Körperhaltung und mit rechter, beleuchteter Gesichtshälfte ist das Selbstbildnis von der Embdes Rembrandts *Selbstbildnis mit Barett und goldener Kette* von 1654 (Abb. 6) ähnlich, das sich seit Mitte des 18. Jahrhunderts in der Kasseler Gemäldegalerie befand. Auch in der Farbigkeit, die von warmen Brauntönen bestimmt wird, scheint von der Embde sich an Rembrandt angelehnt zu haben, wenngleich die Helldunkel-Kontraste hier sehr viel gedämpfter sind. Mit dem Interesse an Rembrandt war von der Embde Anfang des 19. Jahrhunderts in Deutschland noch eher ein Einzelgänger, eine breite Rezeption des Holländers setzte erst nach 1880 ein.

Ganßauge 1958, S. 55-74; Herzog 1985, S. 324; Ausst.Kat. München 1986, S. 90-92; Kat. Kassel 1991, S. 47, Nr. 126 m. Abb.; Kat. Kassel 1996, Bd. 1, S. 243f., Nr. GK 244; Stückelberger 1996, S. 29-39

28
Johann Christian Ruhl
1818
Leinwand, 53 x 43 cm
bez. r. M.: Aug:Embden f 1818
erworben 1940 aus dem Nachlaß der Sammlung Alexander Fiorino, Kassel
Inv. LM 1940/487
Abb. 22

Das Brustbild von Johann Christian Ruhl (1764 - 1842), dem bedeutendsten klassizistischen Bildhauer in Kassel, zeigt einen selbstbewußten Künstler mit herausforderndem Blick. Vor braungrauem Hintergrund ist er im Dreiviertelprofil gegeben und hat seine Augen auf den Betrachter gerichtet. Er trägt einen olivgrünen Mantel, unter dem eine weiße Halsbinde hervorschaut. Die braunviolette Kappe auf seinem Kopf ist die einzige Anspielung auf den künstlerischen Beruf. Auf L. S. Ruhls Gruppenbild deutscher Künstler im Café Greco von 1817 (Abb. 3) tragen die Künstler verschiedene Hüte, Kappen und Mützen.
Das Fehlen von Accessoires und die Einengung auf den Ausschnitt des Brustbildes wird seit Anfang des 19. Jahrhunderts auf Künstlerbildnissen immer üblicher und allgemein als Ausdruck eines erstarkten Selbstbewußtseins des Künstlers gedeutet, der sich – häufig bereits losgelöst von feudalen Strukturen – als freier Bürger verstand. Dieses Bildnis entstand zu dem Zeitpunkt, als Ruhl als Professor an der Kasseler Akademie unterrichtete. Obwohl er in der Zeit der napoleonischen Fremdherrschaft als Hofbildhauer für König Jérôme gearbeitet hatte und ihm deshalb der hessische Kurfürst Wilhelm I., der im Jahr 1814 nach Kassel zurückgekehrt war, nicht mehr wohl gesonnen war, durfte er an der fürstlichen Kunstakademie unterrichten.

Ausst.Kat. Hamburg 1977, S. 249; Kat. Kassel 1991, S. 49, Nr. 134 m. Abb.

Kat.Nr. 28, Abb. 22
Joh. August von der Embde, Joh. Christian Ruhl, 1818

29
Selbstbildnis
1819
Leinwand, 49,5 x 39,7 cm
bez. verso: Gemalt 1819 (unter der Doublierung)
erworben vor 1913
Inv. 1875/1634
Abb. 23

Vor braunem Grund hebt sich das Brustbild des knapp vierzigjährigen Künstlers ab, der mit weißem Hemd, rotbrauner Weste und grau-braunem Mantel in eher gedämpften, warmen Farben bekleidet ist. Die Kleidung ist anspruchslos, auch fehlt jegliches Beiwerk. Die Konzentration liegt auf dem nahezu frontal dargestellten Gesicht. Es wird durch eine sanfte Beleuchtung modelliert und wirkt besonders weich. Obwohl von der Embde den Betrachter unmittelbar anschaut, ist sein Blick verschlossen und distanziert.
Seine Augen fixieren einen bestimmten Punkt außerhalb des Bildes so, als würde er sich im Zwiegespräch mit sich selbst vor einem Spiegel befinden. Unter der Generation jener Künstler, die zwischen 1770 und 1790 geboren waren, trifft man nicht selten auf den Bildtypus des Spiegelbildes. Dieser machte die Reflexion über den eigenen Standort zum Bildthema. Seit Beginn des 19. Jahrhunderts infolge der Französischen Revolution und der napoleonischen Besetzung lösten sich feudalistische Strukturen und akademische Normen auf, und die Künstler waren wie nie zuvor auf sich selbst gestellt.
Das Bildnis fällt in die Jahre als von der Embde mit anderen Kasseler Malern an lebensgroßen Porträts der hessischen Landgrafen für die kurfürstliche Ahnengalerie arbeitete. Obgleich er also einen größeren Auftrag hatte und seine Lebenssituation zu dieser Zeit gesicherter war als die vieler anderer Künstler, griff er den in der Romantik verbreiteten Typus des sensiblen Künstlers auf, der als gesellschaftlicher Außenseiter in Einsamkeit und künstlerischer Isolation seinem Schaffen nachgeht.

Kat.Nr. 29, Abb. 23
Joh. August von der Embde, Selbstbildnis, 1819

Ausst.Kat. Hamburg 1977, S. 250f.; Himmelheber 1988, S. 211, Nr. 22 m. Abb.; Kat. Kassel 1991, S. 50, Nr. 136 m. Abb.

Anton Johann Gareis d. Ä. (Klosterfreiheit/Oberlausitz 29.3.1793 - 23.7.1863 Prag)
Nach dem Studium an der Akademie in Dresden und Berlin ließ Gareis sich 1818 in Neustadt/Oberschlesien, später in Breslau nieder, wo er Lithographien nach den Gemälden der Dresdener Galerie schuf. 1822 ging er nach Prag, wo er seine Tätigkeit nach einem Jahr Akademiestudium fortsetzte; hier gab er auch Zeichenunterricht, übte sich in Porträtminiaturen, Genre und Karikatur sowie kleinen Heiligenbildern. In den Jahren 1827/28 entstanden einige Porträts bedeutender Persönlichkeiten, wozu auch das Bildnis Louis Spohrs gehört.

30
Louis Spohr
um 1828
Leinwand, 17 x 17 cm (oval, zum Tondo erweitert)
bez. u. l.: Gareis
erworben 1933 aus dem Kölner Kunsthandel
Inv. LM 1933/314

Der aus Braunschweig stammende Violinist und Komponist Louis Spohr (1784 - 1859), der seit 1822 als Hofkapellmeister in Kassel tätig war und romantische Opern, Oratorien, Symphonien und Violinkonzerte komponierte, ist wie auf Gedenk- und Verdienstmedaillen in der antikisierenden Anordnung des strengen Profils im Rundbildnis dargestellt. Das schwarze Käppchen auf dem Kopf betont die Silhouette seines Kopfes, der sich vor dem Grund scharf abzeichnet. Er trägt ein weißes Hemd mit Rüschenbesatz und eine Halsbinde, darüber einen blauen Rock mit einer Nadel am Revers. Es gibt keinerlei Accessoires, die Aufschluß über den Beruf des Porträtierten geben.
Der Typus des Profilbildnisses war im ausgehenden 18. Jahrhundert besonders verbreitet. Neben gemalten, gestochenen oder aus Gips geformten Profilsilhouetten in Medaillons waren die Schattenrisse besonders in Mode. Johann Caspar Lavater, der meinte, aus der Physiognomie auf die Charaktereigenschaften eines Menschen schließen zu können, hatte ihnen eine wissenschaftliche Aura verliehen. In seinem vierbändigen Hauptwerk, den *Physiognomischen Fragmenten zur Beförderung der Menschenkenntnis und Menschenliebe* (1775-1778), erklärte er das Profil zu der Gesichtsform, die besonders charakteristisch für eine Person sei. Er bevorzugte sogar die bloße Silhouette des Schattenbilds und bezeichnete diese abstrakte Profilform als „wahrstes und getreustes Bild, das man von einem Menschen geben kann“. Das Profilbildnis Spohrs scheint an solche Schattenrisse anzuknüpfen, die auch noch in der ersten Hälfte des 19. Jahrhunderts populär waren.

Lavater 1829, Bd. 1, S. 43; Thieme-Becker XIII, 1920, S. 189f; Ausst.Kat. Hamburg 1977, S. 70-73; Ausst.Kat. Louis Spohr, Avantgardist des Musiklebens seiner Zeit, Kassel 1979, S. 7-38; Bleyl 1986, S. 177-195; Kat. Kassel 1991, S. 78, Nr. 278 m. Abb.

Katharina Karolina Luja (Hanau 1.1.1800 - 4.8.1874 Marburg)
Zwischen 1815 und 1820 besuchte sie in Hanau die Zeichenakademie, die Landgraf Friedrich II. 1782 gegründet hatte und die neben der Kasseler und Frankfurter Kunstakademie eine der wenigen öffentlichen Institutionen war, die auch Frauen aufnahm. Als Schülerin von Konrad Westermayr schuf Luja vor allem religiöse Darstellungen, Blumenstillleben, Porträtzeichnungen und Lithographien, aber auch Bildnisse sowie Kopien nach alten Meistern.

31
Selbstbildnis
um 1825/30
Leinwand, 45 x 37 cm
erworben 1915 aus dem Nachlaß Professor Alhard v. Drach, Marburg, dem Sohn der Malerin
Inv. 1875/1238
Abb. 24

Im repräsentativen Brustbild vor dunkelbraunem Grund gibt sich die Künstlerin als junge bürgerliche Frau, gekleidet in ein dunkelgrünes Kleid mit dünnem, weißem Spitzenkragen und einem gemusterten Tuch über den Schultern. Um den Hals trägt sie eine Bernsteinkette.
Sie wendet ihren Kopf mit der kunstvoll hochgesteckten Frisur im Dreiviertelprofil dem Betrachter zu. Während der seitliche Lockentuff und die durch ein weiches Licht modellierten Gesichtszüge den zeitgenössischen Anforderungen weiblicher Repräsentation entsprachen, war der Seitenscheitel in den 1820er Jahren für Frauen höchst unüblich. Er paßte nicht in das Bild der Frau als ruhendes, harmonisches, häusliches Wesen. Auf Herrenbildnissen der Biedermeierzeit war er hingegen weit verbreitet und Ausdruck männlicher Dynamik. Auch der Blick der Künstlerin, der unmittelbar auf den Betrachter gerichtet ist sowie das asymmetrische Dreiviertelprofil sind für Frauenbildnisse der Zeit, die häufig frontal mit gesenktem Blick oder leicht zur Seite geneigtem Kopf dargestellt sind, eher ungewöhnlich.
Zu einer Bleistiftzeichnung, die diesem Porträt sehr ähnlich ist und ihm unmittelbar vorausgegangen zu sein scheint, vgl. Kat.Nr. 69.

Kat.Nr. 31, Abb. 24
Katharina Karolina Luja, Selbstbildnis, 1825/30

Thieme-Becker XIII, 1929, S. 457; Renate Berger, Malerinnen auf dem Weg ins 20. Jahrhundert, Kunstgeschichte als Sozialgeschichte, Köln 1982, S. 92f.; Kat. Kassel 1991, S. 125f., Nr. 443 m. Abb.; Ausst.Kat. Münster 1995, S. 9-11, 80, 90, 100, 298f.

Wilhelm Nahl (Kassel 22.7.1803 - 14.6.1880 Kassel)
Der Sohn und Schüler des Malers Johann August Nahl d. J. erlernte die Porträtmalerei bei dem Kasseler Bildnismaler Sebastian Weygandt. Durch die Empfehlung von François Joseph Kinson, Hofmaler König Jérômes in Kassel, erhielt er die Zulassung zur *Ecole Royale des Beaux-Arts* in Paris, an der er zwischen 1823 und 1825 studierte und besonders die Werke von Horace Vernet schätzte. Nahl war vorwiegend Porträtmaler, schuf aber auch einige Historiengemälde und Radierungen.

32
Johann August Nahl d. J., Studie
um 1825
Zinkblech, 10,6 x 8,2 cm
erworben 1910 aus dem Vermächtnis Joseph Rinalds
Inv. 1875/1209

Wilhelm Nahl hat in mehreren Bildnisstudien immer wieder Mitglieder der Künstlerfamilie Nahl dargestellt. Dieses kleinformatige Bildnis seines Vaters, des Malers Johann August Nahl d. J. (1752 - 1825), wird kurz vor dessen Tod im Jahr 1825 entstanden sein. Die Wahl des Formats und des Zinkblechs als Malgrund rückt es in die Nähe von Miniaturbildnissen, wenngleich der eher grobe Pinselduktus der Studie, vor allem bei der Kleidung, der Miniaturmalerei widerspricht.
Nahl ist als alter Mann mit weißem, etwas schütterem Haar und faltigem Gesicht gezeigt. Er hat seinen Kopf leicht zur Seite gedreht, und die rechte Hand im Gestus des Nachdenkenden ans Kinn geführt, während seine linke unter den Rock geschoben ist. Gedankenversunken blickt er in die Ferne. Seine Kleidung – der blaugrüne Rock, die ockerfarbene Weste und das weiße Hemd mit Halsbinde – ist unauffällig.

Thieme-Becker XXV, 1931, S. 334; Ausst.Kat.

Hamburg 1977, S. 253f.; Kat. Kassel 1991, S. 138f., Nr.498 m. Abb.

33
Johann August Nahl d. J.
1826
Leinwand, 50,3 x 40,7 cm
bez. r.: W. Nahl pinx 1826
erworben 1923 aus dem Nachlaß Clara Grünewald, geb. Wepler
Inv. LM 1924/ 356

Wilhem Nahl malte das Bildnis seines Vaters, nachdem dieser im Januar des Vorjahres verstorben war. Im Unterschied zu der miniaturhaften Studie eines alten Mannes (Kat.Nr. 32), die noch kurz vor dessen Tod entstanden war, ist der Vater hier als Mann mittleren Alters dargestellt, mit brauner Jacke, grün-gelblich gestreifter Weste, weißem Hemd, orange-bräunlichen Halstuch und dunkler Schirmmütze.
Im Ausschnitt des Brustbilds und in Frontalansicht ist er besonders nahsichtig gegeben. Seine rechte Hand, in der er einen Kreidegriffel hält, stützt er auf eine Zeichenmappe. Das Licht hebt die rechte Gesichtshälfte, die Augen und die Hand hervor.
Wahrscheinlich handelt es sich bei dem Bildnis um eine geringfügig veränderte und verkleinerte Kopie eines früheren Brustbildes des Vaters aus dem Jahr 1819, das sich im Privatbesitz von Perham C. Nahl (Evanston, Illinois) befindet.

Kat.Kassel 1991, S. 139, Nr. 496 m. Abb.

34
Porträt Sebastian Weygandt
1829
Leinwand, 58,5 x 48,5 cm
bez. u. l.: W. Nahl 1829 19
erworben 1934/35 von Max Göthel, Dresden
Inv. 1875/1322
Abb. 25

Das Brustbild seines Lehrers, des Porträtmalers Sebastian Weygandt (1760-1836), zeigt vor braunem Grund einen stark gealterten Mann im Dreiviertelprofil mit weißem Haar. Sein ernstes, strenges Gesicht ist von tiefen Falten gezeichnet, seine leicht zusammengekniffenen Augen sind nachdenklich in die Ferne gerichtet. Anstelle eines Pinsels hält der Maler eine Pfeife in der rechten Hand. Wie auf vielen Künstlerbildnissen des 19. Jahrhunderts hat Nahl auf jegliche Attribute verzichtet, die auf den künstlerischen Beruf hinweisen, und seinen Lehrer als Privatperson dargestellt mit

Kat.Nr. 34, Abb. 25
Wilhelm Nahl, Sebastian Weygandt, 1829

seiner persönlichen Vorliebe, dem Rauchen. Weygandt trägt einen schwarzen zweireihigen Rock mit goldenen Knöpfen, gelblich ockerfarbener Weste und weißem Hemd. Die Lichtführung lenkt den Blick des Betrachters auf das Gesicht des Lehrers, das minutiös wiedergegeben ist und das physiognomische Interesse des Malers verrät.

Kat. Kassel 1991, S. 138f., Nr. 497 m. Abb.

Carl Glinzer (Breitenau a. d. Fulda 2.2.1802 - 28.4.1878 Kassel)
Nach dem Besuch der privaten Zeichenschule von Justus Krauskopf in Kassel ging er 1820 über Frankfurt/M. an die Akademie nach München. Im Herbst 1822 kehrte er über Nürnberg und Thüringen nach Kassel zurück. 1825 reiste er über Brüssel nach Paris, wo er im Atelier von Antoine Jean Gros studierte. 1833/34 unternahm er mit Justus Krauskopf eine Studienreise nach Italien. Nach der Jahrhundertmitte unterhielt Glinzer eine private Zeichenschule in Kassel und gab Unterricht an verschiedenen Schulen. Neben August von der Embde gehörte er zu den bedeutendsten Bildnismalern des Biedermeier in Kassel. Er schuf Porträts, religiöse Historien- und Genrebilder, Landschafts- und Naturstudien sowie Lithographien.

35
Selbstbildnis
1833
Leinwand, 50,7 x 39,3 cm
bez. M. l.: Glinzer 1833
erworben 1905 als Geschenk von Dr. Ernst Glinzer und Johanna Glinzer, den Kindern des Malers
Inv. 1875/1175

Der junge Künstler gibt sich im Brustbild wieder, mit braunrotem Rock und schwarzem, samtbesetztem Revers, weißem Hemd und blau-rot changierendem Tuch. Auffällig ist der Pinselduktus, der das halblange, blonde Haar und den Oberlippen- und Kinnbart nur flüchtig erfaßt.

Thieme-Becker XIV, 1921, S. 256; Herzog 1985, S. 324; Kat. Kassel 1991, S. 80f., Nr. 286 m. Abb.

36
Ludwig Hummel
um 1835
Leinwand, 65 x 52 cm
bez. u. l.: Glinzer pinx...; verso u. r.: Glinzer
erworben 1963 von Gisela Hauptmann, Kassel
Inv. AZ 3225

Glinzer schuf mit diesem Porträt ein würdevolles Bildnis des über sechzigjährigen Kasseler Akademiedirektors Ludwig Hummel (1770-1850). Als Halbfigur vor graugrünem Grund hat er seinen Oberkörper leicht nach links gedreht, während sein Kopf mit den tiefliegenden Augen den Betrachter beinahe frontal anschaut. Sein Gesichtsausdruck ist ernst und verhalten. Licht fällt nur auf seine rechte Gesichts- und Körperhälfte. Hummel ist stattlich gekleidet mit dunkelgrünem Mantel über schwarzem Rock und weißer Weste. Um den Hals hat er im Stil der zeitgenössischen Mode ein weißes Tuch gebunden.
Aus vielen Künstlerbildnissen vertraut ist die Haltung der rechten Hand auf der linken Brust. Dieser Gestus findet sich insbesondere auf Darstellungen des 16. und 17. Jahrhunderts und kann sowohl anspruchsvolles Selbstbewußtsein als auch persönliche Beteuerung, Bekenntnis und Gefühl bedeuten. Van Dyck, der auf seinen männlichen Einzelbildnissen ein reiches und fein differenziertes Repertoire der Gebärdensprache entwickelte, hat diesen Gestus in seiner Porträtstichsammlung, der 1645 posthum publizierten *Iconographie,* aufgenommen. In diesem Werk, dessen Vorbildfunktion weit über das 17. Jahrhundert hinaus reichte, haben auffallend viele der dargestellten Künstler die Hand auf Brust oder Herz gelegt. Glinzers Rückgriff auf diese traditionelle Gebärdensprache gehört in den Kontext der in den 1820er und 1830er Jahren allgemein zu beobachtenden Tendenz der Bildnismalerei, Formeln des barocken Repräsentationsporträts aufzugreifen.

Ausst.Kat. Kassel 1985, Kat.Nr. 228 m. Abb.; Börsch-Supan 1988, S. 313; Raupp 1989, S. 108-112 u. 410, Abb. 53; Kat. Kassel. 1991, S. 81, Nr. 288 m. Abb.

Ferdinand Tellgmann (Bischhausen/Eschwege 24.9.1811 - 8.4.1897 Mühlhausen/Thüringen)
Obwohl seit dem zweiten Lebensjahr taubstumm, studierte Tellgmann von 1828 bis 1841 an der Kasseler Akademie als Schüler von Justin Heinrich Zusch. Er unternahm zwei Italienreisen und arbeitete vor allem als Bildnismaler. Recht früh befaßte er sich mit dem neu aufkommenden Medium der Daguerreotypie und besaß seit Anfang der 1850er Jahre in Eschwege und Mühlhausen bekannte Fotoateliers.

37
Das Atelier
1834
Leinwand, 79 x 97,5 cm
erworben vor 1935
Inv. AZ 332

Dieses Atelierbild entstand zu jener Zeit, als Tellgmann an der Kasseler Akademie Schüler war. In einem schmucklosen, grün gestrichenen Raum steht der Meister mit Palette, Pinseln und Malstock in den Händen und begutachtet aus einiger Distanz ein großes Landschaftsbild, das vor ihm auf einer Staffelei steht. Etwas weiter im Hintergrund, dicht am Fenster, sitzen zwei Schüler an ihren Staffeleien und arbeiten. An der Rückwand des Raums stehen eine drapierte Gliederpuppe, ein bereits gerahmtes Bild im Stil niederländischer Malerei und ein hellgrüner, breiter Paravant, hinter dem mehrere Gipskopien antiker Porträts und Torsi hervorgucken.
Das Licht, das durch das hochgelegene, schmale Fenster fällt, taucht das Atelier in ein warmes Gegenlicht. Insgesamt aber wirkt der Raum mit dem einfachen Holzboden nüchtern und kühl. Er hat nichts gemein mit den repräsentativen Atelierräumen in den Selbstbildnissen von Justus Juncker (Kat.Nr. 1), Johann Heinrich Tischbein und Ernst Friedrich Robert (Kat.Nr. 25), in denen mehrere Gemälde an den Wänden hängen und die durch ihre Möblierung zum Teil geradezu wohnlich wirken. Wahrscheinlich hat Tellgmann einen Raum der Kasseler Malakademie dargestellt. Auch scheinen die drei Figuren konkrete Personen und keine Typen darzustellen. Einer der Schüler könnte Tellg-

mann selbst sein. Der Meister ist vermutlich der Maler Friedrich Wilhelm Müller (1801-1889), der zwischen 1832 und 1875 an der Kasseler Akademie lehrte und das Studium in der freien Natur einführte, worauf das Landschaftsbild auf der Staffelei anzuspielen scheint.

Kaiser 1976, S. 23f.; Kat. Kassel 1991, S. 199f., Nr. 720 m. Abb.; Wiegand 1994, S. 72-76 m. Abb.

Heinrich Ahrens (Braunschweig 19.10.1805 - 3.3.1863 Kassel)
Seit etwa 1829/30 war Ahrens als Bildnismaler und Fotograf in Kassel tätig. Um die Jahrhundertmitte wurde er Konservator und Vorstandsmitglied des Kurhessischen Kunstvereins.

38
Carl August Quanter
um 1836
Leinwand, 101,5 x 80,5 cm
erworben 1918
Inv. AZ 650
Abb. 26

Kat.Nr. 38, Abb. 26
Heinrich Ahrens, Carl August Quanter, um 1836

In grünem Hausmantel und weißem Hemd posiert der Schauspieler Carl August Quanter (1805-1876) vor einer roten Vorhangdraperie, die rechts den Blick auf einen Park mit einem Rundtempel freigibt, in dem eine Figur, vielleicht eine Muse, steht. Im Hintergrund geht der Park in eine hügelige Flußlandschaft über. Auf einem Stuhl sitzend neigt Quanter in nachdenklicher Pose den Kopf mit dem modisch ins Gesicht frisierten Haar zur Seite und blickt gedankenverloren in Richtung des Betrachters. Seine rechte Hand hat er unter das Mantelrevers gesteckt, in der linken hält er ein Rollenbuch mit der Aufschrift: „Faust, Tragödie v. Goet(he), Pers(onen), Mephistoph(eles), CA Quanter".
Die Rolle des Mephistoles hatte Quanter, der von 1833 bis 1841 am Kasseler Hoftheater engagiert war, im April 1834 zum ersten Mal gespielt, zusammen mit Mathilde Ahrens, der Frau des Malers als Gretchen. Das Entstehungsdatum des Bildes legt es nahe, daß dieses Kniestück zu Quanters Verlobung oder Hochzeit mit Catharina Eggena aus Kassel im Jahr 1836 entstanden ist, wenngleich ein Pendantbildnis der Frau nicht bekannt ist.
In Quanters Porträt sind verschiedene Sichtweisen auf die Person miteinander verbunden. Der Schauspieler ist nicht in einer Theaterszene oder einer bestimmten Rolle wiedergegeben, sondern als Privatmann mit Hausmantel in aufwendigem Ambiente. In Deutschland galten die Schauspieler seit dem ausgehenden 18. Jahrhundert nicht mehr als fahrendes Volk, sondern als Künstler, die in das soziale Gefüge eingebunden waren. Entsprechend unspezifisch ist die unter den Mantel geschobene Hand als repräsentative Geste. Einzelne Accessoires weisen aber auf den Schauspielerberuf hin. Das aufgeschlagene Buch auf dem Tisch, bei dem der Flatterrand des Schriftbildes auf ein Drama deutet, und das Rollenheft in der Hand machen den Dargestellten zu jemandem, der seine Rolle einstudiert.
Der Rückzug ins Private ist dem Maler wie dem Dargestellten offenbar wichtig gewesen. Das Gemälde war nicht für das Theaterfoyer, sondern für zu Hause gedacht. Als privates Bildnis gehört es nicht der Gattung des Schauspielerrollenporträts an, die im ausgehenden 18. Jahrhundert in England mit den Bildnissen von Reynolds und Gainsborough und in Deutschland mit den Rollenporträts von Graff einen ungeheuren Aufschwung erlebte. Mit dem Motiv des drapierten roten Vorhangs und dem seitlichen Blick auf eine wahrscheinlich idealisierte Landschaft griff Ahrens vielmehr Versatzstükke traditioneller Repräsentationsbildnisse auf.

Lebe 1964, S. 175f., 191; Kluxen 1989, S. 142-147; Kat. Kassel 1991, S. 13f., Nr. 20 m. Abb.

Johann Eduard Ihlée (Kassel 22.10.1812 - 15.2.1885 Kassel)
Als Schüler von Friedrich Müller studierte er an der Kasseler Akademie, später bei Wilhelm von Schadow in Düsseldorf. Von 1837 bis 1842 arbeitete Ihlée in Rom. Nach seiner Rückkehr hielt er sich zunächst in Frankfurt/Main auf und schloß sich Philipp Veit an, der bis 1843 Direktor des Städelschen Kunstinstituts war. Zwischen 1853 und 1871 lebte Ihlée mit kurzen Unterbrechungen wieder in Italien. Dort entstanden Landschaften und Genreszenen aus dem römischen Volksleben und zwei Evangelistendarstellungen für die preußische Gesandtschaftskapelle in Rom, außerdem zahlreiche Kopien nach Raffael, Tizian und Michelangelo. 1872 ließ er sich endgültig in Kassel nieder. Zunächst arbeitete er als Lehrer, seit 1875 unterrichtete er als Professor an der Akademie.

Kat.Nr. 39, Abb. 27
Johann Eduard Ihlée, Selbstbildnis, um 1840

39
Selbstbildnis
um 1840
Leinwand, 39,5 x 31,5 cm
erworben 1941 als Vermächtnis von Maria Ihlée, der Großnichte des Künstlers
Inv. AZ 1168
Abb. 27

Dieses halbfigurige Porträt entstand während Ihlées erstem Romaufenthalt. Es zeigt den Künstler mit Backenbart und schwarzem Rock vor hellem, gelblich-grünem Grund. Mit der Darstellung im Profil, den Kopf leicht zur Seite dem Betrachter zugewandt, gibt sich Ihlée in der traditionellen Haltung des Selbstbildnisses.
Die scharfe Kopfwendung des Künstlers über die Schulter zum Betrachter hin, die Ihlée hier stark zurückgenommen hat, gehörte seit Jahrhunderten zum Motivkanon des Künstlerbildnisses. Diese rhetorische Geste, die als Kennzeichen des „ingenium" – des künstlerischen Genies – galt, war lange Zeit eine typologische Konstante und geradezu ein Erkennungszeichen für Selbstbildnisse und Künstlerporträts insgesamt. In der *Iconographie* van Dycks finden sich zahlreiche Beispiele für diesen Typus. Auch van Dycks eigenes Selbstbildnis auf dem Titelblatt der Stichsammlung zeichnet sich durch die rückwärtsgewandte Kopfbewegung aus, den lässig über die Schulter geworfenen Blick, der dem Betrachter kokett entgegenschaut.
Auch mit den Attributen, Palette und Pinseln, die Ihlée in seiner linken Hand hält und die ihn als Maler ausweisen, knüpft er an eine traditionelle Darstellungsweise an, die zu dieser Zeit nicht besonders in Mode war. In der Mitte des 19. Jahrhunderts war es eher üblich, Malutensilien sowie jegliche Accessoires, die auf den künstlerischen Beruf hinweisen, wegzulassen zugunsten einer Selbstdarstellung als Bürger.

Thieme-Becker XVIII, 1925, S. 554f.; Ausst.Kat. Braunschweig 1980, S. 19-21; Raupp 1989, S. 181-193; Kat.Kassel 1991, S. 99. Nr. 348 m. Abb.

August Wilhelm Amberg (Berlin 25.2.1822 - 10.9.1899 Berlin)
Zwischen 1839 und 1842 studierte er an der Berliner Akademie als Schüler von Wilhelm Herbig und Karl Begas. 1844 setzte er sein Studium für ein Jahr in Paris bei Léon Cogniet fort. Anschließend hielt er sich längere Zeit in Italien auf, vor allem in Rom und Venedig. Nach seiner Rückkehr ließ sich Amberg in Berlin nieder und wurde 1869 Mitglied der Akademie. In den 1860er und 1870er Jahren war er als Genremaler wegen seiner Sujets und des gefälligen Kolorits sehr beliebt.

40
Louis Katzenstein
1847
Leinwand, 30,9 x 21,3 cm
bez. u. l.: W.AMBERG Rom 1847
erworben 1933 aus dem Nachlaß der Tochter des Künstlers
Inv. 1875/1307
Abb. 28

August Wilhelm Amberg porträtierte den Historienmaler Louis Katzenstein (1822-1907), der wie er bei Léon Cogniet in Paris studiert hatte, kurz bevor dieser Rom verließ und über Bologna nach Kassel zurückreiste. Katzenstein selbst hielt das ganzfigurige Porträt in einem Aquarell fest, das sich in seinem römischen Skizzenbuch befindet und mit „1846/47" datiert ist (Kassel, Graphische Sammlung).
Auf einer Terrasse in einer römischen Parklandschaft posiert der Maler in breitem Ausfallschritt und wendet sein Gesicht im Dreiviertelprofil dem Betrachter zu. Er ist elegant gekleidet mit einem weiten schwarzen Mantel, den er in großzügigem Schwung über die Schultern geworfen hat. Auf dem Kopf trägt er einen breitkrempigen schwarzen Hut, der sein Gesicht etwas verschattet. Er führt keine besonderen Attribute mit sich, die ihn als bildenden Künstler ausweisen.
Amberg bezog sich mit diesem Porträt auf den repräsentativen Bildnistypus von Romreisenden des ausgehenden 18. Jahrhunderts. Katzensteins Pose sowie der weite Umhang lehnen sich an Darstellungen englischer Bildungsreisender an, die sich mit weiten Mänteln vor einer römischen Landschaftskulisse malen ließen. In Deutschland griff Philipp Friedrich Hetsch etwa mit seinem Selbstbildnis von 1787 (Stuttgart, Staatsgalerie) diesen Typus auf. Während auf solchen Porträts antike, häufig bekannte Architekturfragmente oder Plastiken – bei Hetsch eine Stele mit einem Relief – auf das humanistische Bildungsinteresse hinweisen, lassen sich auf Ambergs Porträt solche Versatzstücke nicht eindeutig identifizieren. Das Mauerwerk der Terrasse spielt auf antike Bauten an. Im Hintergrund der Parklandschaft sind barocke Bauwerke zu erkennen, das helle Gebäude erinnert an die Villa Borghese.

Thieme-Becker I, 1907, S. 387; XIX, 1926, S. 596; Ausst.Kat. Hamburg 1977, S. 247f.; Kat. Kassel 1991, S. 14, Nr. 23, S. 102

Kat.Nr. 40, Abb. 28
August Wilhelm Amberg, Louis Katzenstein, 1847

E. Schlüter (Lebensdaten unbekannt)

41
Johannes Wimmel
1848
Leinwand, 46 x 38,3 cm
bez. M. l.: E. Schlüter 1848 Wien
erworben vor 1906
Inv. AZ 128

Das Brustbild des Kasseler Maler- und Weißbindermeisters Johannes Wimmel (1823-1892) entstand während einer Reise nach Wien im Jahr 1848. Es gibt den jungen Mann in Frontalansicht wieder, wobei sein Blick nach rechts gerichtet ist. Er ist fein bekleidet mit schwarzem Rock, roter Weste mit Goldknöpfen und weißem Biesenhemd. Um den Hals hat er eine schwarze Schleife gebunden.

Kat. Kassel 1991, S. 180, Nr. 645 m. Abb.

Friedrich Gunkel (Kassel 17.8.1819 - 27.2.1876 Rom)
Kaum zwanzigjährig kam er zusammen mit Louis Katzenstein und den Brüdern Gustav und Julius Kaupert an die Kasseler Akademie zu Ludwig

Emil Grimm und Friedrich Wilhelm Müller und galt schon bald als bester Schüler der Zeichenklasse. Anschließend war er als Gehilfe bei Peter Cornelius in Berlin tätig. Seit 1847 lebte er in Rom und wurde Mitglied des Deutschen Künstlervereins. Ab 1856 wohnte er mit den Bildhauern Gustav Kaupert, Heinrich Gerhardt und dem Maler Heinrich, gen. Dreber-Franz zusammen. Zwischen 1862 und 1864 vollendete er in München die „Hermannsschlacht“, ein Gemälde, das 1857 König Max II. für das Maximilianeum bestellt hatte. 1867 reiste er nach Florenz. Wegen drohender Erblindung nahm er sich 1876 im Park der Villa Giulia in Rom das Leben.

42
Gustav Kaupert
1849
Leinwand, 74,8 x 61 cm
bez. u. r.: Gunkel Roma 49
erworben nach 1927
Inv. 1875/1718

Das Brustbild des aus Kassel stammenden Bildhauers Gustav Kaupert (1819-1897), der durch seine Mitarbeit am Washington-Denkmal in Richmond, aber auch mit dem Statuenschmuck des Frankfurter Opernhauses und dem Hessen-Denkmal in der Kasseler Karlsaue bekannt wurde, entstand 1849 in Rom. Gunkel, der Kaupert 1847 nach Rom gefolgt war, hatte mit ihm an der Kasseler Akademie studiert und zusammen mit Louis Des Coudres ein Atelier geteilt.
Die aufrechte Haltung des nahezu en face dargestellten Bildhauers und der direkte, wie erstarrt wirkende Blick sind möglicherweise mit dem Einfluß der zeitgenössischen Porträtfotografie zu erklären, die sich um die Jahrhundertmitte durchzusetzen begann und schon bald zu einer ernsthaften Konkurrenz für Porträtmaler wurde.
Mit seinem linken Arm stützt sich Kaupert im Stil traditioneller Bildhauerporträts auf einen Steinblock, wenngleich dieser ebenso wie die Ausschnitte des großen Blocks im Hintergrund nur schemenhaft auszumachen sind. Auch der Meißel, den er in der rechten Hand hält und der ihn als Bildhauer ausweist, ist kaum sichtbar. Im Vordergrund der Darstellung steht weniger das künstlerische Metier als die Person des jungen Bildhauers. Stattlich gekleidet mit schwarzer Halsbinde, weißem Hemd und hellbraunem Rock, unter den er seine rechte Hand geschoben hat, gibt er sich als selbstbewußter Bürger.

Thieme-Becker XX, 1927, S. 30; Herzog 1985, S. 324f.; Kat. Kassel 1991, S. 86f., Nr. 307 m. Abb.

Heinrich Wimmel (Kassel 21.11.1830 - 14.11.1881 Kassel)
Zusammen mit seinem älteren Bruder Johannes Wimmel war er in Kassel als Maler- und Weißbindermeister tätig. Er studierte vermutlich um 1850 an der Düsseldorfer Akademie.

43
Selbstbildnis
1850
Leinwand (ovaler Spiegel) 48 x 37,7 cm
bez. u. r.: H.W.50
erworben vor 1906
Inv. AZ 1174

Dieses repräsentative Selbstbildnis im ovalen Rundbild zeigt den Maler- und Weißbindemeister als eleganten jungen Mann mit modischem Oberlippenbart. Sein Oberkörper ist nach rechts gedreht, sein Kopf en face dargestellt. Er ist mit einem dunkelgrauen Rock, einer etwas heller farbenen, grauen Weste und einem weißen Hemd mit schwarzer Schleife bekleidet. Jegliche Accessoires, die über den Beruf des Dargestellten Aufschluß geben, fehlen.
Das Bildnis ist ein Beispiel für einen Porträtstil, der in den 1840er und 1850er Jahren aufkam und recht nüchtern die individuelle Erscheinung einer Person wiedergibt.

Kat.Kassel 1991, S. 212, Nr. 760 m. Abb.

Caroline von der Embde (Kassel 31.1.1812 - 28.11.1867 Hamburg?)
Als älteste Tochter und Schülerin ihres Vaters, des Malers August von der Embde, war sie seit 1850 in Düsseldorf tätig. Zwischen 1852 und 1860 nahm sie an Ausstellungen in München, Dresden und Köln teil. Als Mitarbeiterin ihres Vaters wurde sie vor allem von dessen Genre- und Porträtmalerei beeinflußt. Sie griff seine beliebtesten Motive auf, vollendete auch häufig seine Kompositionen, so daß es in manchen Fällen schwierig ist, beider Oeuvre zu trennen. Auch sollen die Bildnisse Kasseler Bürger, die nach der Jahrhundertmitte unter dem Namen von der Embde entstanden, überwiegend von Carolines Hand stammen. 1854 heiratete sie den Juristen August Klauhold und zog nach Bremen, später nach Hamburg.

44
Selbstbildnis
1855
Leinwand, 62,5 x 48,5 cm
bez. r. M.: Line. zum 31. Januar 1855. gem. in Bre-

men; verso: Caroline Klauhold von der Embde Selbstporträt gemalt zu Bremen 1855
alter Bestand
Inv. 1875/1635
Farbtaf. 3

Die Malerin sitzt in ganzer Figur im Profil vor der Staffelei, ihren Kopf hat sie dem Betrachter zugewandt. Ein leuchtend roter Vorhang sowie ein dunkler Holzrahmen und mehrere blühende Pflanzen im Hintergrund suggerieren einen Innenraum mit einem Fenster, wenngleich ein Ausblick ins Freie fehlt.
Mit der braun-schwarzen Jacke, unter der ein weißer Spitzenkragen hervorschaut, und dem weiten, bodenlangen bräunlich-violett changierenden Rock gibt Caroline von der Embde eine stattliche Figur ab. Auch wirkt ihr Blick durchaus selbstbewußt. In Malerfamilien war es nicht ungewöhnlich, daß auch die Töchter den künstlerischen Beruf aufnahmen. Von der Embdes Ausstellungsbeteiligungen um die Jahrhundertmitte und ihre späte Heirat im Alter von 42 Jahren deuten auf relative Unabhängigkeit hin.
Gesicht und Hände bestimmen das Bildnis der Malerin. Die Hände, die auf den übereinandergeschlagenen Knien ruhen und eher kräftig sind, entsprechen kaum weiblichen Zierlichkeitsidealen. In der Rechten hält sie eine Zeichenkreide, die – wie auf vielen Künstlerbildnissen – demonstrativ auf den künstlerischen Beruf hinweist. Auf der noch fast leeren Leinwand sind die ersten Umrisse eines Porträts gezeichnet. Kurioserweise ist dort auch ein kleines Strichmännchen über der Signatur zu erkennen. Die Signatur verrät, daß das Gemälde anläßlich des 43. Geburtstags der Malerin entstanden ist.

Kat. Kassel 1991, S. 56f., Nr. 171 m. Abb.

Robert Conrad (Lebensdaten unbekannt)

45
Selbstbildnis
1859
Leinwand, 159 x 125,5 cm
bez. u. r. entlang der Fußleiste: Robert Conrad. 1859. (ip)se fecit.
erworben 1935 als Geschenk von Elise Riedel, Kassel
Inv. LM 1935/345
Farbtaf. 4

In einem dunklen Raum sitzt der schwarz gekleidete Künstler seitlich nach rechts gedreht und wendet seinen Blick im Dreiviertelprofil dem Betrachter zu. Sein Gesicht wird durch die pastos aufgetragene Farbe betont und wirkt ausgemergelt und bleich. Die verschlossene, leidgeprägte Miene deutet resignative Gedanken an. Dicht hinter seinem Rücken nimmt ein Gemälde einen Großteil des Bildraums ein. Darauf ist der Tod als ganzfiguriges Skelett dargestellt, dessen Sense den Kopf des Malers zu bekrönen scheint. Das Profil des sarkastisch grinsenden Schädels ist dem Künstler zugewandt, der rechte Knochenarm zum Greifen gehoben. Vor dem Gemälde steht auf einem Tisch mit dunkelrotem Tuch ein Kruzifix aus hellem Metall, daneben liegen eine Pistole und ein Beutel. Die „Bieblia" ist auf den Boden gefallen und liegt geöffnet, die Seiten nach unten, zu Füßen des Malers. Palette, Pinsel und Malkasten, die im Hintergrund auf der Erde ausgebreitet sind, weisen den Ort als Atelierraum aus.
Conrad, der als Maler unbekannt bleibt und von dem nur dieses Gemälde erhalten ist, knüpfte mit dem ganzfigurigen Selbstporträt an die Bildtradition von „Tod und Maler" an, die sich auf Selbstbildnissen bis ins 16. Jahrhundert zurückverfolgen läßt. Vanitassymbole wie Skelette, Totenschädel oder Sanduhren gemahnen den Künstler an die Vergänglichkeit und vergegenwärtigen ihm die Vorläufigkeit seines Schaffens. Im 19. Jahrhundert erlangte der Tod als Gegenspieler des Malers erneute Aktualität. Besonders bekannt ist Arnold Böcklins *Selbstbildnis mit fiedelndem Tod* aus dem Jahr 1872 (Berlin, Nationalgalerie). Während dort die Melodie des Todes den Maler betroffen macht, verunsichert, innehalten läßt, gehört Conrads Selbstbildnis eher in den Kontext schwindender christlicher Erlösungsgewißheit, wie sie Philosophie und Dichtung schon zu Beginn des 19. Jahrhunderts thematisierten. Die Kombination von Kruzifix und Pistole sowie die Bibel auf dem Boden scheinen auf solche Glaubenszweifel hinzuweisen. Darüberhinaus machen die Pistole und der weiße Zettel in der Hand des Künstlers – möglicherweise ein Abschiedsbrief – die Szene zu einer subjektiven Grenzsituation, die um Todes- und Selbstmordgedanken kreist.

Ausst.Kat. Hamburg 1978, S. 34-41; Ausst.Kat. Braunschweig 1980, S. 25-27; Raupp 1989, S. 266-288; Kat. Kassel 1991, S. 37f., Nr. 103

Angilbert Wunibald Göbel
(Frankfurt/M. 26.1.1821 - 19.5.1882 Frankfurt/M.)
Zwischen 1836 und 1844 besuchte Göbel das Städelsche Kunstinstitut in Frankfurt/Main, seit 1837 als Schüler des Kupferstechers Schäffer. 1845 lebte er in Dresden. Von Reisen nach Belgien und Paris kehrte er 1846 nach Frankfurt zurück. Das

Hauptinteresse Göbels galt der menschlichen Gestalt in Bildnissen, Bildnis- und Studienköpfen. Daneben malte er auch Genrebilder und Landschaften.

46
Arthur Schopenhauer
1859
Leinwand (ovaler Spiegel), 62 x 51,5 cm
bez. r. R.: A. Göbel 59
erworben um 1905 als Geschenk von Dr. W. G. Doer, Zürich
Inv. 1875/1198 a
Abb. 29

Das Brustbild des seit 1833 in Frankfurt lebenden Philosophen Arthur Schopenhauer (1788-1860) wurde direkt nach der Fertigstellung im Februar 1859 im Frankfurter Kunstverein ausgestellt. Göbel setzte das Gemälde noch im selben Jahr als Radierung um.
Gesicht und Oberkörper sind fast frontal gegeben. Die Lebensgröße des Bildes, der eng gefaßte, ovale Bildausschnitt und der wache Blick lassen den Dargestellten besonders gegenwärtig erscheinen. Göbel nutzte die Direktheit der Frontalität, um den schöpferischen Fähigkeiten des Philosophen Pathos zu verleihen. Durch den leicht gesenkten Kopf erhält die mächtige Stirn des Denkers besonderes Gewicht.
Doch gibt das Bildnis nicht, wie Schopenhauer in mehreren Briefen eigens betonte, Idealität, sondern Ähnlichkeit wieder, nicht das „Ideal des Individuums, sondern das Individuum" selbst. Physiognomische Eigenheiten wie der über dem vorgeschobenen Kinn zusammengepreßte Greisenmund, die recht große Nase und die energischen Augen, die sich auch auf zeitgenössischen Daguerreotypien und Fotografien beobachten lassen, hat Göbel detailliert herausgearbeitet. Das Alter des über Siebzigjährigen ist nicht zu übersehen.
Seit März 1857 hatte Schopenhauer Göbel immer wieder Modell gesessen. Bei manchen Sitzungen war auch der Maler Jules Lunteschütz dabei, der zur selben Zeit wie Göbel an einem lebensgroßen Brustbild arbeitete. Schopenhauer war von Göbels Bildnis recht angetan. In mehreren Briefen des Jahres 1859 berichtete er von der Fertigstellung des Gemäldes, das von „unserem besten Porträtmaler" stamme, den er als „superlativen Realist" bezeichnete.
Mit dieser Charakterisierung spielte Schopenhauer wohl auf den starken Einfluß an, den Gustave Courbet auf Göbel ausgeübt hatte. Courbet hatte 1855 anläßlich der Pariser Weltausstellung in einem eigenen Pavillon eine Gegenausstellung konzipiert mit dem programmatischen Titel „Le Réalisme", nicht als Ausdruck eines Malstils, sondern eines künstlerischen Anspruchs auf Zeitgenossenschaft. In Frankfurt waren seine Werke bereits 1852 und 1855 auf zwei Ausstellungen zu sehen. Göbels Bildnis von Schopenhauer entstand unter dem unmittelbaren Eindruck Courbets. Vom September 1858 bis zum Februar 1859 hatte sich der Franzose in Frankfurt aufgehalten und eine Zeitlang mit Göbel und Victor Müller deren Atelier geteilt.

Hübscher 1968, S. 120-122, Nr. 45 m. Abb.; Kat. Frankfurt 1972, S. 122; Ausst.Kat. Courbet und Deutschland, Hamburger Kunsthalle, Hamburg 1978, S. 417-419; Kat. Kassel 1991, S. 82, Nr. 293 m. Abb.

Kat.Nr. 46, Abb. 29
Angilbert Wunibald Göbel, Arthur Schopenhauer, 1859

Johannes Wimmel (Kassel 10.10.1823 - 22.6.1892 Kassel)
Er war Maler- und Weißbindermeister in Kassel. Aus einem datierten Vanitas-Stilleben und einigen Studienblättern aus der Graphischen Sammlung geht hervor, daß er um 1842 an der Akademie in Kassel studierte.

47
Porträt des Vaters Heinrich Wimmel d. Ä.
um 1850
Leinwand, 46,5 x 40,6 cm
bez. verso: Heinrich Wimmel geb. 1786 gemalt: J. Wimmel
erworben vor 1906
Inv. AZ 206 A

Das Brustbild zeigt den über sechzigjährigen Vater des Malers en face in dunklem Rock, weißer Weste und schwarzem Halstuch. Seine markanten Gesichtszüge, insbesondere die flache, hervorspringende Nase und die dünnen, leicht zusammengezogenen Augenbrauen sind detailliert festgehalten, ebenso wie die Falten um die Augen und auf der Stirn, die das Alter des Dargestellten andeuten.
Die allen Feinheiten nachspürende malerische Detailtreue deutet auf eine fotografische Vorlage hin, was um die Jahrhundertmitte nicht unüblich war.

Ausst.Kat. Bonn 1982, S. 116f.; Kat.Kassel 1991, S. 212f., Nr. 761 m. Abb.

48
Porträt des Bruders Heinrich Wimmel
1869
Leinwand, 107,5 x 76,3 cm
bez. u. r.: JW (ligiert): 69
erworben vor 1906
Inv. AZ 440

Bei diesem Kniestück, das den jüngeren Bruder des Malers, Heinrich Wimmel (1830-1881), darstellt, zeigt sich die Nähe zur zeitgenössischen Fotografie, die seit der Jahrhundertmitte eine ernsthafte Konkurrenz für viele Porträtmaler bedeutete. Wimmel, der sein kurzes Haar streng zurückgekämmt hat und einen Oberlippenbart trägt, ist vornehm gekleidet mit hellbrauner Jacke, dunkelbrauner Weste und einer Taschenuhr, weißem Hemd und gestreifter Krawatte mit einer Schmucknadel. In seinen Händen hält er ein Buch mit einem Blatt Papier und einen Stift, als wäre er im Begriff, etwas zu notieren. Solche Posen, die aus der ikonographischen Tradition der Bildnismalerei hervorgegangen sind, finden sich auch auf Fotografien der Jahrhundertmitte, die die Modelle oft im Ausschnitt des Kniestücks ablichten. Je danach, welchen Beruf die Porträtierten haben, halten sie einen Stift, ein Buch oder andere Accessoires in den Händen. Mit der enormen Verbreitung fotografischer Porträts waren gemalte Bildnisse Ausdruck eines gesteigerten Geltungsanspruchs (vgl. auch die folgende Kat.Nr. 49).

Ausst.Kat. Bonn 1982, S. 60f., 104-107; Kat.Kassel 1991, S. 212f., Nr. 762 m. Abb.

49
Selbstbildnis
1870
Leinwand 107,3 x 76,5 cm
bez. u. r.: JW (ligiert): 70.
erworben vor 1906
Inv. AZ 425

Das Selbstporträt wirkt wie ein Pendantbildnis zu dem ein Jahr zuvor entstandenen gleich großen Kniestück seines Bruders Heinrich Wimmel (Kat.Nr. 48), zumal sich die beiden Brüder in ihrer Haltung einander zuwenden. Man darf annehmen, daß die Bildnisse für eine Familiengalerie gemalt wurden. Johannes Wimmel, der seinem Bruder im Gesichtsausdruck, ebenso wie in Haar- und Barttracht sehr ähnlich sieht, ist ebenso stattlich gekleidet wie dieser, mit grüngrauer Jacke, brauner Weste, Taschenuhr, weißem Hemd und gestreifter Schleife. Mit der rechten Hand stützt er sich auf einen Stock mit elfenbeinfarbenem Knauf, der linke Arm ist abgewinkelt und die nach oben gedrehte Hand geöffnet.
Wimmel, der Maler und Weißbindermeister war, hat auf dem Selbstbildnis nicht die künstlerische oder handwerkliche, sondern die unternehmerische Seite seines Berufs in Szene gesetzt, als Geschäftsmann, der einen prosperierenden Betrieb leitet. In Verbindung mit diesem Bildnis hat man auch bei dem Porträt seines Bruders Heinrich Wimmel den Eindruck, daß dieser eine Art Kontorbuch in den Händen hält. Anscheinend entsprach die unternehmerische Selbstdarstellung durchaus der Realität. Die beiden Brüder stifteten ihr gemeinsames Vermögen der Stadt Kassel zum Bau von Mietwohnungen und zur Verschönerung der Stadt.

Kat.Kassel 1991, S. 212, Nr. 763 m. Abb.

Heinrich Faust (Reinsdorf/Schaumburg 6.10.1843 - 4.1.1891 Kassel)
Nachdem die Familie 1853 nach Kassel übergesiedelt war, wurde Faust 1855 Schüler des Lithographen Georg Koch und trat 1858 in die Malklasse Friedrich Wilhelm Müllers an der Akademie ein. Ein Reisestipendium führte ihn 1864 nach Antwerpen, später auch nach Italien, wo er vor allem das venezianische Kolorit studierte. In München beeinflußten ihn Arnold Böcklin und besonders Hans Makart, den er später persönlich in Wien aufsuchte. Nach mehreren Italienreisen ließ er sich 1870 in Kassel nieder.

50
Selbstbildnis
um 1860
Leinwand, 38,3 x 30,6 cm
erworben vor 1943
Inv. AZ 1160

Das jugendliche Selbstbildnis entstand während Fausts Studienzeit an der Kasseler Akademie. In grün-braunem Rock und mit dunklem Hut über halblangem Haar gibt sich der Maler im Brustbild, den Kopf leicht nach rechts gedreht. Das Licht fällt nur auf Ausschnitte seiner rechten Gesichtshälfte und den darunterliegenden Kragen. Stirn, Augen und linke Gesichtspartie sind tief verschattet.
Von der Lichtführung her zeigt Fausts Selbstporträt eine gewisse Nähe zu dem Bildnis Rembrandts mit verschatteten Augen, einer Werkstatt-Kopie nach dem 1628 entstandenen Selbstporträt Rembrandts (Amsterdam, Rijksmuseum), das sich seit Mitte des 18. Jahrhunderts in der Kasseler Gemäldegalerie befindet. Auf diesem hat Rembrandt zwar den Kopf anders als Faust nach links gewandt, aber das Licht fällt auch hier von links ein und beleuchtet nur Ausschnitte seiner rechten Gesichtshälfte und des Hemdkragens.
Die starke Dunkelheit des Gemäldes ist auf einen gefärbten Galeriefirnis zurückzuführen, der in relativ dicker Schicht auf der Bildoberfläche liegt und nachgedunkelt ist, was am vergilbten Hemdkragen zu sehen ist. Ob dieser Galeriefirnis von Faust selbst oder im Rahmen einer Restaurierungsmaßnahme aufgetragen wurde, konnte nicht festgestellt werden.

Kat.Kassel 1991, S. 67, Nr. 243 m. Abb.; Kat. Kassel 1996, Bd. 1, S. 245, Nr. GK 229, Bd. 2, Tf. 124

51
Louis Katzenstein
1862
Leinwand auf Pappe, 20 x 16 cm
bez. M. r.: H Faust.1862.
erworben 1934 aus dem Nachlaß von Louis Katzenstein
Inv. K I 1934/233

Das Brustbild des älteren Malerkollegen Louis Katzenstein (1822-1907), der wie Faust bei Friedrich Müller an der Kasseler Akademie studiert hatte, entstand zu jener Zeit, als Katzenstein Kunstkritiken für das Casseler Tageblatt schrieb.
Mit raschem, spontanem Pinselduktus ist das Dreiviertelprofil des Malers erfaßt. Katzenstein trägt einen Hut und einen modischen Kinn- und Oberlippenbart und blickt beinahe keck in Richtung des Betrachters. Das kleine Format und der flüchtige Pinselstrich lassen das Bildnis eher wie eine Gelegenheitsarbeit aussehen.

Kat. Kassel 1991, S. 67f., Nr. 246 m. Abb. u. S. 102

Hugo Schneider (Kassel 12.3.1841 - 24.12.1925 Kassel)
Schneider begann sein Architekturstudium bei Georg Gottlob Ungewitter in Kassel, setzte es 1864 bei Friedrich v. Schmidt in Wien und 1867 bei Gilbert Scott in London fort. Er schuf Kirchenbauten im Rheinland und in Holland und war am Ausbau des Kölner Doms, des Glockenturms am Aachener Münster (1879-1884) und am Aufbau der Türme der Martinskirche in Kassel (1889-1891) tätig. Hier errichtete er auch den Löwenbrunnen am Friedrich-Wilhelms-Platz (heute Scheidemannplatz) und die Türme der Lutherkirche. Während seiner Düsseldorfer Zeit, zwischen 1874 und 1879, wandte er sich der Malerei zu und schuf vor allem Porträts. Von 1879 bis 1910 war er Nachfolger des Architekten Otto Dehn-Rotfelser in der Architekturklasse der Akademie in Kassel. In den Jahren 1908 und 1912 unternahm er Reisen nach Italien.

52
Friedrich Wilhelm Müller
1877
Leinwand, 63,5 x 53 cm
bez. r. M.: H.SCHNEIDER.CASSEL 1877
erworben vor 1937
Inv. AZ 631
Abb. 30

Der Historienmaler Friedrich Wilhelm Müller (1801-1889), der Professor an der Kasseler Akademie und zwischen 1867 und 1875 auch stellvertretender Direktor war, ist im Brustbild vor dunkelbraunem Grund nahezu en face dargestellt. Sein leicht erhobener Blick ist auf den Betrachter gerichtet. Er ist repräsentativ gekleidet mit einer dunkelblauen Anzugjacke, an dessen Revers ein rotes Ordensband steckt, darunter ein weißes Hemd mit schwarzer Schleife. Anders als bei der Kleidung sind die Pinselstriche im Bereich des Kopfs locker gesetzt. Die weißen Strähnen des schulterlangen, bereits etwas ausgedünnten Haars und die gealterten Gesichtszüge sind nur flüchtig erfaßt. Diagonal gesetzte, fahrige Pinselstriche umschreiben den warmen Inkarnatton, der sich aus fein nuancierten Farbabstufungen mit einzelnen rötlichen und okkerfarbenen Akzenten zusammensetzt.
Im Vergleich zu den anderen Bildnissen Schneiders aus derselben Zeit (Kat.Nr. 53-55), die um eine recht detaillierte Wiedergabe der Gesichtszüge be-

Kat.Nr. 52, Abb. 30
Hugo Schneider, Friedrich Wilhelm Müller, 1877

müht sind, gehört dieses Brustbild zu den freiesten Porträtumsetzungen im Werk dieses Künstlers.

Thieme-Becker XXX, 1936, S. 194; Kat.Kassel 1991, S. 180f., Nr. 647 m. Abb.

53
August Bromeis
um 1880
Leinwand, 56,3 x 48,4 cm
erworben 1931 als Geschenk der Gattin des Künstlers
Inv. 1875/1278

Das Brustbild des aus Kassel stammenden Landschaftsmalers August Bromeis (1813-1881), der seit 1868 Professor an der Kasseler Akademie war, gehört zu einer Reihe von Porträts, die Schneider um 1880 von mehreren pensionierten Professoren der Kasseler Akademie anfertigte (Kat.Nr. 54f.).
Mit schwarzem, vornehmem Rock und weißem Hemd ist Bromeis im Dreiviertelprofil vor ockerfarbenem Grund gegeben. Das leicht gewellte, weiße Haupthaar und der Bart weisen auf das Alter des etwa Siebzigjährigen hin. Der Pinselduktus ist bei Gesicht und Kopf im Vergleich zur Kleidung flüchtiger gesetzt. Wie auf den Bildnissen seiner Kollegen gibt es auch auf diesem Brustbild kein Beiwerk, das auf den künstlerischen Beruf des Dargestellten aufmerksam macht.

Kat. Kassel 1991, S. 181, Nr. 649 m. Abb.

54
Friedrich Wilhelm Müller
1883
Leinwand, 122 x 85 cm
bez. u. r.: H. Schneider. Cassel 1883
alter Bestand
Inv. AZ 516

Fünf Jahre nach dem ersten Brustbild von Friedrich Wilhelm Müller (Kat.Nr. 52) malte Hugo Schneider ein zweites Porträt des Historienmalers, diesmal als repräsentatives Kniestück. Nahezu en face gegeben sitzt er aufrecht in einem Sessel, sein rechter Arm liegt auf der Lehne, die Linke hält eine silberne Schnupftabakdose und ein Taschentuch in leuchtendem Rot. Müllers gealterte Gesichtszüge sind auf diesem Porträt mit feinem Pinsel sorgfältig herausgearbeitet. Gelassen richtet er seinen Blick in die Ferne.
Wie auf dem frühen Brustbild trägt er auch auf diesem Porträt einen dunkelblauen Anzug mit rotem Ordensband am Revers und ein weißes Hemd mit schwarzer Schleife. Der einzige Unterschied ist ein gelbbraungestreiftes Tuch, das in die Jacke eingelegt ist.
Mit der Wahl des Kniestücks griff Schneider eine repräsentative Bildnisform auf, die den zweiundachtzigjährigen Akademieprofessor in Lebensgröße wiedergibt. Mit dem schwarzen Vorhang am rechten Bildrand, der auf die Rückenlehne des Sessels fällt und den braunen Hintergrund farblich unterteilt, knüpfte Schneider an eine alte, traditionelle Porträtformel an.

Kat. Kassel 1991, S. 181, Nr. 650 m. Abb.

55
Carl Brünner
1893
Leinwand, 50 x 39 cm
bez. u. l.: H.SCHNEIDER CASSEL 1893; u. r.: H.SCHNEIDER CASSEL 18..
alter Bestand
Inv. 1875/1722

Ein weiteres Bildnis einer Kasseler Künstlerpersönlichkeit am Ende des 19. Jahrhunderts ist das Brustbild von Carl Brünner (1847-1918). Der aus Karlsruhe stammende Porträt- und Historienmaler lebte seit 1888 in Kassel und war Professor an der Kunstgewerbeschule.
Kleine, kurze Pinselstriche umschreiben das gerö-

tete Gesicht mit Kinn- und Schnauzbart sowie die Nickelbrille und das schüttere Haupthaar. Brünner ist vor dunkelgrauem Grund in der zeitgenössischen Herrenmode mit schwarzem Anzug, dunkler Weste, Krawatte und weißem Hemd bekleidet.

Kassel Kat. 1991, S. 181, Nr. 652 m. Abb.

Louis Kolitz (Tilsit 5.4.1845 - 24.7.1914 Berlin)
Um 1855 zog die Familie Kolitz nach Liegnitz. Dort besuchte Louis Kolitz die Ritterakademie und erhielt Zeichenunterricht bei Theodor Blätterbauer. Er studierte zunächst an der Berliner Akademie (1862-64), dann an der Düsseldorfer Akademie bei Carl Müller, Carl Sohn und Oswald Achenbach. Anfang der 1870er Jahre verbrachte er mehrere Studienaufenthalte in Paris und kehrte 1872 nach Düsseldorf zurück. Bereits 1879 wurde er als Historien- und Porträtmaler zum Direktor der Kasseler Akademie ernannt. In den 1880er Jahren unternahm er ausgedehnte Studienreisen nach Holland, nach 1890 reiste er mehrfach nach Italien. Nach seiner Pensionierung im Oktober 1911 siedelte er nach Berlin über.

56
Selbstporträt mit Schlapphut
um 1870
Leinwand, 42,5 x 32 cm
erworben 1958 aus dem Nachlaß Martha Heidemann
Inv. AZ 2478
Abb. 31

Das Selbstbildnis dürfte am Ende seiner Studienjahre in Düsseldorf entstanden sein. Wie vor einem Spiegel im Zwiegespräch mit sich selbst gibt sich der junge Künstler im Dreiviertelprofil nach links gewandt vor graubraunem Grund. Durch den eng gefaßten Ausschnitt des Brustbildes und den angeschnittenen Hut am oberen Bildrand wird dem Betrachter suggeriert, daß der Künstler ihm Einblick in seine Privatsphäre gestattet. Der Eindruck von Intimität wird noch gesteigert durch die Lichtführung, die nur Teile des Gesichts preisgibt. Nur ein Ausschnitt der rechten Gesichtshälfte ist beleuchtet. Die Augen des Malers verschwinden hinter schmalen Brillengläsern und liegen außerdem durch die breite Krempe seines Huts im Schatten.
Die Farbigkeit wird überwiegend von Grün-Brauntönen bestimmt. Lediglich das strahlende Weiß des linken Hemdkragens sticht hervor und akzentuiert die darüberliegende Lichtpartie des Gesichts. Diese pointierte Gegenüberstellung von Licht- und Schattenzonen wird auf späteren Bildern geradezu zu einem Erkennungszeichen für Kolitz' Malerei.

Kat.Nr. 56, Abb. 31
Louis Kolitz, Selbstbildnis mit Schlapphut, um 1870

Mit dem Motiv der verschatteten Augen, das sich auch auf dem Selbstbildnis von Heinrich Faust (Kat.Nr. 50) findet, welches in seiner Lichtführung sehr ähnlich ist, knüpfte Kolitz an eine Darstellungstradition an, die sich bis zu den frühen Selbstbildnissen von Rembrandt zurückverfolgen läßt.

Ausst.Kat. Hamburg 1978, S. 52f.; Ausst.Kat. Kassel 1990 (b), S. 29, Nr. 1 m. Abb. (m. weiterer Lit.)

57
Ludwig Sigismund Ruhl
1884
Holz, 67,5 x 56,5 cm
bez. o. l.: L. Kolitz 1884
erworben 1958 aus dem Nachlaß Martha Heydemann
Inv. 1875/1178
Abb. 32

Bei diesem Brustbild handelt es sich um ein Porträt des neunzigjährigen Ludwig Sigismund Ruhl (1794-1887), ältester Sohn des Kasseler Bildhauers und Akademieprofessors Christian Ruhl, der seit 1832 Direktor der Kurfürstlichen Kunstsammlungen war und von 1840 bis 1867 auch die Kunstakademie in Kassel leitete.

Kat.Nr. 57, Abb. 32
Louis Kolitz, Ludwig Sigismund Ruhl, 1884

Ruhl ist beinahe frontal vor einem Bücherschrank dargestellt. Lichtführung, klarer Bildaufbau sowie das Fehlen jeglicher Accessoires rücken das Gesicht des Dargestellten ins Zentrum des Bildes. Das helle Inkarnat in warmem Ocker hebt sich deutlich von der dunklen Umgebung ab, dem dunkelbraunen Rock und dem rotbraunen Schreibschrank. Der Greisenkopf ist sorgfältig durchmodelliert. Physiognomische Details der gealterten Gesichtszüge sowie der leicht geöffnete Mund mit den ausgeprägten Falten um die Mundwinkel sind mit feinem Pinselduktus präzise herausgearbeitet. Die dunklen großen Augen lassen den alten Mann wach und präsent erscheinen. Der Schreibschrank im Hintergrund rückt das Porträt in die Nähe von Gelehrtenbildnissen.
Die Wahl des traditionellen Bildträgers Holz und die im Stil der Feinmalerei dünn aufgetragene Farbe wirken historisierend. Kolitz verfügte, wie viele seiner Zeitgenossen, über ein breites Repertoire an Malstilen, das von einer akademisch glatten, feinen Malweise in dunklem Galerieton bis zu locker gesetzten, pastosen groben Pinselstrichen einer aufgehellten Palette reichte.

Ausst.Kat. Kassel 1990 (b), S. 33, Nr. 15 m. Abb. (m. weiterer Lit.)

58
Friedrich Wilhelm Müller
1885
Holz, 73,5 x 57,3 cm
bez. u. l.: L. Kolitz
bez. o. r.: Aetatis suae 84
erworben 1972 von Elisabeth Schwedes
Inv. AZ 4106
Abb. 33

Das Brustbild des Kasseler Akademieprofessors Friedrich Wilhelm Müller (1801-1889), den wenige Jahre zuvor Hugo Schneider gemalt hatte (Kat.Nr. 52, 54), gehört mit dem ein Jahr zuvor entstandenen Porträt von Ludwig Sigismund Ruhl (Kat.Nr. 57) zu Kolitz' besten Leistungen auf dem Gebiet der Bildnismalerei.
Durch den Einsatz der Farbe Schwarz hat Kolitz die Konzentration auf die Physiognomie auf diesem Bildnis noch gesteigert. Müller ist frontal vor tiefschwarzem Grund dargestellt. Sein Körper, bekleidet mit einem schwarzen Rock, der sich nur unmerklich von der Umgebung abhebt, verschwindet beinahe im opaken Dunkel. Das helle Gesicht hingegen tritt schlaglichtartig hervor und wirkt durch den starken Helldunkel-Kontrast blaß und fahl. Mit fotografischer Genauigkeit hat Kolitz die zerfurchten Gesichtszüge des Vierundachtzigjährigen herauspräpariert. Feine Pinselstriche umschreiben die spezifischen Oberflächen von Haut, Haaren

Kat.Nr. 58, Abb. 33
Louis Kolitz, Friedrich Wilhelm Müller, 1885

und Kleidung. Neben dem Inkarnat bestimmen nur wenige Farben das Porträt, vorherrschend ist der Dreiklang aus Schwarz, Rot und Weiß. Am Revers des schwarzen Rocks steckt an einem leuchtend roten Band das Offizierskreuz der Ehrenlegion. Unter dem Rock schauen ein weißer Hemdskragen mit einer schwarzen Fliege und ein grau-weiß gestreifter Schal hervor. Feines, silbrig glänzendes Haar umspielt das Gesicht.

Man kann bei der Farbe Schwarz, die dieses Bildnis beherrscht, an die zeitgleiche französische Malerei und Graphik erinnern, in der das Schwarz Sinnbild des Abgründigen, der Fantasie und Trauer war und als Inbegriff der Moderne galt. Doch sind auch andere Assoziationen denkbar, so etwa die Tradition der Gewandfarbe Schwarz. Seit dem 16. Jahrhundert galt Schwarz als erlesenste Farbe des Gewands und wurde immer wieder für repräsentative Herrenbildnisse verwendet. Seit der Mitte des 19. Jahrhunderts hatte sich der schwarze Anzug unter Dandys und bürgerlichen Geschäftsmännern als einheitliche Herrenmode durchgesetzt.

In Anlehnung an die Tafelmalerei hat Kolitz – wie auch schon bei dem Porträt von Ruhl – Holz als Bildträger verwendet und die Farben in altmeisterlicher Perfektion als glatte Oberfläche dünn und lasierend aufgetragen. Ein Vergleich mit dem Kniestück Müllers (Kat.Nr. 54), das Hugo Schneider zwei Jahre zuvor gemalt hatte, macht die unterschiedlichen Bildauffassungen beider Künstler offensichtlich.

Ausst.Kat. Berlin 1983, Weiße Westen, rote Roben: Von der Farbenordnung des Mittelalters zum individuellen Farbgeschmack, bearb. v. Heide Nixdorf u. Heidi Müller, S. 163; Raphael 1989, S. 34-42; Ausst.Kat. Kassel 1990 (b), S. 33f., Nr. 16 m. Abb. (m. weiterer Lit. zu Kolitz); John Harvey, Men in Black, London 1995

Franz Seraph von Lenbach (Schrobenhausen/ Oberbayern 13.12.1836 - 6.5.1904 München)
Nach autodidaktischen Studien vor allem durch das Kopieren alter Meister, wurde Lenbach 1854 in die Akademie aufgenommen, ab 1857 studierte er bei Karl von Piloty, den er ein Jahr später nach Italien begleitete. Auf Empfehlung Pilotys wurde Lenbach 1860 zusammen mit Arnold Böcklin und Reinhold Begas an die neugegründete Kunstschule in Weimar berufen, kehrte aber bereits zwei Jahre später nach München zurück. Ein Stipendium des Grafen Adolf Friedrich von Schack führte ihn 1863 abermals nach Rom und 1867 nach Spanien. Zwischen 1871 und 1874 hielt er sich abwechselnd in München, Berlin und Wien auf, wo er in Ateliergemeinschaft mit Hans Makart lebte. Dieser regte ihn zur Bildnismalerei an und reiste 1875/76 mit ihm und Leopold Karl Müller nach Ägypten. Durch die Bekanntschaft mit Otto von Bismarck im Jahr 1878 gelang Lenbach der rasche gesellschaftliche Aufstieg zum gesuchtesten Bildnismaler im wilhelminischen Deutschland. 1882 erhielt er den persönlichen Adel und ließ bald darauf von Gabriel von Seidl eine Villa in München errichten, die Zeugnis gibt vom künstlerischen Selbstverständnis eines Malerfürsten der Gründerzeit.

59
Wilhelm von Rümann
1898
Leinwand 98,8 x 83 cm
bez. o. l.: F. Lenbach 1898
Leihgabe der Bundesrepublik Deutschland
Abb. 34

Der Bildhauer Wilhelm von Rümann (1850-1906), der Professor an der Münchner Akademie war und vor allem Denkmäler und Bildnisse geschaffen hat, ist als Halbfigur vor dunklem Grund dargestellt. Den Oberkörper nach links gewandt, richtet er im Dreiviertelprofil seinen wachen, strengen Blick auf den Betrachter. Seine rechte Hand ist in die Hüfte gestützt, während die linke erhoben ist und, kaum zu erkennen, ein Papier hält. Licht fällt vor allem auf die rechte Gesichtshälfte und die Augen-

Kat.Nr. 59, Abb. 34
Franz Seraph Lenbach, Wilhelm Rümann, 1898

partie, die mit den kräftigen, buschigen Brauen detailliert wiedergegeben ist, während der dichte Vollbart im Dunkeln liegt.
Das Porträt gehört in seiner flüchtigen Behandlung des Körpers und der deutlichen Konzentration auf physiognomische Eigenheiten des Gesichts zu einer Serie von Künstler- und Gelehrtenporträts, die Lenbach in den 1890er Jahren zumeist nach fotografischen Vorlagen ausführte. Das Hilfsmittel der Fotografie nutzte er vor allem, um einen spontanen Gesichtsausdruck der Personen einfangen zu können.
Der warme Braunton von Rümanns Bildnis ist kennzeichnend für viele Porträts von Lenbach und war geradezu ein Stilmittel seiner Porträtmalerei. Durch die Nähe zu Bildnistypen und Ausdrucksformen der alten Meister – mit Rembrandt, Rubens, Tizian und Velàzquez hatte er sich intensiv beschäftigt – suchte er die Dargestellten zu nobilitieren. Bei dem vorliegenden Bildnis, bei dem der Kopf des Dargestellten aus der dunklen Umgebung hell hervortritt, arbeitete Lenbach mit Lichteffekten, die sich an Rembrandts Helldunkel-Behandlung orientieren.
Lenbachs anspielungsreiche Bildnisikonographie – auf manchen Bildnissen verwendete er auch historische Kostüme – entsprach den zeitgenössischen Bedürfnissen nach Würde und Bedeutungssicherung und machte ihn zu einem der begehrtesten Porträtmaler der Gründerzeit.

Ausst.Kat. Franz von Lenbach 1836-1904, Städtische Galerie im Lenbachhaus München 1986, S. 257f., 341f.; Kat. Kassel 1991, S. 122, Nr. 431 m. Abb.; Stückelberger 1996, S. 34-36

Johannes Kleinschmidt (Niederappelfeld bei Homberg/Efze 22.3.1858 - 23.12.1905 Hann. Münden)
Nach einer Lehre bei Stubenmalern in Homberg und Kassel wanderte er als Handwerksbursche nach Italien. Von dort zurückgekehrt, ermöglichte ihm ein Gönner das Studium an der Kasseler Akademie. Seine Lehrer waren Louis Kolitz und Joseph Scheurenberg. Von 1884 bis 1886 studierte Kleinschmidt an der Münchner Akademie bei Otto Seitz und ließ sich dann in Kassel nieder. 1897 reiste er mit einem Stipendium nach Spanien. 1898 wurde im Kasseler Kunstverein die 42 Nummern umfassende Sammlung seiner Kopien nach alten Meistern der Kasseler Gemäldegalerie ausgestellt. Seit 1903 war seine Arbeit bis zu seinem frühen Tod durch Krankheit stark behindert. Kleinschmidt schuf hauptsächlich Porträts und humorvolle Genreszenen aus dem Volks- und Kinderleben.

60
Siegmund Weltlinger
1900/05
Leinwand, 64 x 51 cm
bez. o. r.: J. Kleinschmidt
erworben 1976 als Vermächtnis des Sohnes des Dargestellten, Siegmund Weltlinger jun., Berlin
Inv. AZ 4459

Das Brustbild zeigt den aus Mähren stammenden Opernsänger Siegmund Weltlinger (1854-1941), der von 1890 bis 1909 am königlichen Hoftheater in Kassel in zahlreichen Rollen als Heldentenor engagiert war.
Weltlinger ist frontal dargestellt, mit schwarzem Rock und weißem Hemd bekleidet. Dunkles, leicht gelocktes Haar rahmt seine hohe Stirn und geht an den Schläfen in einen Vollbart über. Seine braunen Augen sind auf den Betrachter gerichtet. Typisch für ein Künstlerporträt des ausgehenden 19. Jahrhunderts ist das Fehlen von Accessoires, die auf den Beruf des Dargestellten hinweisen.
Wahrscheinlich gehörten zu diesem privaten Bildnis noch weitere Porträts von Weltlingers Familie. Der Maler Kleinschmidt hatte nach Aussage von Siegmund Weltlinger jun. auch Porträts von Weltlingers Frau, Schwiegervater und Tochter gemalt, die jedoch 1944 in Dresden verbrannten.

Christiane Engelbrecht et. al., Theater in Kassel, Aus der Geschichte des Staatstheaters Kassel von den Anfängen bis zur Gegenwart, Kassel 1959, S. 87, Tf. XIII; Kat. Kassel 1991, S. 110-113, Nr. 403 m. Abb.

Theodor Matthei (Marburg 31.1.1857 - 6.3.1920 Kassel)
Matthei studierte an der Kasseler Akademie bei Louis Kolitz und Hermann Knackfuß. Noch während des Studiums hielt er sich ab 1881 zusammen mit seinen Mitschülern Jean Conrad Bohlender und Heinrich Otto in Willingshausen auf, wo er bis 1886 in den Sommermonaten regelmäßig arbeitete. Hier schloß er Freundschaft mit Adolf Lins und Emil Zimmermann. Zunächst schuf er Landschaften mit Staffage, dann Genrebilder aus Schwälmer Leben und Geschichte. 1887 scheint er sich vorübergehend in München aufgehalten zu haben. Eine späte Italienreise um 1900, von der einige Landschaftsstudien aus der Umgebung von Rom zeugen, brachte intensives Licht und Feinheit des Pinselstrichs in seine Malerei.

61
Selbstporträt
1903
Leinwand, 61 x 50 cm
bez. u. r.: Th. Matthei 03
erworben 1991 aus Kasseler Privatbesitz
Inv. M 1991/4

Den Oberkörper im Profil nach links gewandt, schaut der Künstler über die Schulter zum Betrachter und fixiert ihn mit wachem Blick. Der dunkelbraune Grund und die unauffällige Kleidung – Matthei trägt einen schwarzen Rock mit einem weißen Hemd darunter – lenken die Aufmerksamkeit auf das Gesicht. Unterstützt wird dies durch die Lichtführung, die vor allem die rechte Gesichtshälfte beleuchtet. Die Eigenheiten des Gesichts, Rötungen im Wangen- und Kinnbereich sowie kleine durchscheinende Adern unter den Augen, sind detailliert wiedergegeben. Bestimmt wird der Ausdruck von einem kräftigen, grau-blonden Oberlippen- und Kinnbart, der den Kopf zusammen mit dem hellen kurzen Haupthaar von dem dunklen Grund abhebt. Im Stil der zeitgenössischen Porträts fehlt auf dem Bildnis jegliches Beiwerk, das Matthei als Künstler identifizieren läßt.
Das Nebeneinander von feinen und breiten Pinselstrichen, sowie der schwere dunkeltonige Gesamteindruck erinnern an Porträts der zeitgenössischen Münchner Schule, deren Werke Matthei durch seinen zeitweiligen Aufenthalt in München, Ende der 1880er Jahre, vertraut waren.

Kat. Kassel 1991, S. 110 m. Abb.

Adolf Lins (Kassel 21.10.1856 - 26.3.1927 Düsseldorf)
Seit Mitte der 1870er Jahre Schüler der Kasseler Akademie, ging Lins 1877 nach Düsseldorf und arbeitete zunächst bei dem Genremaler Ferdinand Brütt. 1874 besuchte er erstmals Willingshausen, wo er zahlreiche Düsseldorfer Malerkollegen antraf und von da an bis 1908 jedes Jahr mehrere Wochen arbeitete. Sein Hauptinteresse galt der durch bäuerliches Genre und vor allem auch mit Tierstaffage belebten Landschaft.

62
Selbstbildnis
um 1900
Leinwand auf Pappe, 24,5 x 16,5 cm
bez. u. l.: A. Lins (A L ligiert)
erworben 1955 von J. Hirz, Gießen
Inv. AZ 1970

Im Dreiviertelprofil des Brustbilds vor hellem Grund stellt sich der Künstler mit kurzem Haar, dichtem Vollbart und groben Gesichtszügen dar. Breite Pinselstriche umschreiben das von der Sonne gegerbte Gesicht. Das Hemd ist nur mit flüchtig gesetztem Weiß angedeutet.
Dieses kleine Selbstbildnis, dessen Format auf eine Studie hindeutet, liest sich wie ein Bekenntnis zur Naturverbundenheit und zum Landleben. Mit Haar- und Barttracht sowie den eher derben Gesichtszügen wählte der Maler einen bäuerlichen Typus. Lins gehörte seit 1878 der Malerkolonie Willingshausen an, eine lockere Gemeinschaft von Künstlern, die bis zum Beginn des ersten Weltkriegs bestand und ähnlich wie die Malerkolonien in Neudachau oder Worpswede zusammenkam, um in der freien Natur zu arbeiten.

Ausst.Kat. Kassel 1980, Kat.Nr. 102 m. Abb.; Kat. Kassel 1991, S. 124, Nr. 438 m. Abb.

Graphik

Johann J. August von der Embde (Kassel 4.12.1780 - 10.8.1862 Kassel)

Biogr. vgl. Kat.Nr. 27 u. 29

63
Selbstbildnis im Oval
1807
Pinsel in Braun
bez. u. r.: Aug. Emden fec./ den 1ten May/ 1807
350 x 295 mm Durchm.
Alter Bestand
AZ 2095

In seinem Selbstbildnis von 1807 verzichtet der 29-jährige Maler auf jegliche Attribute seines Metiers. Aus dem ovalen Spiegel blickt er über die rechte Schulter den Betrachter an. Die differenzierte Lichtführung hebt sein Bildnis vor dem einfarbig bräunlichen Grund heraus, es wirkt wie von einer hellen Lichtaureole umgeben. Der durchscheinende Papiergrund gibt dem Teint eine vornehme Blässe. Auch die modischen Details der Haartracht und der Kleidung tragen zu diesem Eindruck bei. Der hochstehende Kragen des Rockes und der steife, elegant vom Jabot umwickelte Hemdkragen, scheinen dem Kopf eigens Halt zu geben. Der schmale Kopf mit den kurzgeschnittenen Locken, die jugendlichen Züge, der direkt auf den Betrachter gerichtete Blick, die betont aufrechte Körperhaltung und die leichte Untersicht entsprechen dem Künstlerideal des Klassizismus um 1800. Das fertig

ausgearbeitete Blatt wirkt wie die Vorlage für ein Gemälde oder ein gestochenes Porträt.
Von der Embde knüpft hier im Typus deutlich an die späten Selbstbildnisse Friedrich Heinrich Fügers (1751-1818) an (Wien, Gemäldegalerie der Akademie der bildenden Künste), die er bei seinem Studium an der Akademie in Wien kennengelernt hatte. Bemerkenswert ist von daher der Wandel im künstlerischen Selbstverständnis, der sich in den Selbstbildnissen von 1811 und 1819 vollzogen hat (vgl. Kat.Nr. 27/29). Im Selbstbildnis von 1819 folgt er in Typus, Ausdruck und Malweise dem 1818 entstandenen Selbstbildnis (Wien, Gemäldegalerie der Akademie der bildenden Künste) des Wiener Porträt- und Genremalers Josef Abel (1764-1818). Exemplarisch wird in den drei Selbstporträts von der Embdes der Wandel des Künstlerbildes vom Klassizismus zu Romantik und Biedermeier faßbar.

Ganßauge 1958, S. 55-74; Ausst.Kat. München 1988, S. 211, Nr. 22, m. Abb.; Kat. Kassel 1991, S. 47 ff., Kat. Nrn. 126 u. 136; Kat. Wien, Gemäldegalerie der Akademie der bildenden Künste in Wien, Illustriertes Bestandsverzeichnis, bearb. v. Renate Trnek, Wien 1989, Abb. S. 16 u. 84

Johann Nepomuk Muxel (München 20.4.1790 - 17.5.1870 Landshut)
Der Maler, Radierer und Lithograph Joh. Nepomuk Muxel studierte in München bei seinem Vater, dem Bildhauer Johann Baptist Muxel und an der Münchner Akademie. Ludwig Emil Grimm, der während seiner Münchner Studienzeit im Hause Muxel wohnte, schildert die gemeinsamen Münchner Studienjahre in seinen Lebenserinnerungen. 1815 wurde Muxel Zeichenlehrer bei der Familie des Herzogs von Leuchtenberg, 1824 Inspektor der Leuchtenbergschen Gemäldegalerie, deren Bestand er in Umrissen stach.

64
Selbstbildnis
1811
Schwarze Kreide, weiß gehöht auf graugrünem Zeichenpapier
bez. u. Mitte:
Nepomuk Muxel ipse fecit/ München 1811
150 x 230 mm
erworben 1939 aus der Sammlung Alexander Fiorino
Inv. K II 5034
Abb. 35

Das Selbstbildnis entstand 1811 während der Studienzeit an der Münchner Akademie. Muxel fixiert

Kat.Nr. 64, Abb. 35
Johann Nepomuk Muxel, Selbstbildnis, 1811

sein Bild im Spiegel. Durch die Darstellung en face hält der Blick den Betrachter fest. Das in die Stirn gekämmte Haar, der fixierende Blick, die breite Nase und der verschlossen wirkende Mund mit der vollen, leicht vorgeschobenen Unterlippe ergeben ein eindringliches, eigenwilliges Charakterporträt des Zeichners und Radierers.
Die Wahl des Porträts en face erzeugt eine unmittelbare Konfrontation mit dem Gegenüber und unterscheidet das Selbstbildnis Muxels von dem radierten Selbstbildnis Emil Ludwig Grimms (Kat.Nr. 65). Der hochstehende Kragen des Rockes und das eng um den Hals geschlungene Jabot geben dem Kopf Halt und heben ihn aus dem Blatt hervor. Gegenüber anderen Zeichnungen von Künstlern aus der Generation der Romantiker, die den spitzen Bleistift bevorzugen, ist hier die Verwendung schwarzer und weißer Kreide bemerkenswert.
Die Charakterisierung des Studienfreundes in den Lebenserinnerungen Grimms – „still, bescheiden, gutmütig", „ironisch, witzig und munter" (Grimm/ Stoll 1913, S. 118/119) – bestätigt den Ausdruck der Zeichnung ebenso wie Grimms zwei Jahre zuvor entstandene Porträtzeichnung (Ausst.Kat. Kassel 1985, Kat. Nr. 39 m. Abb.), für die ihm sein Freund Modell saß. Die initime Kenntnis des Künstlerfreundes und die Schärfe der Beobachtung prägten die Porträtauffassung der Romantiker. Die Zeichnung befand sich wohl ehemals im Besitz Grimms, da er sie als Vorbild für seine Darstellung Nepomuk Muxels in der „Künstlerunterhaltung in München" benutzte.

Thieme-Becker XXV, 1931, S. 302; Ausst.Kat. Kassel 1985, Kat. Nr. 39, Abb. S. 64 mit weiterer Lit.; Ausst.Kat. Kassel 1994, Kat. Nr. 76, Taf. 24

Ludwig Emil Grimm (Hanau 14.3.1790 - 4.4.1863 Kassel)
Ludwig Emil Grimm studierte 1805-07 an der Kasseler Akademie bei Johann Werner Kobold und Ernst Friedrich Robert. 1805 heiratete er Marie Böttner, die Tochter des Malers Wilhelm Böttner. Im Kreis um die älteren Brüder Jacob und Wilhelm Grimm begegnete er Clemens Brentano und Achim von Arnim. Seit 1810 studierte er in München. Bei dem Kupferstecher Karl Heß erlernte er die graphischen Techniken. 1814 nahm er an den Befreiungskriegen teil. In Frankfurt machte er die Bekanntschaft Johann Wolfgang von Goethes, in Heidelberg besuchte er die Sammlung altdeutscher und altniederländischer Malerei der Brüder Boisserée. 1816 reiste er mit Georg Brentano nach Italien und kehrte 1817 nach Kassel zurück. 1832 wurde er Lehrer an der Kasseler Kunstakademie. Grimm war als Maler, vor allem aber als Zeichner und Radierer und wegen seiner Porträts bedeutender Zeitgenossen der Romantik geschätzt.

Kat.Nr. 65, Abb. 36
Emil Ludwig Grimm, Selbstbildnis, 1813

65
Selbstbildnis
1813
Radierung (1. Zustand)
bez. i. d. Platte:
Ludwig Emil Grimm se ipse fecit Monachium 1813
165 x 125 mm
erworben aus der Sammlung Hans Altmüller, Kassel
Inv. K III 1966/21
Abb. 36

Das Selbstbildnis des 23jährigen Emil Ludwig Grimm entstand 1813 während seiner Studienzeit in München. Die kleinformatige Radierung zeigt den jungen Maler im „altdeutschen Rock“ mit weichem Überfallkragen, der patriotischen Tracht der Zeit der Befreiungskriege. Den über die Schultern geschlagenen weiten Mantel befestigt eine Kette mit Löwenkopfschließe. Durch den neutralen Hintergrund und die Beleuchtung des Kopfes von links wird die Aufmerksamkeit des Betrachters allein auf das Gesicht gelenkt. Die Wendung des Kopfes ins Dreiviertelprofil, der aufmerksame Ausdruck der Augen und das von hinten in die Stirn gekämmte Haar sind Ausdruck der Künstlergeneration, die sich von akademischen Traditionen abwandte und im Studium altdeutscher und altitalienischer Kunst neue Ausdrucksformen suchte. Grimm bekennt sich in seinem jugendlichen Selbstbildnis zu den künstlerischen Idealen der Frühromantik.
Zwei Jahre später überarbeitete er das Blatt durch Hinzufügung eines Schnur- und Kinnbartes und eine stärkere Schattierung des Grundes. Die überarbeitete Fassung verweist durch die Bildunterschrift „Ludwig Emil Grimm pinx & fec. aq. fort./ München 1815“ darauf, daß einst auch eine in Öl gemalte Fassung dieses Selbstbildnisses existiert hat. Das verlorene Selbstbildnis wird auch im Briefwechsel der Brüder Grimm und in Grimms Werkverzeichnis genannt. Im Typus eng verwandt ist das Selbstbildnis Philipp Veits (1793-1877) von 1816 (Mainz, Mittelrheinisches Landesmuseum).
Grimms jugendliches Selbstbildnis nimmt Züge der Bildniskunst Rembrandts und der altniederländischen Malerei auf. Möglicherweise folgte er hier Anregungen seines Lehrers Carl Ernst Christoph Heß (1801-1874), der selbst viel nach Werken Rembrandts und der altniederländischen Malerei gestochen hatte (vgl. auch das Selbstbildnis August von der Embdes von 1811; Kat. Nr. 27).
Schon während seiner Münchner Studienzeit hatte er sich selbst, seine Lehrer und Studienfreunde mehrfach gezeichnet, gemalt und radiert. 1810 zeichnete Johann Nepomuk Muxel (1790-1870) das Bildnis des 20jährigen Freundes (vgl. Kat.Nr.

64). Grimms zahlreiche Künstlerbildnisse sind Ausdruck des Freundschaftskultes der Romantiker.

Grimm 1913, WV A, Nr. 45 IV; Thieme-Becker XV, 1922, S. 46 ff; Lankheit 1952; Ausst.Kat. Kassel 1985, Kat. Nr. 9, Abb. S. 31 u. Kat. Nr. 80, Abb. S. 10; Merk 1985, S. 102, Abb. 1; Ausst.Kat. Mainz 1977, Kat. Nr. 13; zur altdeutschen Tracht vgl.: Ausst.Kat. Nürnberg 1986, S. 83 ff. (mit weiterer Literatur)

66
Selbstbildnis
um 1829
Graphit, Aquarell
157 x 79 mm
erworben 1939 aus der Sammlung Alexander Fiorino
GS 5026

Das in flüssigen Aquarellfarben mit leichter Hand ausgeführte Blatt hält anekdotisch einen Unglücksfall fest. Eine Flasche, deren blaue Flüssigkeit sich malerisch über den Tisch und auf den Boden im Vordergrund ergießt, ist wieder aufgerichtet worden. Von der Person des Zeichners ist nur die um den Flaschenhals greifende, blau verschmierte Hand und ein Schuh in der unteren rechten Ecke des Blattes sichtbar. Auf einem Stuhl im Hintergrund sitzt ein Mann in türkisblauem Rock, der dem Geschehen in ruhiger Haltung Pfeife rauchend zusieht. Ob es sich hier, wie bislang angenommen, um ein Selbstbildnis des Künstlers handelt, erscheint zumindest aus der Perspektive des Zeichners unwahrscheinlich. Diesen mag das Auslaufen der blauen Farbe und das Türkisgrün des Rockes der Figur im Hintergrund zu seiner spontanen Umsetzung der Szene ins Aquarell gereizt haben. Das Blatt lebt von der Farbigkeit und der Spannung zwischen der vordergründigen Aktion und der Ruhe der Interieurszene im Hintergrund.

Koszinowski/Leuschner 1990, Bd. 1, S. 132, Nr. P 273, Farbtaf. 197; Ausst.Kat. Kassel 1994, Kat. Nr. 90.

Ludwig Sigismund Ruhl (Kassel 10.12.1784 - 7.3.1887 Kassel)
Ludwig Sigismund Ruhl, ältester Sohn des Bildhauers und Akademiedirektors Christian Ruhl, lernte im Elternhaus den Kreis um Achim von Arnim und die Familie Brentano kennen. Er studierte an der Kasseler Akademie, in Göttingen und Dresden. Nach den Befreiungskriegen studierte er 1815 in München, wo er Freundschaft mit dem Heidelberger Romantiker Carl Philipp Fohr (1795-1818) schloß. Von 1816-18 lebte Ruhl in Rom, wo er sich dem Kreis der Nazarener anschloß. 1820 kehrte er nach Kassel zurück, wo er bis zu seinem Tode lebte. 1832 wurde er Direktor der fürstlichen Kunstsammlungen. Von 1840 bis 1867 leitete er als Direktor die Kasseler Kunstakademie (vgl. Kat. Nr. 57).

67
Deutsche Künstler im Café Greco
1817
Bleistift, aquarelliert
bez. von fremder Hand u. r.:
Von Hofrat Ludwig Sigismund Ruhl
385 x 498 mm
Leihgabe des Hessischen Geschichtsvereins
Inv. K I 2431 1086
Abb. 3

In der farbig aquarellierten Zeichnung hat Ruhl den Kreis der deutschen Künstler und Literaten im Café Greco in Rom festgehalten. Ruhl zeigt einzelne Gruppen stehender Personen vor einer Theke im Vorderraum des Café Greco. Hinter dem Tresen und vor einem Regal voller Flaschen und Gläser steht der Cafetiere Luigi beim Ausschank von Kaffee und Spirituosen. Die Türe rechts führt in die hinteren Räume des Caféhauses.
Von rechts betritt mit heftig ausgreifendem Schritt der Maler Theodor Rehbenitz (1791-1861) den Raum, vorbei an dem hünenhaften Dichter Friedrich Rückert (1788-1866), hinter dem pfeiferauchend der Architekt Johann Buck (geb. 1794) mit hohem Hut und, mit flacher Mütze, der Stecher Karl Barth (1787-1853) erscheinen. Ins Gespräch vertieft sind auch die Mitglieder der Viererrunde um den Landschaftsmaler Joseph Anton Koch (1768-1839): links Joseph Platner, rechts der kleingewachsene Lukasbruder Joseph Sutter (1781-1866), der Theoretiker der Nazarener, und der schlaksige Karl Joseph Ignaz Mosler (1788-1860). Ganz links ist der Maler Ernst Gotth. Bosse (1785 - 1862) vor dem hochformatigen Wandspiegel in den Anblick des eigenen Bildnisses vertieft. Neben ihm auf einem dreibeinigen Tischchen steht eine Tasse Mocca.
Das schon von dem Dichter Wilhelm Heinse auf seiner Italienreise (1780-83) als „Café Tedesco" apostrophierte Caféhaus in der Via Condotti unweit der Spanischen Treppe, war seit der Mitte des 18. Jahrhunderts Treffpunkt der deutschen Künstlerkolonie in Rom. Carl Philipp Fohr, Ruhls Freund aus der Münchner Studienzeit, wandte sich gleich bei seiner Ankunft in Rom dorthin.
Auch Fohr hat die Mitglieder der römischen Künstlerkolonie in einer Serie eindringlicher Bildniszeich-

nungen festgehalten (Heidelberg, Kurpfälzisches Museum), die ihm als Detailstudien für ein nicht mehr zur Ausführung gelangtes Gruppenbild der deutschen Künstler im Café Greco in Rom dienen sollte. Gemeinsam mit seinen Entwürfen für die Gesamtkomposition (Frankfurt, Städelsches Kunstinstitut) erlauben seine Porträtstudien die Identifizierung der Dargestellten in Ruhls farbiger Zeichnung.
Ruhls Porträtzeichnungen der Bildhauer Konrad Eberhard und Johannes Schaller (Kat. Nr. 68 a/ b) von 1817 lassen vermuten, daß Ruhl sich wie Fohr mit dem Gedanken trug, das Thema der deutschen Künstler im Café Greco weiter zu verfolgen. Dem vorliegenden Blatt eng verwandt ist eine rasch hingeworfene Federskizze, die Rückert rauchend an einem Kaffehaustisch darstellt, hinter ihm stehend Mosler, im Vordergrund eine Römerin in Tracht (Graphische Sammlung, Inv. K I 1967/ 74).
Durch die detailgenaue, fast überzeichnende Wiedergabe einzelner Personen in Haltung, Mimik und Gestik erhält Ruhls Blatt gegenüber seinen Porträtstudien fast karikierenden Charakter. Im Blick auf die Künstlerfreunde ist das Blatt anekdotischer, eher Momentaufnahme des Geschehens auf dem Skizzenblock als programmatisches Gruppenbildnis wie bei Fohr. Auffallend ist das Fehlen wichtiger Künstler wie Philipp Veit, Peter Cornelius, Friedrich Overbeck und Julius Schnorr von Carolsfeld. Das Fehlen des Freundes Fohr hat Rechberg-Heydegger wohl zu Unrecht dazu veranlaßt, das Blatt zeitlich in das Jahr 1817 zu datieren. Damals war es zum Duell zwischen den Freunden Ruhl und Fohr gekommen, der im Jahr darauf im Tiber ertrank. Im Blick auf Ruhls Blatt wird der hohe Anspruch der Fohrschen Bildkomposition deutlich.

Poensgen 1957; Rechberg-Heydegger 1973, Z 98, Abb. 5; Ausst.Kat. Rom 1981, S. 212 f.; Peters 1992, S. 167 ff.; Ausst.Kat. Kassel 1994, S. 147 f.; Glüber 1995; Ausst.Kat. Heidelberg 1995, S. 52, Abb. 53

68 a
Der Bildhauer Konrad Eberhard
1817
Graphit
139 x 185 mm
bez. u. r.: „Bildhauer Eberhard. Rom, den 29ten Jan/ 1817.
erworben 1939 aus der Sammlung Alexander Fiorino
Inv. K II 5417
Abb. 37

Mit feinem, spitzen Bleistift hält Ruhl im knappen Ausschnitt den prägnanten Kopf Eberhards im Dreiviertelprofil fest unter Verzicht auf jegliches Beiwerk. Der Kopf ist von rechts gesehen und leicht nach vorne geneigt, der Blick gesenkt, konzentriert wie auf einen entfernten Gegenstand gerichtet. Mit feinen Strichen ist das dünne, stark gelichtete, in fransigen Strähnen in die hohe Stirn gekämmte Haar wiedergegeben, fest umrissen wird der Kontur des kantigen Kopfes mit kleinem Kinn, vollen geschlossenen Lippen und rundlicher Nase. Präzise verzeichnet der spitze Stift die feinen, strengen Falten um Augen und Mund. Auf der Suche nach dem wesensverwandten Künstlerfreund dient die kleinteilig-intime Schilderung des Äußeren der Vergegenwärtigung des inneren Wesens des Dargestellten. Feinlinigkeit, Ausarbeitung bis ins Detail, Nahsichtigkeit und Konzentration auf den Kopf charakterisieren die Zeichenkunst der Nazarener.
Ruhl begegnete Konrad Eberhard (1768-1859) bei seinem Romaufenthalt 1816-18 im Kreis der deutschen Künstlerkolonie. Dort entstanden im Januar 1817 das Bildnis des damals 49jährigen Bildhauers und im Juli des gleichen Jahres das Bildnis des Bildhauers Johann Schaller (Kat. Nr. 68 b).
Eberhard, dessen Vater eine Werkstatt für christliche Kunst unterhielt, lernte bei dem Bildhauer Roman Anton Boos in München. Seit 1806 in Rom, studierte er die Skulptur der Antike und der berühmten Zeitgenossen Antonio Canova und Bertel

Kat.Nr. 68 a, Abb. 37
Ludwig Sigismund Ruhl, Konrad Eberhard, 1817

Thorvaldsen. Er war zusammen mit seinem Bruder Franz eng mit den „Nazarenern" befreundet und wandte sich unter dem Eindruck der „neudeutsch-religiös-patriotischen Kunst" auch religiösen Themen zu. 1816 von Kronprinz Ludwig nach München zurückgerufen, führte er Statuen und Büsten für die Glyptothek aus. Seine Bedeutung für die deutsche Bildhauerkunst dokumentierten die verlorenen Fresken an der Neuen Pinakothek in München. Wilhelm von Kaulbach integrierte das Bildnis Konrad Eberhards in das siebte Fresko „Die deutschen Künstler in Rom" neben Ludwig von Schwanthaler, Bertel Thorvaldsen, Johann Nepomuk Schaller, Christian Rauch und Rudolph und Gottfried von Schadow.
Fohr hat Konrad Eberhard ebenfalls 1817 in einer Bleistiftzeichnung festgehalten (Heidelberg, Kurpfälzisches Museum). In seinen Entwurfszeichnungen für das Gruppenporträt der deutschen Künstler im Café Greco ordnete er den Bildhauer dem linken Tisch um den Landschaftsmaler Joseph Anton Koch zu. Am rechten Tisch um die Gruppe der Nazarener plazierte er den Bildhauer Johannes Schaller.

Arnold 1964, S. 161-163; Rechberg-Heydegger 1973, S. 55, Kat. Z 86, Abb. 6; Geller 1952, S. 49 f.; Lankheit 1952, Abb. 20; Ausst.Kat. Köln 1977, S. 32, Abb. 21; S. 49 f.; Ausst.Kat. Rom 1981; Ausst.Kat. Kassel 1985, Kat. Nr. 225; Suhr 1991, Abb. 159 und 317

68 b
Der Bildhauer Johann Schaller
1817
Bleistift
228 x 185 mm
bez. u. r.: Johann Schaller aus Wien geb. 1777./ Bildhauer/ gezeichnet Rom den 23ten Julius 1817.
Alter Bestand
Inv. K II 5419

Der Kopf des Bildhauers Schaller ist ähnlich dem Porträt Konrad Eberhards leicht geneigt und nach rechts gewendet, der Blick nach außen gerichtet.
Der Bildhauer und Radierer Johann Nepomuk Schaller (1777-1842) aus Wien lebte von 1812 bis Anfang 1823 in Rom. Er studierte die Werke Antonio Canovas und war mit Bertel Thorvaldsen befreundet. 1822 wurde er zum Mitglied der Accademia di San Luca ernannt. Von 1823 bis zu seinem Tod war er Lehrer an der Wiener Akademie. Er schuf zahlreiche Bildnisse seiner römischen Künstlerfreunde.
Carl Philipp Fohr nahm sein Porträt unter die Besucher des Café Greco auf. Im sog. dritten Entwurf (Frankfurt, Städel) sitzt er unter den schachspielenden Nazarenern, als zweiter von rechts neben Overbeck, der mit Cornelius das Zentrum der Gruppe bildet. In der am rechten Tisch plazierten Fünfergruppe um Joseph Anton Koch nimmt Konrad Eberhard als zweiter von links die entsprechende Position ein. So entsprechen die von Ruhl gezeichneten Künstlerbildnisse in ihrer Kopfwendung der Anordnung der Personen in Fohrs Gruppenporträt (vgl. Kat.Nr. 67 a). Die Vermutung liegt nahe, Ruhl könnte neben den Bildniszeichnungen der Bildhauer Eberhard und Schaller auch andere Künstler aus dem Kreis des Café Greco gezeichnet haben, die heute verloren sind.

Poensgen 1957, S. 18; Rechberg-Heydegger 1973, S. 127, Kat. Nr. Z 92; Ausst.Kat. Köln 1977, S. 34, Abb. 23

Katharina Karoline Luja (Hanau 1.1.1800 - 4.8.1874 Marburg)

Biogr. vgl. Kat.Nr. 31

69
Selbstbildnis
um 1825/30
Bleistift, Kreide, Buntstifte, Deckweiß
240 x 22 mm
erworben aus dem Nachlaß Prof. Alhard v. Drach, Marburg, dem Sohn der Malerin
GS 2364

In der Vorzeichnung zu ihrem jugendlichen Selbstbildnis von 1825 (Kat. Nr. 31) beschränkt sich die Malerin auf Kopf und Halspartie. Über die zarte Bleistiftzeichnung setzt sie mit kräftiger schwarzer Kreide in fester Strichführung die Umrisse des Kopfes. Weiße Kreide verleiht dem Teint eine ideale Blässe, Buntstifte geben Augen, Lippen und Wangen eine zarte Farbigkeit. Das Haar ist glatt zurückgekämmt, rechts gescheitelt, über den Ohren in große Locken gelegt und auf dem Hinterkopf in einem engen Knoten aufgesteckt. Der Blick aus den großen blauen Augen fixiert den Betrachter. Die sanfte Farbigkeit und der Ausschnitt des Brustbildes bindet das Selbstbildnis ein in die Porträtkunst des Biedermeier. Die für Frauenporträts der Zeit eher ungewöhnliche Suche nach Blickkontakt mit dem Betrachter zeichnet dieses Selbstbildnis aus.

Kat. Kassel 1991, Kat. Nr. 443 (mit weiterer Lit.)

Carl Christian Nahl
(13.10.1818 Kassel - 1.3.1878 San Francisco)
Carl Nahl, ein Enkel des Malers Johann August Nahl d. J. (1752-1825) und Sohn des Schriftstellers Theodor Nahl, studierte zunächst Malerei bei seinem Onkel Wilhelm Nahl (1803-1880) an den Akademien in Kassel und Dresden. 1846 reiste er nach Paris. 1849 übersiedelte er mit seiner Familie nach New York und lebte von 1851 bis zu seinem Tod in San Francisco. Dort arbeitete er zunächst als Illustrator für Zeitungen und schließlich als Maler großformatiger Historien- und Genrebilder aus dem Goldgräbermilieu. Darstellungen aus den Gründerjahren des „Goldenen Westens" und aus dem Kampf gegen die Indianer sowie Porträts des kalifornischen Großbürgertums machten Nahl bekannt.

70
Selbstbildnis vor der Staffelei
um 1835/40
Feder in Braun, laviert über Bleistift
207 x 130 mm
erworben aus dem Nachlaß Wilhelm Nahl
Inv. K II 4738

Nahl posiert vor dem Spiegel und zeigt sich mit Pinsel und Palette bei der Arbeit an der Staffelei. Der Oberkörper erscheint frontal und aufrecht in halber Figur bis zur Hüfte, während der Kopf mit dem markanten, kantigen Kinn leicht in Richtung der Staffelei zu seiner Rechten gedreht ist. Aus den Augenwinkeln fixiert er sein Bildnis, das ihm wohl ein zweiter Spiegel seitenrichtig zurückwirft.
Über der rasch hingeworfenen Bleistiftskizze hat er nur die ausdrucksbetonten Partien des Kopfes, die markanten Gesichtszüge, Kragen und Revers des Rockes in Feder nachgezogen. Die Partien der Hände bleiben, ebenso wie die Staffelei, nur in Bleistift angedeutet. Das Blatt wirkt wie die Vorstudie zu einem Gemälde und reflektiert zugleich den Entstehungsprozeß des Selbstbildnisses. Während Nahl den Ausdruck seines Gesichtes im Spiegel sucht, setzt er sich mit den Utensilien seiner Kunst in Szene, noch auf der Suche nach der richtigen Position der Hände. Die Frisur, das kurze, in die Stirn gekämmte Haar und der Anzug entsprechen der Mode am Beginn des zweiten Viertel des 19. Jahrhunderts. Der einreihige Rock mit hohem Kragen und breitem Revers ist vor dem Bauch zugeknöpft, sodaß Hemd und Kragen sichtbar bleiben. Im Typus orientiert sich Carl Nahl an den Selbstbildnissen seines Onkels und Lehrers Wilhelm Nahl, wie der Vergleich mit den kleinformatigen Blättern aus dem Nachlaß Wilhelm Nahls in der Graphischen Sammlung erweist (*Selbstbildnis vor der Staffelei,* um 1823; Inv. K I 459 a; und *Selbstbildnis,* 1823; Inv. K I 459 b).

Thieme-Becker XXV, 1931, S. 334; Ausst.Kat. Charles Christian Nahl, Artist of the Gold Rush 1818-1878, E. B. Crocker Art Gallery, Sacramento 1976, Kat. Nr. 55, Abb. S. 11; Kat. Kassel 1991, S. 138

Eduard Julius Friedrich Bendemann (Berlin 3.12.1811 - 27.12.1889 Düsseldorf)
Eduard Bendemann, Sohn eines Berliner Bankiers, studierte bei Wilhelm Schadow in Berlin, dem er 1827 an die Düsseldorfer Akademie und auf eine Reise nach Rom folgte. Sein großformatiges Historienbild „Jeremias auf den Tempeltrümmern" machte ihn 1834 bekannt. 1838 erhielt er eine Professur an der Dresdener Akademie sowie den Auftrag zur Ausmalung der Festräume im Dresdner Schloß. 1859 kehrte er als Nachfolger Schadows an die Düsseldorfer Kunstakademie zurück. Als Porträtist des gehobenen Bürgertums stand er zwischen Spätbiedermeier und Neurenaissance.

71
Selbstbildnis vor der Staffelei
um 1834/35
Bleistift und Pinsel in Grau
320 mm x 250 mm
verso: Entwurf zum „Jeremias" von 1834/35
Alter Bestand
Inv. K II 4849
Abb. 38

Die stellenweise mit dem Pinsel lavierte Bleistiftzeichnung zeigt den Maler, vermutlich Eduard Bendemann selbst, vor der Staffelei. Er sitzt in knielangem Malkittel und langen Hosen auf einem dreibeinigen Hocker, Palette und Malstock in der Linken, und dreht den Kopf demonstrativ über die linke Schulter dem Betrachter entgegen. Der Blick aus dem Bilde scheint für ein Selbstbildnis zu sprechen. Das Gemälde auf der Staffelei zeigt in Umrissen das Bildnis einer jungen Frau mit hochgestecktem Haar, in einem an weiblichen Idealbildnissen der Renaissance orientierten Geschmack des späten Biedermeier. Hinter dem Maler, schemenhaft im Umriß angedeutet, ist auf rundem Sockel die kleinformatige Skulptur Amors erkennbar. Der Liebesgott und die auf der Leinwand erscheinende Frauengestalt beflügeln die Inspiration des Künstlers. Der Typus des ganzfigurigen Künstlerbildnisses mit inspirierender Muse oder Modell im Atelier nimmt Konventionen des Künstler- und Ehepaarbildnisses vergangener Jahrhunderte auf (vgl. das Selbstbildnis Joh. Anton Tischbeins, Kat. Nr. 3).

Kat.Nr. 71, Abb. 38
Eduard Bendemann, Selbstbildnis, um 1834/35

Die Darstellung des Malers im Atelier ist von anderen Gemälden der Düsseldorfer Malerschule her geläufig. In Johann Peter Hasenclevers „Atelierszene" von 1836 (Düsseldorf, Kunstmuseum), in der die Künstlerfreunde in einem Atelierraum im alten Akademiegebäude in Düsseldorf eine Persiflage auf die erstarrten Akademietraditionen inszenieren, tragen Hasenclever und seine Mitschüler ähnlich wie Bendemann knielange blaue Malerkittel über hellen Hosen.
1838 heiratete Bendemann Lida Schadow (1821-1895), die Tochter des Bildhauers und Berliner Akademiedirektors Johann Gottfried Schadow aus dessen zweiter Ehe mit Henriette Rosenstiel, eine Halbschwester seines Lehrers Wilhelm Schadow. Möglicherweise hat sich Bendemann hier beim Malen am Bildnis seiner zukünftigen Frau darstellen wollen, deren Bildnis er in zahlreichen Bleistiftstudien und 1847 in einem Gemälde festgehalten hat (Düsseldorf, Kunstmuseum). Fraglich bleibt allerdings, ob es sich hier notwendig um ein Selbstbildnis Bendemanns handeln muß, da das Selbstbildnis von 1828, eine Porträtzeichnung Vogel von Vogelsteins von 1838 und das Gruppenbild von 1830/33 einen schlanken jungen Mann mit streng gescheitelten Locken zeigen, der dem Maler in der Zeichnung nur bedingt ähnelt. Etwas fülliger von Statur und in der Physiognomie ähnlicher erscheint der ältere Bruder der Braut, Wilhelm Schadow auf zeitgenössischen Porträts dargestellt: Das Gruppenbild der Düsseldorfer Maler Julius Hübner und Karl Sohn, das unter Mitarbeit von Eduard Bendemann, Theodor Hildebrandt und Wilhelm Schadow um 1830/33 entstand, zeigt den Kreis um die Künstlerfamilien Bendemann und Schadow (Krefeld, Kaiser Wilhelm Museum).

Geller 1952, Abb. 30; Wille 1966; Kat. Düsseldorf 1969, S. 48 u. Abb. 28; Ausst.Kat. Baden-Baden 1969; Gaus 1974; Ausst.Kat. Düsseldorf 1979, S. 262 ff. u. Kat. Nr. 207; Ausst.Kat. Hamburg 1978, S. 88; Ausst.Kat. Braunschweig 1980, Kat. Nrn. 14, 16; Raupp 1984, Abb. 19, 24, 96, 97, 100; Lorenz 1985, S. 167; Ausst.Kat. Dresden 1988, Kat. Nr. 38, Abb. 46.; Börsch-Supan 1988, S. 399; Eilert 1992

Louis Kolitz (Tilsit 5.4.1845 - 24.7.1914 Berlin)

Biogr. vgl. Kat.Nr. 56

72
Selbstbildnis
1886
Bleistift auf gelblichem Karton
bez. u. r.: L. Kolitz 1886
erworben 1960 von Hans Kolitz
AZ 2758
Abb. 39

In der feinteilig ausgeführten Bleistiftstudie von 1886 zeigt sich Kolitz in ähnlicher Pose wie in seinem Selbstporträt mit Schlapphut (Kat.Nr. 56). Der strenge, sein Gegenüber fest in Augenschein nehmende Blick über den Rand der runden Brillengläser hinweg, ist Programm des Malers zwischen Realismus und Impressionsmus.
Der Hintergrund wird durch die senkrecht geführte Schraffur und die Struktur des gelblichen Bütten gleichsam neutralisiert. Der enge Bildausschnitt führt zur Konzentration auf die Physiognomie des Künstlers. Die freibleibenden Flächen des Grundes modellieren die Höhen und Rundungen der hohen Stirn und der schmalen Wangen. Das kurzgeschnittene, lockige Haar, Kinn- und Oberlippenbart sind mit spitzem Bleistift in ihrer Stofflichkeit charakterisiert, Kragen und Revers des Anzugs bleiben nur angedeutet.
Im Gemälde legte Kolitz mehr Wert auf die Wirkung der Lichtführung, die im Hell-Dunkel an Rembrandt erinnert. Das Anschneiden des breitkrempigen Hutes gibt dem Bildnis zudem eine stärkere Dynamik und bewirkt die illusionistische Verschattung der Augenpartie. Die höher gerückte Büste hebt den Kopf nach oben. Die leichte Untersicht im Gemälde

Kat.Nr. 72, Abb. 39
Louis Kolitz, Selbstbildnis, 1886

läßt den Maler durch die kleinen rundlichen Brillengläser auf sein Gegenüber herabblicken. In der Zeichnung sucht Kolitz dagegen die offene Konfrontation mit dem Gegenüber. Die Zeichnung steht dem Gemälde immerhin so nahe, daß die frühe Datierung des Gemäldes erstaunt.

Ausst.Kat. Kassel 1957, Nr. 143; Ausst.Kat. Kassel 1990 (b), S. 80. Kat. Nr. 160 (mit weiterer Literatur)

Hans Thoma (Bernau/Schwarzwald 2.10.1839 - 7.11.1924 Karlsruhe)
Thoma absolvierte von 1853 bis 1859 eine Lehre als Lithograph und Maler-Lackierer in Basel. Seit 1859 studierte er an der Kunstschule Karlsruhe bei Louis Des Coudres, Johann Wilhelm Schirmer und Hans Canon. 1866 ging Thoma nach Düsseldorf. 1868 reiste er nach Paris, wo ihn Courbet und die Malerei der Schule von Barbizon stark beeindruckten. 1870-73 in München begegnete er Arnold Böcklin und schloß sich dem Künstlerkreis um Wilhelm Leibl, Carl Schuch und Viktor Müller an. In Italien traf er auf Adolf von Hildebrand und Hans von Marées und studierte die Malerei der Florentiner Frührenaissance. 1877 ließ er sich in Frankfurt nieder und schloß Freundschaft mit Henry Thode, dem Direktor des Städelschen Kunstinstituts. 1899 wurde er durch Großherzog Friedrich I. von Baden zum Direktor der Großherzoglichen Kunsthalle und als Professor an die Akademie berufen. Zum Hauptthema seiner Malerei machte Thoma die stimmungshafte Landschaft seiner oberrheinischen Heimat und das mit mit genrehaften und allegorischen Motiven durchsetzte Porträt.

73
Selbstbildnis mit Palette
1895
Farblithographie
(schwarzer Kreidestein, blaugrauer Tonstein)
bez. im Stein auf der Palette u. r.: "HTh 95".
am unteren Rand bez. in schwarzer Tusche:
„1895. Ein Weihnachtsgruß an Frau Müller zur freundlichen Erinnerung an ihren alten Freund Hans Thoma."
490 x 390 mm
Alter Bestand
GS 1980/2

Für sein Selbstbildnis von 1895 wählte Thoma die Lithographie unter Verwendung einer farbigen Tonplatte. Der graugrüne Tonstein bildet den Fond vor dem sich die schwarze Kreidezeichnung kräftig abhebt. Eine zarte Linie rahmt das programmatische Selbstbildnis des Malers vor idyllischer Landschaft. Thoma zeigt sich im Dreiviertelprofil von links. Mit ruhigem Blick fixiert er über seine Schulter hinweg den Betrachter. Die gesetzte Statur und die fülligen Gesichtszüge, das ergraute, streng gescheitelte Haar und der füllige weißgraue Bart charakterisieren den 56Jährigen. Er trägt einen dunklen Anzug, weißes Hemd und Kravatte. In der Linken hält er Pinsel und Palette. Hinter den schlanken Stämmen hochgewachsener Bäume, die dem markanten Kopf des Malers einen zweiten, engeren Rahmen geben, weitet sich der Blick auf eine idealisierte Flußlandschaft, Wälder und Wiesen mit einem Reiter und tanzenden Kindern, die einander an den Händen halten.
Das Selbstbildnis entstand nach einer zeitgenössischen Photographie (vgl. Beringer 1929, Abb. S. 225). Dort posiert Thoma mit Pinsel und Palette in gleicher Haltung auf einem Stuhl vor der Leinwand jenes Gemäldes, das er im Selbstbildnis auf den markanten Landschaftsausschnitt verengt. Das photographische Vorbild nutzte Thoma dazu, sich selbst mit Pinsel und Palette in die von ihm gemalte Idylle hinein zu versetzen. „Porträtmalen ist unzeitgemäß, seit die Wünsche der Besteller mit der Photographie zusammengehen; sie sollen sich doch photographieren lassen und nicht den Maler zur Maschine machen wollen." (Thoma an Dr. Otto Eiser, am 18. Nov. 1884).
Die Wahl des Bildausschnittes und die Konzentration auf Kopf und Büste des Malers erinnert, wie

die ligierte Künstlersignatur, an die von Thoma verehrten Altmeister der deutschen Malerei des frühen 16. Jahrhunderts. „In einer Zeitung las ich, daß meine Porträts langweilig und philisterhaft seien und meine anderen Bilder konventionell – das Urteil hat mich eigentlich gefreut." (Thoma an Julius Langbehn, Frankfurt den 16. Dez. 1885) Thoma schickte sein Selbstbildnis mit handschriftlicher Widmung als Weihnachtsgruß zum Jahr 1985 vermutlich an Ida Müller, Witwe des Frankfurter Malers Victor Müller (1830-1871) und Schwester des Malers Otto Scholderer, der Thoma in Paris mit Courbet bekanntgemacht hatte. Victor Müller hatte Thoma seit Beginn seiner Laufbahn unterstützt.

74
Selbstbildnis
1898
Radierung
bez. i. d. Platte: „Hans Thoma, Bernau 1898."
sign. u. r.. Hans Thoma
Pl.: 235 x 183 mm
Alter Bestand
Inv. K III 1966/139

Auf der 1898 datierten Radierung stellt sich Thoma in strenger, ikonenhafter Frontalität dar, wiederum vor der idyllischen Landschaft seiner Heimat Bernau, vor Schwarzwaldtannen und weitem Wiesengrund unter einem weiten Himmel und ziehenden Wolken. Der mit Blütenzweigen ornamental verzierte Sockel trägt den Namen des Malers und den Verweis auf seinen Heimatort.
Die beiden graphischen Blätter stehen in enger Beziehung zu den insgesamt sieben bekannten Selbstbildnissen Thomas, die wichtige Etappen seiner Autobiographie repräsentieren. Das Selbstbildnis von 1880 (Dresden, Gemäldegalerie, Neue Meister) kommt der späten Radierung in der Darstellung en face am nächsten. Programmatisch hält Thoma die Bibel in der Hand und präsentiert sich vor einer paradiesischen Landschaft zwischen Apfelbäumen in einem symbolisch aufgeladenen, mit Puttenköpfen und Blütenranken dekorierten Rahmen. Der Philosoph und Kunstschriftsteller Conrad Fiedler und der Bildhauer Adolf von Hildebrand haben dieses Selbstbildnis in ihrem Briefwechsel wohlwollend-kritisch diskutiert (Ausst.Kat. München 1988, Kat. Nr. 134). Die graphischen Selbstbildnisse zeigen in der programmatischen Aufwertung des Porträts durch den Rückverweis auf Thomas symbolträchtige Landschaften seinen eigenwilligen Umgang mit dem Medium der Photographie.

J. A. Beringer, Hans Thoma, Griffelkunst, Frankfurt 1916, Nr. 51, S. 24; ders., Hans Thoma. Aus achzig Lebensjahren. Ein Lebensbild aus Briefen und Tagebüchern, Leipzig 1929; Lehmann 1976, S. 231; H. E. Busse, Hans Thoma, Sein Leben in Selbstzeugnissen, Briefen und Berichten, Berlin 1942; Ausst.Kat. Karlsruhe 1989, Kat. Nr. 96 u. 103 (mit Abb.); Wilhelm Schlink, Thoma, gedankenschwer – Der Maler im Spiegel seines Selbstbildnisses, in: Ausst.Kat. Freiburg i. Brsg. 1989, S. 64-71; v. Helmolt 1989; Schmidt 1982; Ausst.Kat. München 1987, Kat. Nr. 134; Kozak 1992

Wilhelm Thielmann (Herborn 10.3.-1868 - 19.11.1924 Kassel)
Der Volksschullehrer Wilhelm Thielmann wurde 1894 Zeichenlehrer an der Kasseler Kunstgewerbeschule. Seit 1903 arbeitete er in der Künstlerkolonie Willingshausen und hielt in seinen graphischen Arbeiten und Gemälden die Landschaft der Schwalm, Trachten und Gebräuche ihrer Bewohner fest. Er war auch als Zeichner und Radierer, als Karikaturist, Illustrator und Graphiker geschätzt.

75
Die Willingshäuser Künstler
Radierung
1923
bez. u. r.: Wilh. Thielmann
Pl.: 390 x 500 mm
Alter Bestand
Inv. K I 3132
Abb. 40

Thielmanns Radierung zeigt ihn im Kreise der Künstlerfreunde der Willingshäuser Künstlerkolonie beim Umtrunk in geselliger Runde im Hause des Verlegers Dr. Carl Hitzeroth, der auch Carl Bantzers Veröffentlichung einer Chronik der Willingshäuser Malerkolonie förderte, die 1939 unter dem Titel „Hessen in der Deutschen Malerei" erschien.
Ganz links sitzt der Verleger Dr. Carl Hitzeroth mit übereinandergeschlagenen Beinen in einem Sessel, den Kopf in die Linke gestützt; rechts neben ihm hinter dem Tisch der Landschaftsmaler Heinrich Otto (1858-1923), als vierter von links ist auf dem Sofa Carl Bantzer (1857-1941) zu erkennen; neben Bantzer ist ganz rechts vermutlich der Maler Hermann Metz (1865-1945) wiedergegeben. Im Vordergrund rechts thront auf einem Armlehnstuhl der Landschaftsmaler Paul Baum (1859-1932) mit seinem Dackel auf dem Schoß. Wilhelm Thielmann, mit fülligem schwarzen Schnur- und langem Kinnbart, hat sich selbst im Rücken der Freunde hinzugesellt. Mit dem erhobenen Glas in der Rechten prostet er ihnen zu.
Während Thielmann das Innere der Stube – den

Kat.Nr. 75, Abb. 40
Wilhelm Thielmann, Die Willingshäuser Künstler, 1921

großen Tisch in der Mitte, einen Wandschrank, die dicht mit Gemälden behängte Rückwand des Raumes – und die um den Tisch versammelte gesellige Runde nur im Umriß radiert, sind die Porträtköpfe detailliert ausgearbeitet. Das Gruppenbild mit Hund im Hause des Verlegers ist vermutlich nach einer Photographie radiert. Zumindest spricht der gebannte, wie auf eine Kamera gerichtete Blick der Künstlerrunde und die Anwesenheit Thielmanns im Bilde für eine photographische Vorlage. Ähnlich wie die Malerkolonien des ausgehenden 19. Jahrhunderts in Dachau und Worpswede suchten die Künstler in Willingshausen in der Landschaft und den Menschen der Schwalm die bevorzugten Motive ihrer Malerei. Thielmann hat das ungezwungene Treffen der Künstlerfreunde im Willingshäuser Malerstübchen mehrfach karikierend dargestellt. Die Vorzeichnung zu der Radierung (Bantzer/Baeumerth 1993, S. 52) ist signiert und datiert, und wohl im Zusammenhang mit Wilhelm Thielmanns Selbstbildniszeichnung von 1923 zu sehen.

Thieme Becker XXXIII, 1939, S. 28; Bantzer 1939, Abb. S. 112; Bantzer, Neuaufl. 1988, Abb. S. 52 (mit weiterer Literatur)

Adolf von Hildebrand (Marburg 6.10.1847 - 18. 1. 1921 München)
Hildebrandt studierte seit 1864 an der Krelingschen Kunstgewerbeschule in Nürnberg. 1866 trat er in das Atelier des Bildhauers Kaspar von Zumbusch in München ein und reiste 1867 mit ihm nach Italien. In Rom schloß er Bekanntschaft mit Hans von Marées und Conrad Fiedler, dessen kunsttheoretische Schriften zusammen mit dem Studium der Antike und der Skulptur der Renaissance und des Barock in Italien bestimmend für seine künstlerische Entwicklung und Formauffassung wurden. Ab 1868 arbeitete er in Berlin in der Werkstatt des Bildhauers Reinhold Begas. Seit 1872 studierte er in Florenz. Nach dem ersten Erfolg auf der Wiener Weltausstellung 1873 richtete er für sich und Hans von Marées im ehemaligen Kloster San Francesco di Paola bei Florenz ein Atelier ein. Dort begegnete er Hans Thoma und Conrad Fiedler. 1891 erhielt er den Auftrag für den Wittelsbacher Brunnen in München. Hildebrandts theoretische Schrift „Das Problem der Form in der bildenden Kunst“ (Straßburg 1893) wirkte auch auf die zeitgenössische Kunstwissenschaft.

76
Die Schauspielerin Eleonora Duse
1914
Terracotta
55 x 45 x 12 cm
erworben 1963 von Frau Dr. Elisabeth Wannieck
MP 1963/7
Abb. 41

Die 12 cm starke Terrakottaplatte zeigt das Porträt der italienischen Schauspielerin Eleonora Duse, das sich aus dem Flachrelief zu plastischer Präsenz erhebt. Ein schmaler Fries mit den kapitalen Lettern ELEONORA DVSE bildet den Sockel für die rundbogige Nische, die das Bildnis der Schauspielerin wie einen Rahmen umgibt. Sie ist als Büste im Dreiviertelprofil nach links wiedergegeben. Wallendes, aus der hohen Stirn zurückgekämmtes Haar fällt lose auf ihre nackten Schultern. Mit dem Modellierholz und feinen Instrumenten in den weichen Ton gedrückt, scheint das Haar dem leicht schraffierten Grund der Nische verhaftet. Der Kopf der Diva, im Dreiviertelprofil nach links gewandt, gewinnt durch die nahezu vollplastische Modellierung einen hohen Grad von Lebendigkeit. Die idealisierende Glätte der Haut läßt die Duse fast alterslos erscheinen. Stimmungshaft wirkt der verhangene, unter halbgeschlossenen Lidern in die Ferne schweifende Blick. Der leicht geöffnete Mund bewirkt beim Betrachter die Illusion leisen Sprechens.

Kat.Nr. 76, Abb. 41
Adolf von Hildebrandt, Eleonora Duse, 1914

Präsenz und Absenz der Dargestellten halten sich die Waage, doch wirkt die Frauengestalt entrückt, als versuche sie vergebens, sich aus ihrem Rahmen zu befreien. Das ligierte Monogramm HA und das Datum 1914 sind am rechten unteren Rand der Reliefplatte in das Haar der Duse verwoben. Die Lösung des Haares und die idealisierende Nacktheit bewirken eine Dramatisierung der Person ohne weitere Attribute.
Durch den Sockel mit antikisierendem Schriftzug, ein Rückverweis auf Bildnisse der Florentiner Renaissance, und die leichte Aufwölbung des oberen Plattenrandes wirkt das Relief wie ein Schrein. Der Kunst wird ein Denkmal gesetzt. Das Relief war ehemals in Hildebrands Haus in Bogenhausen in die Wanddekoration eingelassen. Ein weiteres Exemplar ist im Besitz der Künstlerin bekannt, ein drittes Exemplar befand sich in München im Hause der Familie Mendelssohn.
Eleonora Duse (Vigevano 1858-1924 Pittsburgh) stammte aus einer italienischen Schauspielerfamilie und trat seit ihrer Kindheit mit wechselnden Theatertruppen im In- und Ausland auf. Seit 1882 nahm sie Rollen der gefeierten Sarah Bernhardt in ihr Repertoire auf. In ihrem gefühlsintensiven Spiel versuchte sie, hinter die Rolle zurückzutreten und verkörperte damit ein neues Schaupielideal der Zeit, besonders in Rollen von Shakespeare (Antonius und Cleopatra), Dumas (Kameliendame), Ibsen (Nora oder Ein Puppenheim; die Frau vom Meer), Maurice Maeterlinck und ihres zeitweiligen Lebens-

gefährten Gabriele D'Annunzio (La Gioconda, Francesca da Rimini, Die tote Stadt).
Hildebrand berichtet 1894 in seinen Briefen aus Florenz begeistert von ihrem Auftritt in Carlo Goldonis Lustspiel „La Locandiera" und Giovanni Vergas veristischem Stück „Cavalleria Rusticana". 1908 besuchte Eleonora Duse den Bildhauer in München (Brief vom 12. Okt. 1908 an seine Tochter Silvia Baltus), 1910 saß sie ihm in Florenz Modell. 1910 entstand auch die Bronzeplakette mit dem Bildnis der Duse im Profil.
Die Duse pflegte entgegen zeitgenössischen Theaterkonventionen ungeschminkt, ohne Korsett und Perücke aufzutreten und versuchte „ihr eigenes Selbst hinter der Persönlichkeit, die sie verkörperte verschwinden zu lassen" (Pirandello 1926). Hildebrand suchte nach der lebendigen Mimik, „die wir brauchen, um zur Mitempfindung angeregt zu werden" (Hildebrand 1908, S. 78). Möglicherweise stellte er sie hier im Rollenporträt als „Francesca da Rimini" in Gabriele d'Annunzios gleichnamigem Stück dar.

Hildebrand 1908; Hildebrand 1962; Kaiser 1977, S. 26 u. Abb. 43; Heilmeyer 1922, S. 35; Hass 1984; Ausst.Kat. München 1987, S. 404 (mit weiterer Literatur); Braunfels-Esche 1987, S. 107 (mit weiterer Literatur); Doris Maurer, Eleonora Duse, Reinbeck 1988; Claudia Balk, Theatergöttinnen. Inszenierte Weiblichkeit, Clara Ziegler, Sarah Bernhardt, Eleonora Duse, Frankfurt/M. 1995

20. Jahrhundert

Malerei

Curt Herrmann (Merseburg a. d. Saale 1.2.1854 - 13.9.1929 Erlangen)
Zwischen 1873 und 1877 erhielt er seine künstlerische Ausbildung im Atelier des Tier- und Historienmalers Carl Steffeck in Berlin. Ab 1877 unternahm er mehrere Reisen durch Deutschland und lebte überwiegend in Halle. 1883 setzte er in München bei Wilhelm von Lindenschmidt seine Ausbildung fort und arbeitete seit 1885 als selbständiger Porträtmaler. 1893 siedelte er nach Berlin über und gründete eine private Malschule für Frauen. 1898 war Herrmann Mitbegründer der Berliner Secession. 1902 reiste er nach Paris und besuchte Paul Signac und andere Neoimpressionisten. 1909 hielt er sich auf Anregung von van de Velde für längere Zeit in Weimar auf. 1914 wurde er Präsident der neugegründeten Freien Secession in Berlin.

77
Henry van de Velde
um 1897/98
Leinwand, 60 x 45,5 cm
erworben 1972 als Geschenk der Familie Fritz H. Herrmann (Sohn des Künstlers)
Inv. AZ 4120
Abb. 42

Das Bildnis Henry van de Veldes (1863-1957) entstand kurz nachdem Curt Hermann den belgischen Architekten des Jugendstils in Berlin kennengelernt hatte. Beide verband eine lebenslange Freundschaft. 1903 reisten sie nach Griechenland, in die Türkei und den Vorderen Orient, 1906 mit Harry Graf Kessler nach London zur Vorbereitung der Ausstellung des Deutschen Künstlerbundes. Van de Velde war es auch, der Herrmann mit dem französischen Pointillismus, mit den Werken von George Seurat und Paul Signac vertraut machte, die Herrmanns Malstil nach der Jahrhundertwende maßgeblich beeinflußten.
Das Brustbild ist in raschem, prägnantem Pinselduktus ausgeführt. Im Dreiviertelprofil, den Kopf nach rechts gedreht, blickt van de Velde mit seinen großen dunklen Augen gedankenverloren in Richtung des Betrachters. Sein Mund, unter dem geschwungenen Oberlippenbart kaum sichtbar, ist leicht geöffnet.
Der Hauptaktzent des Bildnisses liegt auf dem Gesichtsausdruck van de Veldes. Der warme Braunton des Inkarnats läßt den schmalen Kopf aus dem dunkelgrauen, hochgeschlossenen Rock vor der dunklen Umgebung des grüngrauen Grunds

Kat.Nr. 77, Abb. 42
Curt Herrmann, Henry van de Velde, 1897/98

hervortreten. Beleuchtet werden vor allem die hohe Stirn mit dem schütteren Haar und die rechte Gesichtshälfte, die durch diagonal gesetzte Pinselstriche in hellen Weiß-Ockertönen modelliert sind.

Ausst.Kat. Berlin 1989, S. 159, Kat.Nr. 27 m. Abb.; Ausst.Kat. Kassel 1991, S. 7, 19 u. 31, Nr. 7 m. Abb.

78
Selbstbildnis
um 1907/08
Leinwand, 84,5 x 65 cm
bez. o. l.: C. H.
erworben 1972 als Geschenk der Familie Fritz H. Herrmann (Sohn des Künstlers)
Inv. AZ 4125

Vor der Staffelei, mit Palette und Pinseln in den Händen, gibt sich Herrmann in einer traditionellen Künstlerpose. Seinen Oberkörper hat er leicht nach rechts gedreht, während er sein Gesicht dem Betrachter zuwendet, den er durch seinen Zwicker direkt anschaut.
Im französisch beeinflußten neoimpressionistischen Malstil, der sich in Herrmanns Werk um die Jahrhundertwende durchzusetzen beginnt, umschreiben einzelne langgezogene Pinselstriche Figur und Grund. Die leuchtenden Farben sind rein aufgetragen und hauptsächlich um die beiden Komplementärkontraste von Rot-Grün und Blau-Orange aufgebaut.
Die flimmernde Wirkung des Pinselduktus und das Fehlen von starken Licht- und Schattenkontrasten läßt die einzelnen Gegenstände kaum räumlich verorten. Ein Vorhang am rechten Bildrand scheint auf ein Fenster hinzudeuten, dafür spricht auch das von rechts einfallende Licht. Die Leinwand auf der Staffelei, auf der erste, diagonal gesetzte Striche eine Landschaft oder ein Blumenstilleben andeuten, hebt sich kaum vom Hintergrund ab. Auch die Figur des Künstlers ist farblich in sein gerade begonnenes Bild integriert. Der Körper ist in der Fläche verhaftet, vor allem der Kopf des Malers tritt durch die überwiegend senkrecht angeordneten orangefarbenen Pinselstriche kaum als plastisches Volumen hervor. Lediglich bei seinem weißen Hemd sind im Bereich der Arme farbige Schatten gesetzt. Farbliche Kontraste bilden das dunkle Haar, die dunkelblau-braune Krawatte und die zu vereinfachten Formen zusammengefaßten Malutensilien.
Im Unterschied zu anderen Zeitgenossen, etwa Max Liebermann oder Lovis Corinth, malte Herrmann nur wenige Selbstbildnisse. Dieses Porträt schuf er in eben jener Zeit, als ihm der künstlerische Durchbruch gelang. Die neoimpressionistische Malweise, in der er auch sein Selbstbildnis gestaltete, hatte ihm die lang ersehnte öffentliche Anerkennung verschafft. Einige seiner Bilder wurden in Zeitungen positiv besprochen und von Museen und Sammlern gekauft.

Ausst.Kat. Berlin 1989, S. 199f., Kat.Nr. 66; Ausst.Kat. Kassel 1991, S. 20-22, 35, Nr. 14 m. Abb.

79
Otto Mueller
Studie, um 1914
Leinwand, 47,5 x 35,5 cm
bez. o. r.: C.H.
erworben 1962 von Wolfgang Ketterer, München
Abb. 43

Das ausdrucksstarke Brustbild des Malerkollegen Otto Mueller (1874-1930) nimmt mit seiner vom Expressionismus inspirierten Ausführung eine Sonderstellung in Curt Herrmanns Werk ein. Hermann hatte den Maler, der einst der Dresdner Künstlergruppe *Die Brücke* angehört hatte, um 1913/14 durch die Freie Secession in Berlin kennengelernt, zu dieser Zeit entstand auch das Bildnis. Hermanns Interesse an den jungen Malern des Expressionismus hing vermutlich damit zusammen, daß diese Gruppe ebenso wie er selbst wegen ih-

Kat.Nr. 79, Abb. 43
Curt Herrmann, Der Maler Otto Mueller, 1914

res als radikal erachteten Malstils heftiger Kritik ausgesetzt war.
Das markante, schmale Gesicht Otto Muellers hat Hermann im Dreiviertelprofil mit energisch gesetzten Parallelschraffuren in Ockergelb-, Türkisblau-, Grün und einzelnen Rottönen herausgearbeitet. Die kräftigen Farben sind direkt auf die Leinwand aufgetragen. Volumen erhält der Kopf durch die Richtung der Pinselstriche, die zur Gesichtsmitte hin schräg aufeinander zulaufen und am Kinn spitzwinklig zusammentreffen. Die linke Gesichtshälfte ist tief verschattet, der scharfe Grat des Nasenrückens gliedert die Licht- und Schattenzonen des Gesichts, aus dem die dunklen Augen mit den kräftigen Brauen hervortreten. Zum hellen Inkarnat der beleuchteten Gesichtshälfte bilden die dunklen Haare und der sparsam konturierte Hintergrund einen scharfen Kontrast in Violett, Blau und Blauschwarz. Da Hals- und Schulterpartie nur mit wenigen Pinselstrichen angedeutet sind, scheint der Kopf auf der ungrundierten Leinwand zu schweben. Im disharmonischen Farbklang aus Violett, Türkisgrün und Ockergelb, der den Eindruck von Nervosität und Anspannung erweckt, kann man eine Nähe zur expressionistischen Formensprache sehen.
Das Bildnis gehört zu den ersten Porträts, die Hermann nach einer längeren Pause malte. Um die Jahrhundertwende hatte er die Bildnismalerei weitgehend aufgegeben, da sich die von den Neoimpressionisten angestrebte formauflösende Malerei nicht mit der Charakterisierung eines Porträtierten vereinen ließ. Herrmanns persönliches Interesse an seinem neuen Künstlerfreund scheint der Anlaß für Otto Muellers Porträt gewesen zu sein, von dem drei unterschiedliche Fassungen bekannt sind: zwei Porträtstudien, darunter auch die vorliegende, und ein etwas später, um 1915 entstandenes, ganzfiguriges Porträt, das als verschollen gilt. Außerdem gibt es eine Kompositionsstudie in Kohle, die den Porträtstudien vorangegangen zu sein scheint (vgl. Kat.Nr. 108).

Ausst.Kat. Berlin 1989, S. 220f. m. Abb., Kat.Nr. 84; Ausst.Kat. Kassel 1991, S. 37f., Nr. 18 m. Abb.

Lovis Corinth (Tapiau/Ostpreußen 21.7.1858 - 17.7.1925 Zandvoort/Holland)
Corinth begann 1876 das Studium an der Akademie in Königsberg, 1880 ging er nach München an die Akademie zu Ludwig von Löfftz. Dort traf er auf den Kreis um Wilhelm Leibl und auf Wilhelm Trübner. Nach Studienaufenthalten in Antwerpen ging er 1884 nach Paris an die Académie Julian zu dem Porträt- und Historienmaler Adolphe Bouguerrau und dem Landschaftsmaler Léon Fleury. Über Berlin kehrte er 1892 nach München zurück. Dort entstanden Porträts sowie mythologische und religiöse Historienbilder. Auf Anraten von Walter Leistikows zog er 1901 nach Berlin. Gemeinsam mit Max Liebermann und Max Slevogt kämpfte er dort in der Secession gegen den akademischen Lehr- und Ausstellungsbetrieb für die Malerei des deutschen Impressionismus. Er eröffnete eine private Malschule. 1907 besuchte er die Kasseler Gemäldegalerie und kopierte nach Frans Hals und Rembrandt. 1911 erlitt er einen Schlaganfall, der zu Lähmungen der rechten Hand führte. Seit 1918 arbeitete er in Urfeld am Walchensee.

80
Der Maler Paul Baum in Sluis/Holland frühmorgens beim Aufbruch
1908
Leinwand, 58,7 x 71 cm
bez. u. r.: Lovis Corinth Sluis 1908, Paul Baum le paysagiste
erworben 1988 von Mette von Kalm, Kassel
Inv. AZ 1988/7
Abb. 44

Das ganzfigurige Porträt des Landschaftsmalers Paul Baum (1859-1932) – „le paysagiste“ – wie Corinth seinen Freund in der Signatur treffend bezeichnete, setzt weniger die Person des Porträtierten als vielmehr dessen künstlerische Absichten ins Bild.

Kat.Nr. 80, Abb. 44
Lovis Corinth, Der Maler Paul Baum, 1908

Mit dynamischem, flüchtigem Pinselduktus ist Baum in einer ländlichen Umgebung festgehalten, den Rucksack mit den Malutensilien auf dem Rükken, ist er bereit, zum Malen in der Landschaft aufzubrechen. Der Maler, dessen Gesichtszüge nicht näher auszumachen sind, ist mit seiner braunen Kleidung in die Gesamtfarbigkeit des Bildes eingebunden. Die bis zum Horizont reichenden Höfe im Hintergrund nehmen in ihren erdigen, rotbraunen und grünen Farbtönen das Kolorit des Anzugs auf. Das bäuerliche Ambiente mit Misthaufen, Hühnern und Weidelandschaft schildert die ländliche Gegend von Sluis, in der Baum seit 1895 lebte und arbeitete, zumeist malte er in der Natur vor Ort. Corinths französische Charakterisierung von Paul Baum als „le paysagiste" anstelle der deutschen Bezeichnung – „Landschaftsmaler" – weist explizit auf dessen Vorliebe für die französische Malerei des 19. Jahrhunderts hin. Um die Jahrhundertmitte hatten die vorimpressionistischen Landschaftsmaler der Schule von Barbizon die Natur wiederentdeckt. Sie malten in den Wäldern von Fontainebleau unter freiem Himmel und suchten, die atmosphärischen und situationsbedingten Eindrücke vor Ort einzufangen. Mit ihrem neuen Naturverständnis, das von der subjektiven Wahrnehmung des Augenblicks bestimmt war, schufen sie grundlegende Voraussetzungen für die Malerei des Impressionismus, von deren formauflösender Bildsprache sowohl Lovis Corinth als auch Paul Baum maßgeblich beeinflußt waren.

Hans Konrad Röthel (Hg.), Die Gemälde von Lovis Corinth, Werkkatalog, München 1958, S. 99, Nr. 358; Wolfram Hitzeroth, Paul Baum (1859-1932), Ein Leben als Landschaftsmaler, Marburg 1988, S. 46f. m. Abb.; Ausst.Kat. Kassel 1990, S. 13-18

Max Slevogt (Landshut 8.10.1868 - 20.8.1932 Neukastel)
1884 trat Slevogt in die Münchner Kunstakademie ein. Im April 1889 ging er für ein Semester nach Paris, danach setzte er sein Studium an der Münchner Akademie in der Kompositionsklasse von Wilhelm von Diez fort. 1890 reiste er nach Italien und arbeitete nach seiner Rückkehr als freier Maler in München. Als die Münchner Secession im November 1892 gegründet wurde, gehörte er von Beginn an zu deren Kreis. 1899 stellte er bei der ersten Ausstellung der Berliner Secession aus, 1901 zog er nach Berlin, wo er ab 1904 auch als Bühnenbildner Kostüme entwarf. 1914 reiste Slevogt nach Ägypten und malte, fasziniert von der Intensität des Lichts, zahlreiche Bilder vor Ort. Am Ende seines Lebens befaßte er sich vermehrt mit religiösen Themen und dekorativen und figurativen Wandbildern für Privathäuser.

81
Die Malerin und Bildhauerin Nelly von Seydlitz
1892
Leinwand, 100 x 70 cm
bez. u. r.: M. S. 92
erworben 1969 von Albert F. Daberkow, Bad Homburg v. d. Höhe
Inv. M 1969/5

In einem Innenraum vor einer grob grundierten, dunkelgrauen Wand ist Nelly von Seydlitz (geb. 1870) im Kniestück dargestellt. Sie sitzt dem Maler Modell. Ihr Gesicht, das im Dreiviertelprofil gegeben ist, drückt Abwesenheit und geduldige Ruhe aus, ebenso wie die im Schoß ruhenden Hände. In einem großen, dunkel gerahmten Spiegel im Hintergrund erscheinen ihr Hinterkopf und ihr schwarzer, weiter Umhang. Im Spiegelbild ist außerdem schemenhaft der Maler selbst zu erkennen, wie er vor der Staffelei steht und im Begriff ist, das Porträt zu malen.
Die malerische Aktion im Spiegelbild, der zum Pinselstrich erhobene Arm und die in Schrittstellung gesetzten Beine – wenn auch nur zu erahnen – bilden einen Gegenpol zur passiven Haltung der Frau. Unterstrichen wird ihre statische Körperhaltung durch die Komposition: genau hinter ihrem Kopf steigt die dunkle Rahmenleiste des Spiegels auf als Fortsetzung der Vertikalen ihres Körpers und verbindet sie mit dem dunklen Spiegelbild. Selbst das hellbraune Kleid mit den dunklen Tupfern bricht diese Einheit nicht auf.
Mit dem Selbstbildnis im Spiegel und der Pose der Frau klingt das ikonographisch tradierte Thema von Maler und Modell an. Der künstlerische Beruf der Dargestellten wird hingegen nicht angesprochen. Die einzigen persönlichen Attribute der Malerin sind ein Armreif und ein Ring an der linken Hand. Stilistisch gehört das Bildnis mit seiner dunkeltonigen Gesamtfarbigkeit in jene Schaffensphase, in der Slevogt – geprägt durch die Münchner Malkultur seines Lehrers Wilhelm Diez – mehr an den Tonals an den Buntwerten der Farbe interessiert war. Dem französischen Impressionismus näherte Slevogt sich in seinem Malstil erst um die Jahrhundertmitte an.

Imiela 1968, S. 27; Ausst.Kat. Baden-Baden 1969, o. S.; Ausst.Kat. Saarbrücken 1992, S. 495-528 (m. weiterer Lit.)

82
Selbstbildnis
1915
Holz, 45 x 36,5 cm
bez. u. l.: Slevogt 1915
erworben 1954 von Hans Pierach, Kassel
Inv. AZ 1567
Farbtaf. 5

Während Slevogt sich auf seinen ersten Selbstbildnissen häufig im Zwiegespräch mit dem Spiegel darstellte, gibt er sich hier im Dreiviertelprofil, den Blick seitwärts aus dem Bild gerichtet. Der Schwerpunkt dieses Porträts liegt auf der Physiognomie des Malers. Seine Augenbrauen sind in der für ihn typischen Weise zu kräftig geschwungenen Bögen unter der hohen Stirn zusammmengezogen, was sich auch auf vielen Fotografien Slevogts beobachten läßt. Der fest geschlossene Mund unter dem Oberlippenbart und der spitz nach unten auslaufende Kinnbart, der das Gesicht etwas länger wirken läßt, betonen den kritischen Blick des Künstlers.
Seine helle Kleidung, die als neutrale Fläche ein Gegengewicht zum zerfurchten Gesicht bildet, hebt optisch die Schwere seiner physischen Konstitution auf. Der spontane Pinselduktus und die starken Lichtakzente vermitteln den Eindruck des Momenthaften, Flüchtigen. Im Unterschied zum pastosen Farbauftrag des Gesichts ist die Farbe im Bereich der hellen Jacke und des Hemds dünn aufgetragen, stellenweise wird die ockerfarbene Grundierung sichtbar. Einen vertikalen Akzent setzt die violettfarbene Krawatte. Die farbliche Zweiteilung des braunen Bildgrunds genau hinter dem Kopf findet sich auch auf vielen späteren Selbstbildnissen von Slevogt.

Ausst.Kat. Saarbrücken 1992, Nr. 133 m. Abb. u. S. 516, Abb. 40

Adolf Müller-Cassel (Kassel 2.8.1864 - Dez. 1942 Berlin)
Nach einer Lehrzeit bei Louis Kolitz in Kassel setzte er seine Ausbildung in Düsseldorf fort. Er war vor allem als Landschaftsmaler tätig.

83
Selbstbildnis
um 1930
Leinwand, 98 x 71 cm
bez. u. l.: Müller-Cassel
erworben vermutlich in den 1930er Jahren
Inv. AZ 661

Der Künstler hat sich in seinen privaten Wohnräumen als Halbfigur im Dreiviertelprofil porträtiert. Im Hintergrund sieht man ein Bücherregal mit verschiedenen Accessoires, über dem mehrere gerahmte Bilder hängen. Ein Durchgang am rechten Bildrand gibt Einblick in einen weiteren Raum. Müller-Cassel ist unauffällig gekleidet mit einem großen braunen Mantel. Sein Gesicht liegt weitgehend im Dunkeln, nur die rechte Stirn und die Wangenpartie werden beleuchtet.

Rudolf Siegmund (Bürgel/Thüringen 29.3.1881 - 7.11.1973 Bad Soden/ Taunus)
Der Maler und Illustrator Rudolf Siegmund studierte von 1903 bis 1910 bei Ludwig Hofmann und Hans Olde an der Kunstschule in Weimar. Von 1901 bis 1910 reiste er durch Italien. Seine Landschaften waren auf Ausstellungen der Berliner Secession, in München und Leipzig zu sehen. Hans Olde, Nachfolger von Louis Kolitz im Amt des Direktors holte Siegmund 1913 als Lehrer an die Kasseler Akademie. Von 1922 an zog er sich nach Speel zurück. Neben Landschaften, Porträts, Stilleben und religiösen Historienbildern (u.a. für die alte lutherische Kirche in Kassel) schuf er auch Wandmalereien in Weimar, Erfurt, Jena, Wildungen und in Hannoversch Münden (22 große Historien im Rathaus).

84
Selbstbildnis
undat.
Leinwand, 98,4 x 80,2 cm
bez. u. l.: S
erworben 1927 aus der Jubiläumsausstellung des Kunstvereins
Inv. AZ 663

In der Landschaft vor leicht bewölktem Himmel stellt sich der Künstler sitzend als Halbfigur dar. Während sein Körper im Profil nach links gedreht ist, wendet er sein Gesicht im Dreiviertelprofil dem Betrachter zu. Die rechte Hand ist zur Faust geballt, die andere verschwindet in der Jackentasche. Das Bildnis wird von überwiegend hellen, kontrastarmen Farben bestimmt, die recht frei aufgetragen sind.

Ausst.Kat. Kassel 1927, S. 64

Alexej Jawlensky (Torsok 26.3.1864 - 15.3.1931 Wiesbaden)
1884 ging Jawlensky als Leutnant der kaiserlichen Garde nach Moskau, wo er neben seiner Offizierslaufbahn künstlerisch tätig war. 1889 entschloß er sich zum Kunststudium und wurde von der Petersburger Akademie als Schüler von Rjepin aufgenommen. 1896 quittierte er schließlich den Militärdienst und siedelte mit Marianne von Werefkin nach München über. Dort kam er 1897 mit Kandinsky in Kontakt. 1909 war er an der Gründung der Neuen Künstlervereinigung München beteiligt und 1913 nahm er an der Ausstellung *Der Blaue Reiter* teil. 1914 wurde er als Russe aus Deutschland ausgewiesen und lebte in St. Prex am Genfer See und ab 1917 in Zürich, bis er 1922 nach Wiesbaden zog. 1924 war er mit Kandinsky, Klee und Feininger Mitbegründer der Künstlergruppe *Die blauen Vier.*

85
Elisabeth Epstein
um 1907/09
Pappe, 45,2 x 38 cm
bez. u. l.: A. Jawlensky
erworben 1970 von F. Teltscher, London
Inv. M 1970/5
Abb. 45

Vor grün-türkisfarbenem Grund hat die Dargestellte ihren Kopf im Dreiviertelprofil nach links gewandt und blickt in unbestimmte Ferne. Wahrscheinlich handelt es sich um Elisabeth Epstein, eine mit Kandinsky befreundete Malerin, die 1913 an der ersten Ausstellung des *Blauen Reiter* beteiligt war.
Bestimmt wird das Bildnis von der intensiven Leuchtkraft der Farbe, insbesondere vom Zweiklang Grünblau und Violett. Breite, diagonal gesetzte Farbschraffen umschreiben Gesicht- und Halspartie. Licht fällt auf die rechte Gesichtshälfte und den Hals, das Inkarnat setzt sich hier aus hellen Braun-Orangetönen zusammen. Im Gegensatz dazu wird die Schattenzone der linken Gesichtshälfte von dunklem Violett bestimmt, das am Hals in ein blasses Grün übergeht. Typisch für Jawlensky ist, daß Augen, Nase und Mund nur durch kräftige, schwarze Konturen bezeichnet sind, die die Gesichtszüge stark vereinfachen und die schwarzen Augenlider und die breiten, dunkelroten Lippen

Kat.Nr. 85, Abb. 45
Alexej Jawlensky, Elisabeth Epstein, 1907/09

betonen. Jawlensky, in dessen künstlerischem Werk das menschliche Gesicht ein Hauptthema ist, war weniger an Porträtähnlichkeit interessiert, als durch die Farbe und starke formale Reduktion die Ausstrahlung einer Person wiederzugeben.
Die Dominanz der Farbe als eigentliches Ausdrucksmittel ist wesentlich auf den Einfluß des französischen Fauvismus zurückzuführen. Jawlensky hatte 1905 in Paris Pierre Matisse persönlich kennengelernt, den führenden Kopf jener Gruppe junger Maler, die zu dieser Zeit von der französischen Kunstkritik wegen ihrer starken, reinen Farben als „Wilde“ (fauves) beschimpft wurden.

Ausst.Kat. München 1983, S. 152f., Kat.Nr. 38 m. Abb.

Philipp Bauknecht (Barcelona 16.3.1884 - 26.2.1933 Davos)
Von 1902 bis 1907 besuchte er die Schreinerei-Fachschule in Nürnberg und ab 1907 die Kunstgewerbeschule in Stuttgart in der Klasse des Jugendstilmalers Bernhard Pankok. 1910 siedelte er wegen schwerer Tuberkulose nach Davos über. Neben einem umfangreichen malerischen Werk hinterließ der zu seinen Lebzeiten anerkannte, heute etwas in Vergessenheit geratene Bauknecht auch zahlreiche Holzschnitte und Aquarellzeichnungen.

86
Der Maler Ernst Ludwig Kirchner im Atelier in Davos
um 1920/25
Leinwand, 79,5 x 69 cm
erworben 1973 vom Kunsthandel Monet, Amsterdam
Inv. AZ 4254

Philipp Bauknecht, der seit 1910 in Davos lebte, lernte Ernst Ludwig Kirchner (1880-1938) vermutlich Anfang des Jahres 1920 kennen und hatte mit ihm bis 1925 lockeren Kontakt. Das Porträt Kirchners ist eines der wenigen Künstlerporträts, die Bauknecht während seines Aufenthalts in der Schweiz gemalt hat.
Kirchner ist in seiner Davoser Atelierbehausung frontal in ganzer Figur wiedergegeben. Ausgestattet ist der Raum mit Staffelei, Leiter, Kachelofen, Waschzuber mit Kanne und einem Spiegel, ein paar Flaschen und einigen Teppichläufern. Die linke Hand in der Hosentasche, führt Kirchner mit der Rechten einen Pinsel zu einer Leinwand, die recht weit von ihm weg auf einer Staffelei steht.
Das Bildnis ist auffällig statisch. Farbfelder in matten, stumpfen Farben gliedern die Fläche. Kirchners Gestalt wird von einem ockerfarbenen Inkarnat, einer mittelblauen Jacke und einer dunkelroten Hose bestimmt, zu der das dunkelrote Haupthaar korrespondiert. Die orange gestrichene Rückwand bildet einen Komplementärkontrast zum Grün des Ofens. Das hellblau-dunkelblaue Muster von Kanne und Schale auf dem Waschtisch sowie mehrere buntgemusterte Teppichläufer brechen das einheitliche Farbmuster auf.
Diese Malerei ähnelt in gewisser Weise Kirchners Malstil am Anfang der 20er Jahre, den formale Ordnung und Flächigkeit kennzeichnen. Kirchner bevorzugte zu dieser Zeit – wie hier Bauknecht – das quadratische Format. Parallelen zwischen der Malerei Kirchners und der von Bauknecht bemerkten bereits zeitgenössische Kritiker. Während diese die Originalität einmal Kirchner einmal Bauknecht zuschrieben, geht man heute nicht von einem Einfluß Bauknechts auf Kirchner aus.
Der vereinfachte, beinahe schematisch anmutende Malstil Bauknechts ist typisch für seine Arbeiten aus der Davoser Zeit, zumeist Bauernszenen, in denen die Gestalten mit derben Gesichtern und plumpen Körpern dargestellt sind, zuweilen ins Groteske verzerrt.

Ausst.Kat. Ernst Ludwig Kirchner, Dokumente, Aschaffenburg 1980, S. 208f. m. Abb.; Ausst.Kat. Philipp Bauknecht 1884-1933, Galerie Iris Wazzau, Davos 1993

Conrad Felixmüller (Dresden 21.5.1897 - 24.3.1977 Berlin)
Felixmüller studierte seit 1909 in Dresden an der Malschule von Ferdinand Dorsch, ab 1912 an der Dresdner Kunstakademie bei Carl Banzer. Seit 1914 lebte er in Berlin im Kreis der Künstler der expressionistischen Avantgarde, der Schriftsteller Theodor Däubler und Carl Sternheim und den Verlegern der „Kampfblätter" des Expressionismus. Damals wandte er sich neben der Malerei vermehrt der Druckgraphik, insbesondere dem Holzschnitt zu. 1919 war er Mitbegründer der Secession. Ab 1920 war er eng mit dem Schriftsteller Carl Sternheim befreundet. 1933 siedelte er nach Berlin über. Von den Nationalsozialisten wurden seine Werke in der Ausstellung *Entartete Kunst* verfemt. 1944 zog er nach Leipzig, seit 1949 lehrte er in Halle. Ab 1962 lebte und arbeitete er in Berlin.

87
Franz Pfemfert
1923
Leinwand, 68 x 58,5 cm
bez. o. r.: 1923 felixmüller
erworben 1967 von Karlheinz Gabler, Frankfurt/ Main
Inv. M 1967/3
Abb. Umschlag

In der expressionistischen Bildsprache kantiger, geometrisierender Formen ist Franz Pfemfert (1879-1954), der Herausgeber der Wochenschrift *Aktion*, im Brustbild vor gelbgrünem Grund im Typus des Intellektuellen mit der Zigarette in der Hand dargestellt. Den Oberkörper nach links gedreht, ist sein zerfurchter, rötlicher Kopf mit den überzeichneten Gesichtszügen dem Betrachter zugewandt. Wie auf vielen Bildnissen Felixmüllers wirkt auch Pfemfert durch das eine weit geöffnete Auge und das andere zusammengekniffene als ein kritischer Zeitgenosse. Auf einem Tisch im Hintergrund steht die Schreibmaschine als berufsspezifisches Attribut des Redakteurs.
Felixmüller hatte Pfemfert während einer seiner zahlreichen Berlinaufenthalte kennengelernt. Seit 1915 war Felximüller freier Mitarbeiter an Herwarth Waldens Zeitung *Der Sturm* und hielt sich deshalb öfter in der Metropole auf. 1917 arbeitete er auch ein Jahr an Pfemferts Zeitschrift *Aktion* mit, die mit ihrem kommunistischen Profil ein Sprachrohr vieler Expressionisten der zweiten Generation war. Neben Dichtern, Dramatikern und Kritikern zählten auch bildende Künstler zu ihren Mitarbeitern, darunter neben Felixmüller auch Grosz, Kirchner, Kokoschka, Marc, Meidner, Schiele und Schmidt-Rottluff. Jahrelang bestimmten Felixmüllers Holzschnitte und Zeichnungen das Erscheinungsbild der Zeitung.
Im Unterschied zur lithographischen Umsetzung dieses Porträts (Kat.Nr. 121), auf dem Pfemferts Gesichtszüge durch einen scharfen Schwarzweiß-Kontrast herausgearbeitet sind, nutzt Felixmüller hier den disharmonischen Klang der Farben für die Wirkung des Bildes. Das Porträt wird von einer vehementen Farbigkeit bestimmt, deren Intensität wesentlich auf den Komplementärkontrasten abgemischter Rot-, Grün- und Orange-, Blautöne beruht. Gesicht und Hand des Dargestellten werden außerdem konturiert durch ein leuchtendes Gelb, das Lichtakzente setzt, im Bereich der linken Schläfe, am Haaransatz und am Handrücken. Pfemfert ist dicht an den unteren Bildrand herangerückt, sein rechter, angewinkelter Arm wird überschnitten. Seine Präsenz wird noch gesteigert durch den perspektivisch verzerrten Raum, der nicht in die Tiefe führt, sondern in die Fläche geklappt ist. Die freie Farbfläche in der oberen Bildhälfte verleiht dem Dargestellten zudem besonderes Gewicht.

Ausst.Kat. Bonn 1976, S. 30-33, 191, Nr. 28 m. Abb.; Barron 1989, S. 161, Nr. 55; Ausst.Kat. Conrad Felixmüller, bearb. v. Christian Rathke, Schleswig-Holsteinisches Landesmuseum, Schloß Gottorf Schleswig, Neumünster 1990, S. 9-23

Karl Leyhausen (Bedburg/Neuwied 28.9.1899 - 8.4.1931 Paris)
Nach dem Kriegsdienst im Ersten Weltkrieg begann Leyhausen zunächst eine kaufmännische Ausbildung in Bensdorf am Rhein, meldete sich aber schon nach wenigen Monaten, im September 1919, zum Studium an der Kasseler Kunstakademie an. Er schloß sein Studium 1925 ab und arbeitete als freischaffender Künstler in Kassel. Er erhielt überwiegend Aufträge für Porträts und Kirchenausmalungen in Nordhessen. Ende der zwanziger Jahre hielt er sich mehrfach in Südfrankreich und Paris auf.

88
Selbstporträt
1927
Leinwand auf Holz, 51 x 41,9 cm
bez. u. r.: Leyhausen, bez. verso: Leyhausen - Kassel Selbstbildnis
erworben 1927 aus der Jubiläumsausstellung der Kasseler Akademie
Inv. AZ 1210
Abb. 9

Mit einem schelmischen Lächeln stellt sich der jun-

ge Künstler im Ausschnitt des Brustbilds dar. Auch sein nach links gewandter Blick mit den durch die runden Brillengläser leicht vergrößerten dunklen Augen scheint einen Dialog mit dem Betrachter zu suchen. In seinem äußeren Erscheinungsbild, im dunkelgrauen Mantel mit weißem Hemd und schwarzer Krawatte sowie der Melone, gibt sich Leyhausen als Vertreter einer wohlsituierten bürgerlichen Schicht.
Typisch für viele Porträts der zwanziger Jahre ist, daß das Brustbild leicht an den rechten Bildrand gerückt ist, so daß die linke Schulter ebenso wie der Hut überschnitten werden. Die Gesamtfarbigkeit des Bildnisses ist einheitlich gedämpft. Das braungraue Inkarnat paßt sich dem grauschwarzen Gesamtton an. Einzig der dunkle Mantel und die Melone zeichnen sich scharf vom Hintergrund ab und bilden einen farblichen Kontrast. Die trocken aufgetragene Farbe, die die Formen verfestigt, verleiht dem Bildnis zwar eine rhythmische Struktur, doch ordnet sie sich der sachlichen Schilderung der Person unter und verselbständigt sich nicht zu einem autonomen Ausdruckswert.
In der gedämpften Farbigkeit, den klar konturierten Gegenständen und dem veristischen Abbild des Kopfes gehört dieses Porträt in den Kontext jenes Malstils der zwanziger Jahre, den der Mannheimer Kunsthallendirektor Gustav Friedrich Hartlaub 1925 unter dem Ausstellungstitel „Neue Sachlichkeit“ zusammenfaßte. Kennzeichnend für diesen mittlerweile etablierten Stilbegriff sind strenge, nüchterne Ausdrucksformen, mit denen man in Reaktion auf Expressionismus und abstrakte Formauflösung einen ‚neuen Naturalismus' anstrebte.

Ausst.Kat. Kassel 1995, S. 7, 35, Kat.Nr. 3 m. Abb.; Ausst.Kat. Mannheim 1995

89
Christian Beyer
1929
Leinwand, 54,8 x 73,5 cm
bez. u. r.: Leyhausen; verso bez.: Leyhausen - Kassel Bildnis des Malers Bayer 29
Inv. AZ 391

Das Bildnis Christian Beyers (1883-1967), mit dem Leyhausen befreundet war, gibt den in Kassel ansässigen Architekten und Aquarellmaler in lässig entspannter Pose wieder. Der freundlich lächelnde Blick des frontal dargestellten Gesichts scheint sich an ein imaginäres Gegenüber zu richten. Wie in eine private Unterhaltung vertieft, sitzt Beyer lässig auf einem Stuhl und lehnt den Kopf an die rechte Hand, den angewinkelten Arm hat er auf einen recht weit entfernten Tisch gestützt. So gerät der Körper in eine Diagonale, die durch die nach links verzogene Krawatte unterstrichen wird. Zu dieser diagonalen Ausrichtung bildet der linke angeschnittene Arm, der über das Bild hinausragt, in der Komposition ein horizontales Gegengewicht.
Diese Körperhaltung nimmt das gesamte Querformat des Bildnisses ein, das nicht perspektivisch konstruiert ist. Wenngleich die Tischkante und die Stuhllehne mit der Rocailleverzierung ein räumliches Bezugssystem suggerieren, verharrt das Bildnis in der Fläche. Durch die Ausschnitthaftigkeit der Figur, die an allen vier Seiten von den Bildrändern überschnitten wird, wirkt das Porträt besonders nahsichtig.
Ein beinahe monotoner Dreiklang aus Grau, Braun und Ockergrün bestimmt die Farbigkeit des Bildnisses. Einzig das weiße Hemd mit der schwarzen Krawatte und die dunklen Konturen der gegürteten Jacke bilden farbliche Kontraste. Während bei der Kleidung die Pinselstriche locker und rasch gesetzt sind, ist das Gesicht fein modelliert. Die Gesichtszüge mit der markanten, senkrechten Stirnfalte über der Nase sind detailliert herausgearbeitet. Die zusammengekniffenen Augen vermitteln den Eindruck, als würde der Dargestellte von der Helligkeit des Gegenlichts geblendet.

Ausst.Kat. Kassel 1995, S. 36f., Kat.Nr. 5 m. Abb.

90
Dreifaches Selbstporträt
1930
Leinwand, 73 x 91,5 cm
bez. auf dem Keilrahmen: K. Leyhausen Dreifaches Selbstporträt 1930
Dauerleihgabe der Hessisch-Thüringischen Brandversicherungsanstalt Kassel-Erfurt
Abb. 46

Vor einem Gemälde mit vergoldetem, barocken Prunkrahmen auf grauem Grund sind drei Selbstbildnisse des Künstlers auf einer Ebene dargestellt. In der Mitte steht en face, zentral und bildbestimmend, Karl Leyhausen als Maler mit hellem Arbeitskittel. In seinem Mund steckt eine große Zigarre, in den Händen hält er Palette und Pinsel, als stünde er direkt vor der Leinwand und sei in den Malakt vertieft. Prüfend wirkt der Blick aus großen Augen unter hochgezogenen Brauen, die die hohe Stirn in Falten legen. Dicht hinter dem Rücken des Malers treten zwei weitere Versionen seines Bildnisses hervor.
Über die rechte Schulter blickt das Gesellschafts-Ich des Künstlers. Wie einer Abendveranstaltung entsprungen, zeigt er sich hier in dandyhafter, eleganter Kleidung, ohne jede Stirnfalte, stattdessen spiegeln sich auf Stirn und Brille Reflexe einer Festbeleuchtung. In Smoking mit Vatermörderkragen

Kat.Nr. 90, Abb. 46
Karl Leyhausen, Dreifaches Selbstporträt, 1930

und schwarzer Fliege sieht diese Figur den Betrachter aus den Augenwinkeln werbend mit dem Anflug eines Lächelns an.
Eine ganz andere Persönlichkeit schaut dem Maler über die linke Schulter. Von dieser Person sind allein das Dreiviertelprofil und die rechte Hand zu sehen. Das leicht rundliche Gesicht wird durch die rechte, kräftige Augenbraue akzentuiert und vermittelt mit der in Falten gelegten Stirn einen skeptischen Ausdruck. In Verbindung mit der rechten erhobenen Hand, die eine lange Zigarre hält, repräsentiert diese Figur einen intellektuellen Typus.
Wie auch auf den anderen Bildnissen Leyhausens zu beobachten (Kat.Nr. 88f.), sind weiße, braune und schwarze Farbtöne vorherrschend, wenngleich er hier den Schwarzweiß-Kontrast stärker betont.
Die einzigen Buntwerte des Bildes sind die drei Farbtupfer auf der Palette im Vordergrund in Blau, Rot und Weiß – den Farben der französischen Trikolore, sicher ein Bekenntnis des Malers zu seiner Vorliebe für Frankreich. Seit 1928 war er mehrfach nach Südfrankreich und Paris gereist und im November 1930 endgültig in die französische Hauptstadt gezogen, wo er sich im April 1931 das Leben nahm.
Vor diesem biographischen Hintergrund und der allgemein zu beobachtenden, zeitgenössischen Tendenz einer psychologischen Selbstbefragung im Selbstbildnis ist man geneigt, Leyhausens Dreifaches Selbstporträt als Ausdruck innerer Zerrissenheit zu deuten. Wie ein Kommentar zu diesem Bild wirken einige Zeilen, die sich in einem Brief des Malers vom 1.8.1930, dem Entstehungsjahr des Selbstbildnisses, finden: „Ich liebe viele und sehr gegensätzliche Dinge – und ich habe immer unter dieser Zerrissenheit sehr gelitten."

Ausst.Kat. Karl Leyhausen 1899-1931, Neue Galerie, Staatliche und Städtische Kunstsammlungen, Kassel 1981, S. 13 u. 33, Kat.Nr. 51 m. Abb.; Ausst. Kat. Kassel 1995, S. 37, Kat.Nr. 6 m. Abb.

Carl Döbel (Kassel 13.1.1903 - 24.8.1959 Kassel)
Nach einer Ausbildung als Tischler besuchte Döbel 1920 die Kunstgewerbeschule in Kassel, anschließend studierte er an der Münchner Akademie, dann von 1927 bis 1930 an der Kasseler Akademie bei Carl Witte. Mit Karl Leyhausen teilte er ein Atelier. Er war Mitglied der *Novembergruppe* und schuf vor allem Bildnisse, Figur- und Landschaftsdarstellungen. Während der NS-Zeit wurden viele seiner Bilder aus öffentlichen Sammlungen entfernt, so daß nur noch wenige Arbeiten aus den zwanziger Jahren erhalten geblieben sind. Nach dem Zweiten Weltkrieg trat er als Gestalter von Innenräumen hervor und malte Wandbilder, darunter das *Phoenix-Mosaik* in der Kasseler Berufsschule und das *Martinsrelief* in der Vorhalle des Polizeipräsidiums.

91
Selbstbildnis
1924
Leinwand, 70 x 60 cm
alter Bestand, städtischer Besitz
Inv. lfd. Nr. 1409

In expressiven Farben zeigt sich der junge Maler vor blau-grünem Grund im Brustbild. Den Oberkörper nach links gewandt, blickt er im Dreiviertelprofil mit leicht zusammengezogenen Augenbrauen zum Betrachter.
Bildbeherrschend sind die leuchtenden Farben, die zumeist nicht abgemischt, in unregelmäßig geformten Flecken aufgetragen sind. Das Bildnis setzt sich überwiegend aus grünen, blauen und orange-gelben Farben zusammen, Schwarz fehlt. Die unmittelbar aufeinandertreffenden Farbfelder strukturieren das Porträt als flächiges Muster. Nur wenige Konturen präzisieren die Gesichtszüge des Malers. Während sich der Pinselduktus im Bereich des Kopfs kaum vom Farbauftrag des Hintergrunds unterscheidet, sind die Farben der Kleidung – das weiße Hemd mit der roten Krawatte und die blaue Jacke – zu größeren, beruhigteren Flächen zusammengefaßt. Dieser Malstil läßt sich Anfang der zwanziger Jahre auch in der Malerei von Oskar Kokoschka beobachten, die Döbel möglicherweise bekannt war.

Ausst.Kat. Gedächtnisausstellung Carl Döbel, Kunstverein, Kassel 1960

Manfred Hirzel (Lódz 1905 - 1932 Berlin)
Zunächst machte Hirzel 1910 eine Buchhändlerlehre. Von 1925 bis 1928 studierte er dann Malerei an der Staatlichen Kunstschule in Berlin. 1928 war er Schüler von Emil Orlik. Seine erste Einzelausstellung hatte er im Salon Wasservogel in Berlin.

92
Selbstporträt
1931
Malpappe, 80 x 58 cm
erworben 1973 von Renate Hirzel
Inv. AZ 4253
Abb. 47

Wie auf vielen Selbstbildnissen der zwanziger Jahre, auf denen sich die Künstler im Umfeld ihrer künstlerischen Tätigkeit wiedergeben, steht Hirzel im Profil nach links gewandt in seinem Atelier vor der Staffelei. Ebenso zeittypisch ist die von der Fotografie beeinflußte Ausschnitthaftigkeit: Die Figur des Malers ist so dicht an den linken Bildrand gerückt, daß sein rechter Arm überschnitten wird. Seinen Kopf mit dem zurückgekämmten Haar und der runden Brille mit schmalem, schwarzem Rand im Stil der aktuellen Mode richtet er frontal auf den Betrachter. Auf einem Tisch im Hintergrund sind verschiedene Malutensilien ausgebreitet, darunter einige Gläser, wahrscheinlich mit Farbpigmenten, und mehrere Pinsel.
Der feine Pinsel in der rechten Hand verweist programmatisch auf den glatten Malstil des Künstlers,

Kat.Nr. 92, Abb. 47
Manfred Hirzel, Selbstbildnis, 1931

wenngleich diese Pose aus zahlreichen Künstlerbildnissen seit dem 16. Jahrhundert vertraut ist. Die Farben sind dünn aufgetragen und in weichen Übergängen modelliert. Dem entspricht auch das helle, harmonische Kolorit des Bildnisses. Während der Hintergrund in Graublau und Violett gehalten ist, wird die Kleidung von kräftigeren Farben bestimmt: Hirzel trägt ein orangefarbenes Hemd mit hellbraunem Kittel und eine blau-braun karierte Hose. Der glatte Malduktus wird allein beim Kittel aufgebrochen, an dem Farbspuren in Weiß, Orange, Blau und Grün haften.
In der Raumsituation – den schräg verlaufenden Wänden eines Mansardenzimmers – mag man einen dezenten Hinweis auf den sozialen Status des Künstlers sehen. Die Dachkammer als Zeichen für einen gesellschaftlich ausgegrenzten Bereich taucht auf Selbstbildnissen der zwanziger Jahre immer wieder auf, etwa bei Gert H. Wollheim oder Grete Jürgens (Ausst.Kat. Mannheim 1995, S. 163 u. 186).

Ausst.Kat. Bonn 1976, S. 47-81; Rainer Zimmermann, Die Kunst der verschollenen Generation, Deutsche Kunst des Expressiven Realismus, Düsseldorf 1980, S. 362; Ausst.Kat. Mannheim 1995, S. 225

Walter Nikusch (Leipzig 10.8.1906 - 1.4.1987 Kassel)
Von 1924 bis 1930 studierte er an der Staatlichen Akademie für Graphische Künste in Leipzig, die letzten vier Semester angewandte Graphik bei Walter Tiemann. Ab 1930 lebte Nikusch als freischaffender Maler und Grafiker in Leipzig, 1934 siedelte er nach Frankfurt/Main über. Während der NS-Zeit erhielt er Porträtaufträge, aber keine Ausstellungsmöglichkeit. 1937 zog er nach Kassel um und arbeitete als vermessungstechnischer Zeichner bis zum Frühjahr 1940, als er in den Kriegsdienst eingezogen wurde. Nach Kriegsende lebte er als freischaffender Künstler in Kassel und leitete dort von 1949 bis 1976 den Kunstverein.

93
Selbstbildnis
um 1930/31
Leinwand, 41 x 32,7 cm
erworben 1981 vom Künstler
Inv. M 1981/12

Das Bildnis entstand zu jener Zeit, als Nikusch sein Kunststudium abgeschlossen hatte und als freischaffender Maler und Graphiker in Leipzig lebte. Der junge Künstler präsentiert sich im Brustbild en face vor dunkelgrauem Grund. Er ist dicht an den unteren Bildrand herangerückt, der Oberkörper wird unmittelbar unter den Schultern überschnitten. Die weiß-grauen Diagonalen am unteren Bildrand deuten auf einen Rahmen, möglicherweise hat sich Nikusch im Spiegel dargestellt, was für Selbstporträts nicht unüblich ist.
Nikuschs Porträt wird von einem starken Helldunkel-Kontrast beherrscht. Die weiße Kappe und das Halstuch, die von kräftigen, schwarzen Konturen eingefaßt werden, heben sich in strahlendem Weiß von der schwarzen Jacke und dem dunkelgrauen Grund ab. Kraftvoll gesetzte, breite Pinselstriche umschreiben in warmen Braun-Rosatönen und in Schwarz das Inkarnat und die Gesichtszüge mit den tief verschatteten Augen. In der scharfen Konturierung sowie der Verwendung gleißend weißer Flächen als Farbkontraste ist der Einfluß des ebenfalls aus Leipzig stammenden Max Beckmann nicht zu übersehen. Auch in der matrosenhaften Kostümierung, der weißen Kappe und dem Halstuch, fühlt man sich an die Verkleidungsszenen Beckmanns erinnert, dessen Malerei die frühen Ölbilder von Nikusch aus den Jahren 1930/31 maßgeblich prägte.

Ausst.Kat. Nikusch zum 75. Geburtstag, Staatliche Kunstsammlungen Kassel 1981, S. 5-7 u. Kat.Nr. 12 m. Abb.

Oskar Stark (Kassel 29.10.1902 - 6.4.1992 Kassel)
Gemeinsam mit Carl Döbel studierte er von 1919 bis 1922 an der Kasseler Kunstgewerbeschule. Vorübergehend ging er nicht seinem künstlerischen Beruf nach. Ab 1954 engagierte sich Stark als zweiter Vorsitzender des Berufsverbandes der Bildenden Künste. Seit 1970 arbeitete er als Maler, Grafiker und Illustrator.

94
Selbstbildnis
1952
Hartfaser, 48,8 x 40 cm
bez. u. r.: O Stark 52
erworben 1976 vom Künstler
Inv. AZ 4469

Vor orange-rotem Grund, der in breiten Pinselstrichen alternierender Farbstreifen angelegt ist, ist der Kopf des Künstlers frontal dargestellt. Ohne Hals- und Schulteransatz schwebt er wie eine Maske vor dem Grund. Licht fällt auf die linke Gesichtshälfte, die rechte ist leicht verschattet.

Karl Clobes (Kassel 27.7.1912 - Jan. 1996 Tükkelhausen b. Ochsenfurth)
Im Jahr 1938 war er Stipendiat an der Kasseler Akademie.

95
Selbstbildnis
1963
Spanplatte, 110 x 78 cm
erworben 1970 als Geschenk von Karl Clobes
Inv. AZ 3933

Der Künstler gibt sich im Dreiviertelprofil im Brustbild. Den Kopf leicht zurückgeneigt blickt er mit etwas zusammengekniffenen Augen in unbestimmte Ferne. Der Farbauftrag ist auffallend locker und frei.

Ausst.Kat. 175 Jahre Kasseler Akademie, Landesmuseum, Kassel 1952, S. 3

Wolf Vostell (Leverkusen 14.10.1932)
Von 1950 bis 1953 machte er eine Ausbildung als Fotolithograph. 1954 besuchte er ein Jahr die Werkkunstschule in Wuppertal. 1955 setzte er sein Studium an der Ecole des Beaux-Arts in Paris fort und 1956 ging er ein weiteres Jahr an die Kunstakademie Düsseldorf. 1962 veranstaltete er eine der ersten Happenings in Paris und dann in Amsterdam, auch war er am ersten Fluxus-Festival in Wiesbaden beteiligt. Von 1962 bis 1969 gab er die Zeitschrift Dé-Coll/age heraus. Vostell lebt und arbeitet in Berlin und Malpartità de Cáceres in Spanien.

96
Marilyn Monroe (Marilyn Idolo)
1962
Décollage und Verwischung auf Papier und Leinwand, 189 x 144 cm
erworben 1983 aus der Sammlung Krätz, Buchschlag
Inv. AZ 1983/3
Abb. 48

Ähnlich einer Collage sind mehrere Titelblätter illustrierter Zeitschriften und markante Zeitungsfotos der amerikanischen Filmschauspielerin Marilyn Monroe (1926-1962) zusammengefügt, darunter Standfotos aus ihren Filmen, Starfotos, auf denen sie für Fotografen posiert, Aufnahmen, die sie kurz vor ihrem Tod zeigen und schließlich ein Foto des Betts, in dem sie starb. Schlaglichtartig geben sie verschiedene Facetten des Hollywoodstars der fünfziger Jahre wieder, wobei die Zeitungsfotos und Wortfetzen durch weiße und graue Übermalungen nur ausschnittweise zu erkennen sind. In

Kat.Nr. 96, Abb. 48
Wolf Vostell, Marilyn Monroe (Marilyn Idolo), 1962

der oberen linken Bildecke ist außerdem ein Nadelkissen aus Plastik befestigt und am rechten Bildrand hängt ein rotes Spielzeugkindertelefon, dessen Hörer an der Schnur baumelt und auf eine unterbrochene Kommunikation hinweist.
Mit dem industriell gefertigten Serienobjekt des Telefons, einem *ready made*, und den übermalten Zeitungsausschnitten als bearbeiteten *objets trouvés* stoßen verschiedene Wirklichkeitsebenen aufeinander. Den Gesamteindruck beherrscht die gerissene und übermalte Struktur, hinter die die fotografischen Reproduktionen der Monroe zurücktreten. Die verschiedenfarbigen, teilweise splitterartigen Papierfetzen drücken in Verbindung mit den weißen und grauen Übermalungen einen Aktionismus aus, der Parallelen zur gestischen Malerei des Informell der fünfziger Jahre erkennen läßt, wenngleich sich Vostells Verfahren ausdrücklich gegen diese subjektive und ästhetisierende Bildsprache richtete.
Vostell begann 1954 während seines Aufenthaltes in Paris mit den ersten Décollagen, einer Art Umkehrverfahren der Collage, bei dem die Flächen durch das Abreißen von Papierfetzen gestaltet werden. Dies war genau zu jener Zeit, als in der französischen Metropole auch die Plakatabreißer Raymond Hains, François Dufrêne und Mimmo Rotella unterwegs waren. Sie suchten ebenso wie Vostell in der Nachfolge von Marcel Duchamp und den

Dadaisten nach einer adäquaten Bildsprache für die „neue Wirklichkeit" der Konsumgesellschaft. Doch im Unterschied zu den Affichisten verwendete Vostell nicht nur vorgefundene Plakatwände von der Straße, sondern auch Bildgründe, die er – wie hier – zuvor aus Zeitschriften und anderem Dokumentationsmaterial selbst zusammengeklebt hatte und auf der Leinwand fixierte. Ein Vergleich mit Rotellas Décollage *Marilyn Monroe* (Münster, Westfälisches Landesmuseum), ebenfalls von 1962, macht das unterschiedliche Vorgehen deutlich und zeigt auch, daß Vostell mit seinen Arbeiten schärfer Kritik an den politischen und gesellschaftlichen Zuständen übte. Rotella betonte die Vergänglichkeit des Stars, indem er das Porträt der Schauspielerin in einen Ring von Abrissen faßte, der wie eine Gloriole des Verfalls wirkt. Vostell hingegen nahm den Tod Monroes zum Anlaß, um die schonungslose, reißerische Aufbereitung ihres Selbstmords durch die Medien anzuprangern.
Die Arbeit *Marilyn Monroe* ist ein Schlüsselbild in Vostells Werkfolge „Verwischungen". Durch die farbigen Übermalungen löschte er die Zeitungsfetzen beinahe aus und ersetzte ihre fotografische Schein-Realität durch eine autonome künstlerische Wirklichkeit. Traditionelle Darstellungsformen des Porträts ordnen sich dem künstlerischen Prinzip der Décollage unter, nur noch facettenhaft läßt sich die Persönlichkeit in den Zeitungsfetzen erahnen. Die Arbeit, die Vostell aus Anlaß des Todes von Marilyn Monroe geschaffen hat, läßt sich als Nachruf ebenso wie als Hommage an die amerikanische Schauspielerin verstehen.

Ernest W. Uthemann, Mimmo Rotella, Das Kunstwerk des Monats, Westfälisches Landesmuseum, Münster, März 1985; Marianne Heinz, Abstraktion und Gegenständlichkeit, in: Funkkolleg Moderne Kunst, 1990, Studienbegleitbrief 10, S. 86-88 m. Abb.; Klaus Honnef, in: Ausst.Kat. Vostell, hg. v. Rolf Wedewer, Rheinisches Landesmuseum Bonn, 1992, S. 145-153

Gerhard Richter (Waltersdorf/Oberlausitz 19.2.1932)
Von 1949 bis 1953 war er als Reklame- und Bühnenmaler sowie als Fotolaborant tätig. Von 1953 bis 1957 studierte er an der Kunstakademie Dresden und arbeitete danach als freier Künstler in Dresden. 1960 siedelte er nach Westdeutschland über und setzte von 1961 bis 1963 sein Studium an der Kunstakademie in Düsseldorf bei Karl Otto Götz fort. 1967 erhielt er den Kunstpreis *Junger Westen*, Recklinghausen und lehrte als Gastdozent an der Hochschule für Bildende Künste in Hamburg. Nach einjähriger Lehrtätigkeit als Kunsterzieher an einem Düsseldorfer Gymnasium wurde er 1971 Professor an der Kunstakademie Düsseldorf, 1978 hatte er eine Gastprofessur am kanadischen College of Art in Halifax. 1981 erhielt er den Arnold-Bode-Preis der Stadt Kassel und 1985 den Oskar-Kokoschka-Preis der Stadt Wien. Seit 1983 lebt Richter in Köln.

97
Arnold Bode
1964
Leinwand, 170 x 110 cm
erworben 1987 von der Galerie Onnasch, Berlin
Inv. AZ 1987/1
Farbtaf. 7

Der Maler und Ausstellungsmacher Arnold Bode (1900-1977), der an der Kasseler Werkakademie lehrte und der Initiator der *documenta* war, ist auf der Grundlage einer fotografischen Vorlage in Schwarzweiß beinahe in ganzer Figur wiedergegeben, nur die Hosenbeine werden am unteren Bildrand überschnitten. Seine Körperhaltung, die in die Seiten gestützten Arme, und der leicht nach rechts gerichtete Blick, vermitteln Engagement und Tatendrang. Im leeren, gleichmäßig lasierten hellgrauen Hintergrund ist mit wenigen Linien eine Wand angedeutet, an der ein Keilrahmen lehnt.
Seit Mitte der sechziger Jahre macht Richter Fotobilder. Aus dem Fundus fotografischen Materials, zumeist aus Zeitschriften, Werbung oder Amateurfotos, wählt er eine Vorlage aus und setzt sie in Öl um. Bei der malerischen Übertragung auf die Leinwand vergrößert er die Vorlage mehrfach, spart einzelne Formen und Details aus oder gibt nur Ausschnitte wieder. Zentrales künstlerisches Mittel ist die bewußt hinzugefügte Unschärfe und Verwischung der Figuren und Gegenstände, die die Abstraktion von der Fotografie evident macht – eine malerische Strategie, durch die das Bild sich selbst thematisiert als Bild eines Bildes. Grundstruktur dieser Arbeiten ist „das Oszillieren der Darstellung zwischen Schein bzw. Erscheinen auf der einen Seite und der stets evident bleibenden Rückführbarkeit auf eine situativ konkrete, fotografisch festgehaltene Wirklichkeit auf der anderen" (Krüger).
Mit Bodes beinahe ganzfigurigem Porträt greift Richter Formeln der traditionellen Bildnismalerei auf. Die Körperhaltung Bodes und die Wiedergabe bestimmter Accessoires, die Aufschluß über den Beruf des Dargestellten geben – wie hier der Keilrahmen als Attribut des Ausstellungsmachers – sind aus Porträtdarstellungen seit Jahrhunderten vertraut. Durch die fotografische Grundlage gibt das Bildnis einen Moment aus der individuellen Geschichte des Porträtierten wieder, der in das Medium der Malerei gehoben wird. Während die Figur

auf der Fotografie in Ort und Zeit eingebunden ist, wird sie auf dem Ölbild – unterstützt durch die Unschärfe – jeglichem Kontext enthoben.

Ausst.Kat. Aspekte der 60er Jahre, Aus der Sammlung Reinhard Onnasch, Nationalgalerie, Berlin 1980, S. 68f. m. Abb.; Ulrich Wilmes, Gerhard Richter, in: Künstler, Kritisches Lexikon der Gegenwartskunst, 1988, Ausgabe 3, S. 3-10; Gerhard Richter, Werkübersicht 1962-1993, Ostfildern 1993, Nr. 33 m. Abb.; Klaus Krüger, Der Blick ins Innere des Bildes, Ästhetische Illusion bei Gerhard Richter, in: Pantheon, Bd. 53, 1995, S. 149-166

Arnulf Rainer (Baden/Wien 8.12.1929)
Zwischen 1947 und 1949 besuchte er die Staatsgewerbeschule in Villach und 1949 außerdem für wenige Tage die Hochschule für Angewandte Kunst und die Akademie der Bildenden Künste in Wien. Im Zeitraum von 1953 bis 1965 entstand die Werkgruppe, „Die Übermalungen". Seit 1963 hat Rainer begonnen, eine *Art brut*-Sammlung aufzubauen. 1966 besuchte er mehrfach die psychiatrische Klinik Gugging zu Studienzwecken. 1968 machte er erste Grimassenfotos und in den folgenden beiden Jahren entstanden zahlreiche Serien von überarbeiteten Fotos. Ab 1977 beschäftigt er sich mit der Thematik des Todes. 1981 erhielt er eine Professur an der Akademie der Bildenden Künste in Wien. 1982 arbeitete er an der Hiroshima-Serie und ab 1985 an den Serien von Schlangen- und Pflanzenüberzeichnungen. Rainer lebt in Oberösterreich, Bayern und Wien.

98
Face Farce
1971/72
Foto, übermalt, 61 x 50,5, cm
erworben 1994 von der Galerie Heike Curtze, Wien
bez. u. r.: A. Rainer
Inv. AZ 1994/6
Abb. 49

Das Selbstbildnis gehört zu den zahlreichen Serien fotografischer Porträts, die Arnulf Rainer Ende der sechziger, Anfang der siebziger Jahre von sich gemacht hat und auf denen er mit exaltierten Grimassen und forcierten Posen die Ausdrucksmöglichkeiten der Körpersprache erprobte. Zu den *Face Farces* gehören etwa 200 grimassenschneidende Porträtfotos, die malerisch überarbeitet sind.
Auf dem vorliegenden Blatt ist Rainers Gesicht frontal mit leichter Untersicht wiedergegeben, die Augen sind geschlossen, der Mund etwas geöffnet und die Zunge an die Unterlippe gestreckt. Die Gesichtszüge verschwinden beinahe unter der malerischen Überarbeitung, den schwarzen und blauen, breit gesetzten Pinselstrichen, den Farbtupfern in Gelb, Orange und Rosa und den gelb-orangenen Lasierungen. Verunklärt wird die Physiognomie vor allem durch die schwarzen Linien, die nur in kurzen Abschnitten der Gesichtsform folgen und sich dann wieder vom Untergrund lösen und teilweise noch akzentuiert werden durch rote und gelbe Pinselstriche. Es entsteht der Eindruck, als würden sie das Gesicht attackieren.
Das aggressive Element der Übermalung zeigt Rainers Nähe zum Wiener Aktionismus, den Selbstübermalungen und Selbstverstümmelungen von Günter Brus und Rudolf Schwarzkogler, die bei letzterem bis zur Selbstzerstörung durch Selbstmord führte.
Rainer macht zunächst mit dem Selbstauslöser oder mit Hilfe eines Fotografen mehrere Aufnahmen von sich, zumeist vor einem Spiegel, um sich zu stimulieren in der Art „extrovertierter Selbstkommunikation", wie er es nennt. Anschließend wählt er von den hunderten von Momentaufnahmen, jene Abzüge aus, die er mit Farbe überarbeitet.
„Wenn ich mich selbst reproduziere, dann auch als Versuch einer Erweiterung: visuelle Formulierungen von Möglichem, Ausgedachtem. Ich packe mich am eigenen Schopf und ziehe, ich springe ohne Boden, mime Erfundenes, zeichne Vorgestelltes, lüge und lüge, bis es wahr werden könnte. [...]". Rainer erklärt, die Kontrollfunktion seines Geistes vergessen zu wollen, um zu einer prä-lexikalen In-

Kat.Nr. 98, Abb. 49
Arnulf Rainer, Face Farce, 1971/72

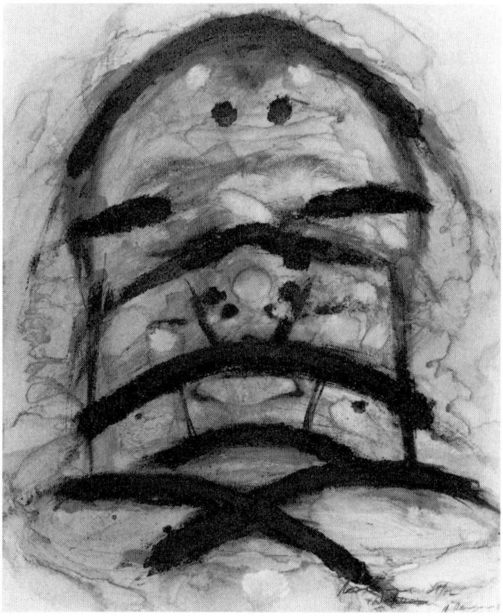

formation zu gelangen, gleichsam einer Ausdrucksweise des prä-historischen Menschen.
Das Grimassenspiel im Spiegel hat eine lange künstlerische Tradition. Bereits Leonardo, Carracci und Le Brun etwa hatten intensiv die Ausdrucksmöglichkeiten des Gesichts studiert, in den 1770er Jahren entstanden die grimassierenden, extrem verzerrten Charakterköpfe des Bildhauers Franz Xaver Messerschmidt. In der Kombination von Fotografie und Übermalung verbinden sich auf Rainers *Face Farces* Körpersprache und malerische Geste zu einer neuen künstlerischen Ausdrucksgebärde.

Ausst.Kat. Hamburg 1978, S. 44-52; Arnulf Rainer, Körpersprache, München 1980, S. 112f.; Ausst. Kat. Arnulf Rainer, Nationalgalerie, Berlin 1980, S. 130-135

Joseph Beuys (Krefeld 12.5.1921 - 23.1.1986 Düsseldorf)
1941 bis 1945 war er im Kriegsdienst als Sturzkampfflieger. 1947 begann er das Studium der Bildhauerei an der Kunstakademie Düsseldorf, zunächst bei Joseph Enseling, ab 1949 bei Ewald Mataré. 1961 erhielt er eine Professur für monumentale Bildhauerei an der Kunstakademie Düsseldorf. 1963 nahm er an ersten Fluxus-Aktionen teil. 1967 gründete er die „Deutsche Studentenpartei als Metapartei" und 1973 den Verein zur Förderung einer „Freien internationalen Hochschule für Kreativität und interdisziplinäre Forschung". 1977 richtete er die „Freie internationale Hochschule für Kreativität und interdisziplinäre Forschung" ein und installierte auf der *documenta VI* die „Honigpumpe am Arbeitsplatz". 1979 kandidierte er als Vertreter der Grünen für das Europaparlament. 1982 beteiligte er sich an der *documenta VII* mit der „Aktion 7000 Eichen. Stadt-Verwaldung anstelle von Stadt-Verwaltung". 1984 scheiterte das Hamburger Projekt „Spülfelder".

99
La rivoluzione siamo Noi
1972
Lichtdruck auf Polyesterfolie, 192 x 100 cm
bez.: Joseph Beuys Stempel (Hauptstrom)
La rivoluzione siamo Noi, 42/180
hg. v.: Modern Art Agency, Neapel, edition tangente, Heidelberg
erworben 1993 von Barbara und Jost Herbig, Ikking mit Mitteln der Hessischen Kulturstiftung und Unterstützung der KulturStiftung der Länder
Inv. P 1995/1 E 7
Abb. 10

In ganzer Figur, en face, ist Beuys in der Pose des zielstrebig Voranschreitenden aufgenommen. Die linke Hand schwingt nach vorne, während die andere seine Tasche umfaßt, die er quer über die Schulter gehängt hat.
Das Multiple *La Rivoluzione siamo Noi,* das es auch als Postkarten-Multiple gibt, geht auf eine Fotografie von Giancarlo Pancaldi zurück und war zunächst ein Plakat gleichen Formats, das die Ausstellung „The cycle of his work" im November 1971 in der „Modern Art Agency" in Neapel ankündigte. Im April 1972 fand außerdem eine Diskussionsveranstaltung mit Beuys in Rom (im Centro d'Informazione Alternative, Palazzo Taverna) unter dem gleichen Titel statt.
Das Blatt gehört zu den bekanntesten Arbeiten von Beuys und bringt mit der Aufschrift „Die Revolution sind Wir" sein ‚erweitertes' Kunstverständnis auf einen einprägsamen Begriff. In der Kunst sah Beuys die universell wirksame Kraft, die im Akt der Selbstreflexion in jedem Menschen eine innere, gewaltlose Revolution auslösen könne und so zu einem evolutionären gesamtgesellschaftlichen Veränderungsprozeß führe. „In einer Mischung aus armem Sämann und Wanderprediger" (P.-K. Schuster), der unbeirrbar seinem Weg folgt, setzt sich Beuys mit auffordernder Geste als Missionar dieser inneren Revolution in Szene. Er bricht mit der Vorstellung des Künstlers, der in der Zurückgezogenheit seines Ateliers tätig ist, und tritt nach außen an die Öffentlichkeit. Dem politischen Impetus des Porträts entspricht auch seine relativ hohe Auflage als Multiple, durch die das Blatt gleichsam zur Flugschrift wird. Nicht zuletzt mag man Beuys' Hut in die Tradition jenes Zylinders stellen, der seit der Französischen Revolution in ganz Europa das Erkennungszeichen des dritten Standes war und damit als demokratisch-republikanisches Bekenntnis zu verstehen ist.

Verspohl 1986, S. 77-87; Joseph Beuys, Die Multiples, Werkverzeichnis der Auflagenobjekte und Druckgraphik 1965-86, bearb. u. hg. v. Jörg Schellmann, München 1992, Nr. 49; Kat. Staatliche Museen, Neue Galerie, Joseph Beuys: Raum in der Neuen Galerie, hg. v. der Kulturstiftung der Länder, Berlin/ Kassel 1993, S. 76f., Kat.Nr. 48 m. Abb.

Andy Warhol (Pittsburgh 6.8.1928 - 22.2.1987 New York)
Nach einem Studium an der Kunsthochschule des Carnegie Institute of Technology in Pittsburgh arbeitete Warhol als freiberuflicher Gebrauchsgrafiker und Bühnenbildner. 1960 entstanden die ersten Gemälde mit Pop-Motiven. In den sechziger Jahren begann er zu filmen, lernte die Pop-Gruppe

The Velvet Underground kennen und gab eine eigene Zeitschrift heraus. Warhol gilt als der bedeutendste Vertreter der amerikanischen Pop Art.

100
Joseph Beuys
1980
Leinwand, je 102 x 102 cm
Dauerleihgabe der Hessisch-Thüringischen Brandversicherungsanstalt Kassel-Erfurt
Inv. L 1032
Farbtaf. 8

Joseph Beuys (1921-1986) ist in zwei nahezu identischen Brustbildern, die übereinander angeordnet sind, en face mit Filzhut dargestellt. Auf die Leinwände, die mit unregelmäßigen breiten weißen Pinselstrichen grundiert sind, hat Warhol eine fotografische Vorlage von Beuys' Kopf im Siebdruckverfahren mit schwarzer Farbe übertragen. Augen, Nase und Mund werden betont, alle mittleren Töne der Vorlage fallen hingegen weg, es entsteht der Eindruck eines Kontrastbilds. Auf das untere Porträt legte Warhol über die schwarze Acrylfarbe außerdem noch Diamantstaub, so daß das Porträt silbrig funkelt.
Das Bildnis gehört zu einer ganzen Reihe von zeitgenössischen Star-Ikonen, die Warhol seit den sechziger Jahren anfertigte. Beuys und Warhol, die beide ihr Leben und ihre Person zu Bestandteilen des eigenen künstlerischen Werks stilisierten, lernten sich im Mai 1979 anläßlich einer Vernissage in Düsseldorf kennen. Beuys schuf als Erinnerung an diese Begegnung das Multiple *Das Warhol-Beuys-Ereignis*. Im November des selben Jahres besuchte er Warhol in dessen *Factory*, als er nach New York zur Eröffnung seiner Ausstellung im Guggenheim Museum kam.
Durch den eng gefaßten Ausschnitt und die starke Vergrößerung wird Beuys' Kopf monumentalisiert. Größe und Dopplung des Porträts verleihen dem Fluxus-Künstler die Aura des Idols.

Lippert 1975, S.111; Ausst.Kat. Andy Warhol, Bilder 1961 bis 1981, Kestner-Gesellschaft, Hannover 1981, S. 103-110; Verspohl 1986, S. 82

Graphik

Emil Orlik (Prag 21.7.1870 - 28.9.1932 Berlin)
Orlik studierte seit 1889 in München, ab 1891 an der Akademie bei Wilhelm Lindenschmit. Hier studierte er die Graphik Adolf Menzels, Zeichnungen Wilhelm Leibls und kopierte nach Rembrandt. 1894 kehrte er nach Prag zurück, wurde dort Mitglied des Vereins deutscher bildender Künstler in Böhmen. Von 1896 bis 1901 war er Mitarbeiter der *Jugend.* 1898 reiste er nach England und Paris und wandte sich, wie gleichzeitig Max Liebermann, einem illusionistischen Impressionismus zu. 1899 wurde er Mitglied der *Wiener Secession.* 1900 reiste er nach Ostasien und Japan. 1904 zog er nach Wien, 1905 nach Berlin und trat an der Staatlichen Lehranstalt des Berliner Kunstgewerbemuseums die Nachfolge Otto Eckmanns an. Wie Gustav Klimt trat er aus der *Wiener Secession* aus. Zwischen 1906 und 1911 reiste er mehrfach nach Italien und Paris. 1912 folgte eine zweite Ostasienreise, 1924 ein längerer Aufenthalt in New York und Cleveland.

101
Der Bildhauer Max Klinger
1902
Radierung
bez. i. d.Platte. VI. 1902 LEIPZIG
195 x 135 mm
erworben 1961 von der Galerie Wolfgang Ketterer, Stuttgart
AZ 2882
Abb. 50

Orlik faszinierten Arbeitssituationen und Physiognomien. In der 1920 entstandenen Radierung

Kat.Nr. 101, Abb. 50
Emil Orlik, Max Klinger, 1902

zeigt er den Bildhauer Max Klinger nahezu im Profil von rechts bei der Arbeit. Aus den Gesichtszügen spricht angespannte Konzentration. Gespannt blickt Klinger über die Gläser der kleinen randlosen Brille hinweg auf seine Hände. Der Hammer in der erhobenen Rechten trifft auf dem spitzen Meißel, der die Linke umklammert. Willenskraft und handwerkliches Können bestimmen den Fortgang der Arbeit. Das Resultat liegt außerhalb des Blickfeldes. Durch die Technik der Radierung und die Verwendung der Roulette erreicht Orlik eine weiche Modellierung der Gesichtszüge und eine stoffliche Differenzierung von Haut und Haaren. Die Fez-förmige Kopfbedekung ist typisch für Darstellungen des Bildhaues im Atelier.
Max Klinger (1857-1920) hatte sich 1895 in Leipzig ein Wohn- und Atelierhaus eingerichtet und lehrte seit 1897 an der dortigen Akademie der graphischen Künste. Die Vollendung seines monumentalen Denkmals für Beethoven im März 1902, die er seit 1882 in Arbeit hatte, wurde zum zentralen künstlerischen Ereignis des Jahres. Die polychrome Plastik, die aus verschiedenen edlen Marmorsorten, Alabaster, Bronze, Mosaiksteinen, Halbedelsteinen und Glasflüssen zusammengesetzt war, wurde anschließend in der *Wiener Secession* ausgestellt. Es folgten Ausstellungen in Düsseldorf und Berlin. Danach wurde das Denkmal in einem von Klinger entworfenen Anbau des Leipziger Museums aufgestellt. Die Wiederentdeckung der Polychromie in der Skulptur, zu der Klinger in Italien durch die neuen Erkenntnisse der Archäologie angeregt wurde, war neben der Wiederentdekkung der Radierung eine seiner bedeutendsten künstlerischen Neuerungen. Orliks Porträtradierung, die eine Ateliersituation suggeriert, ist möglicherweise nicht in Klingers Leipziger Atelier entstanden, sondern nach einer Photographie.

Ausst.Kat. Berlin 1983, Kat. Nr. 157, Abb. 79; Ausst.Kat. Hildesheim 1984, Max Klinger, Wege zum Gesamtkunstwerk, Römer- und Pelizäusmuseum, Mainz 1984, Abb. Frontispiz; Ausst.Kat. Frankfurt a. M. 1992, Max Klinger 1857-1920, Städtische Galerie im Städelschen Kunstinstitut Frankfurt a. M. 1992, Kat. Nr. 190

102
Zeichnender Hodler
1911
Radierung
245 x 218 mm
bez. i. d. Platte: Genf 1911
bez. u. r: Emil Orlik 11
erworben 1957 von L. G. Buchheim, Feldafing
AZ 2212
Abb. 51

Kat.Nr. 102, Abb. 51
Emil Orlik, Zeichnender Hodler, 1911

Orliks Künstlerbildnisse sprechen für sein Interesse am Arbeitsprozeß. 1911 radierte er ein Blatt, das den Schweizer Symbolisten Ferdinand Hodler beim Malen zeigt. Mit spitzer Nadel umreißt er die kräftige Gestalt des Malers. Hodler sitzt in gespannter Haltung breitbeinig auf einem nur angedeuteten Hocker. Sein Blick folgt konzentriert der Bewegung des ausgestreckten rechten Armes und der Hand, in jenem Augenblick, in dem die Zeichenkreide die Leinwand berührt. Wie in anderen Porträts seiner Künstlerkollegen konzentriert Orlik seine Schilderung auf den kreativen Entstehungsprozeß der Arbeit, den fruchtbaren Moment. Nur der Kopf ist detailliert ausgearbeitet. Ansonsten beschränkt sich Orlik auf das Skizzenhafte, deutet nur an, wo mehr zu zeigen weniger wäre.
Orlik begegnete Hodler 1904 in der *Wiener Secession*. Sieben Jahre später besuchte er Hodler in Genf. Er berichtet darüber eingehend in Briefen an den Kunsthistoriker Max Lehrs in Dresden. Hodler und seine Frau hielt er in mehreren Porträtskizzen fest. 1913 dokumentierte er Hodlers Arbeit an den Wandgemälden im Rathaus in Hannover in einer Folge von Kreidelithographien.
Zu der vorliegenden Radierung sind eine Vorzeichnung, ein Ölgemälde von 1911 in Privatbesitz bekannt, sowie verschiedene Skizzenbuchblätter mit Porträtstudien, die in Typus und Stil von Hodlers zahlreichen Selbstbildnissen inspiriert scheinen.
Ferdinand Hodler (1853-1918) hatte bei dem Vedutenmaler Ferdinand Sommer in Thun gelernt, studierte später in Genf an der dortigen Ecole des

Beaux Arts. In seinen monumentalen Wandbildern wandte er sich historischen Themen zu. Er hat sich, ähnlich wie Corinth, immer wieder selbst porträtiert. Rund 100 Selbstbildnisse dokumentieren seine künstlerische Biographie.

Ausst.Kat. Bonn 1973, Nr. 189; Jura Brüschweiler, Ferdinand Hodler, Selbstbildnis als Selbstbiographie, Bern 1979; Ausst.Kat. Berlin 1983, Kat. Nr. 154, Abb. 77 (mit weiterer Literatur)

103
Selbstbildnis im Profil
1910
Radierung
245 x 210 mm
bez. u. r.: Emil Orlik 1910
erworben 1961 von der Galerie Wolfgang Ketterer, Stuttgart
AZ 2885
Abb. 52

Orlik hat sich selbst verschiedentlich in Zeichnungen und Radierungen festgehalten. In der Radierung von 1910 wählte er die Ansicht im Profil von rechts. So kommt der Profillinie als Ausdrucksträger besondere Bedeutung zu. Der Blick ist durch die Gläser der kleinen, runden Brille nach vorne gerichtet, die Augen bleiben verschattet. Wie in seinen anderen Porträts, die Orlik selbst stets als „Köpfe" bezeichnet hat, ist auch hier der Oberkörper nur in Umrissen angedeutet, der Charakterkopf dagegen detailliert ausgearbeitet. Die Darstellungsweise ist zugleich deskriptiv und impressionistisch, auf Flächen und Umrißlinien reduziert. In der Anwendung verschiedener Radiertechniken, wie der Roulette, erreicht Orlik eine flirrende Oberflächenwirkung auf den beleuchteten Flächen, an Wangen, Hals und Haar. Die über den Grund verstreuten Spuren der Roulette bewirken die Einbindung der Figur in einen atmosphärischen Bildraum. Hier zeigt sich Orlik, der sonst gerne mit dem durchdringenden Blick des Porträtisten andere bei der Arbeit beobachtete, selbst in der Rolle des Beobachters. Der Typus des Profilbildnisses ist bei Orlik bewußt als Stilmittel gewählt.
Orlik bediente sich bei seinen Porträts eines Glastafelapparates, „um ein möglichst objektives und detailliertes Abbild des Porträtieren zu geben" (Matsche). Manche seiner Künstlerbildnisse entstanden, wie allgemein üblich, auch nach zeitgenössischen Porträtphotographien. Seine „Köpfe" sind Studien des menschlichen Gesichts als „einer Art von morphologischer Landschaft" (Matsche).
Orlik war ein Chronist des Künstlers bei der Arbeit. Seine Porträts wirken wie Momentaufnahmen. Orlik hat zahlreiche prominente Persönlichkeiten des Theater- und Kulturlebens in Wien und Berlin zwischen 1900 und 1930 im Bildnis festhalten. Die Eigentümlichkeit seiner Künstlerbildnisse besteht darin, daß er sich in Ausdruck und Darstellungsweise seinen Modellen anzuverwandeln weiß.

Thieme-Becker XXVI, 1932, S. 51 f.; Ausst.Kat. München 1972, Weltkulturen und moderne Kunst, München 1972; Ausst.Kat. Bonn 1973, Passau 1973, S. 105 ff. und Kat.Nrn. 205-207; Ausst.Kat. Braunschweig 1976, Kat.Nr. 302, Abb. S. 153; Ausst.Kat. Braunschweig 1976, Kat.Nr. 302, Abb. S. 153; Ausst.Kat. Berlin 1983, Kat.Nr. 164, Abb. 1

Kat.Nr. 103, Abb. 52
Emil Orlik, Selbstbildnis im Profil, 1911

Lovis Corinth (Tapiau/Ostpreußen 21.7.1858 - 17.7.1925 Zandvoort/Holland)

Biogr. vgl. Kat.Nr. 80

104
Selbstbildnis, radierend
1909
Kaltnadel
bez. o. l. in der Platte: LC (Monogramm) 1909
bez. u. r.: Lovis Corinth
Pl.: 198 x 155 mm
erworben 1955 von der Galerie Wolfgang Ketterer, Stuttgart
AZ 1927
Abb. 7

Corinth zeigt sich in gestreiftem Hemd und mit gelockterter Kravatte im Atelier. Er radiert sein Selbstbildnis vor dem Spiegel. In der Linken die Platte, in der Rechten den Radierstift, hält er im Zeichnen inne und fixiert mit scharf beobachtendem Blick sein Ebenbild. Der Abzug von der Druckplatte gibt das spiegelverkehrte Bildnis seitenrichtig wieder. Corinth hat sein Porträt in etwa 42 Gemälden, 70 Radierungen und zahlreichen Zeichnungen festgehalten. Während nur zwei gemalte Selbstbildnisse aus der Zeit vor 1900 existieren, nimmt nach der Jahrhundertwende die Zahl der Selbstbildnisse zu. Corinth hatte in späteren Jahren die Angewohnheit, sich jeweils an seinem Geburtstag zu porträtieren. Charlotte Berend zitiert im Vorwort zu Corinths Autobiographie seine Notiz: „Lebensbeschreibung oder Biographie: Der Maler würde es ein durch Worte geschaffenes Selbstporträt nennen. Selbstporträts habe ich bereits die schwere Menge hinter mir, von Biographien einige, das Merkwürdigste ist, alle fallen anders aus, trotzdem der innerste Charakter immer zutage kommt. Siehe Rembrandt." So erscheinen seine Selbstbildnisse, wie diejenigen van Goghs, Munchs, Hodlers oder Beckmanns, als Zeugnisse der Selbstbefragung an entscheidenen Orten seiner künstlerischen Biographie.

Schwarz 1922, Nr. 34; Leo Michelson, Corinths letzte Tage in Amsterdam, in: Kunst und Künstler, XXIV, 1926, S. 11; Lovis Corinth, Selbstbiographie, hrsg. von Charlotte Berend-Corinth, Leipzig 1926; Hans-Jürgen Imiela, Die Porträts Lovis Corinths, Phil. Diss. Mainz 1956; Siegfried Gohr, Homo melancholicus. Das Selbstverständnis Corinths, in: Ausst.Kat. Köln 1976; Joachim Heusinger von Waldegg, Tradition und Aktualität. Über Corinths Selbstbildnisse und einige andere Motive, in: Ausst. Kat. Essen 1985, S. 62-64; Stückelberger 1996, S. 149-165; Barbara Butts, „Wie ich das Radieren lernte", Corinth als Graphiker, in: Ausst.Kat. München 1996, S. 77-86

105
Wilhelm Trübner
1913
Kaltnadel
bez. in der Platte o. r.: Wilhelm Trübner Lovis Corinth 1913, 29. April. Nach dem Leben ohne Bart.
bez. u. r.: Lovis Corinth
Pl.: 290 x 240 mm
Alter Bestand
Inv. K I 1050
Abb. 53

Kopf und Oberkörper des Malers Wilhelm Trübner sind im Dreiviertelprofil von rechts wiedergegeben. Die tiefschwarzen Linien modellieren das stark verschattete Gesicht vor neutralem Grund. Der kurzgeschorene Schädel mit dem dunklen Haar, die dichten buschigen Brauen über den verschatteten Augen, die lange, gebogene Nase, der kleine Oberlippenbart über dem schmalen Mund und das kräftige Kinn beschreiben Trübners Physiognomie. Sie entsprechen Corinths präziser Schilderung aus dem Jahre 1913: „Seine hellen blauen Augen mit kleinen schwarzen Pupillen sehen scharf jeden Gegenstand aufs Malen hin an. Die braunen Haare wachsen, trotz seiner sechziger Jahre, in üppier Fülle (...) Eine grade

Kat.Nr. 105, Abb. 53
Lovis Corinth, Wilhelm Trübner, 1913

kräftige Nase ragt aus dem farbig roten Gesicht heraus, wie der Turm zu Damaskus."
Seit dem Schlaganfall 1911 wirkt sich die Handschrift Corinths in den graphischen Arbeiten in einer expressiven Strichführung aus. Wie peitschender Regen sind die Linien in der Schräge von links oben nach rechts unten in die Platte eingegraben. Die Technik der Kaltnadelradierung trägt zur impressionistischen Wirkung des Blattes bei.
Corinth kannte Wilhelm Trübner (1851-1917) aus seinen Studienjahren in München. Er hatte auf Anraten Feuerbachs 1867 an der Karlsruher Kunstschule studiert, bevor er 1868 an die Akademie nach München ging. Neben Wilhelm Leibl und seinem Kreis wandte er sich unter dem Eindruck der Malerei Courbets und der Schule von Barbizon einer naturalistischen Genre- und Landschaftsmalerei zu, die später immer stärker impressionistische Züge aufnahm. 1896 verließ er München und lehrte von 1896 bis 1903 Lehrer am Städelschen Kunstinstitut in Frankfurt, danach an der Karlsruher Akademie.
1913 verfaßte Corinth einen Artikel über Wilhelm Trübner und seine Studienzeit in München in der Zeitschrift „Kunst und Künstler". Darin bezeichnet er sich als seinen Schüler und verglich die Wirkung der Bilder Trübners mit derjenigen Manets: „Was in sein Atelier kam, malte er (...) Dazu kam noch ein Spiegel, denn für jede Epoche seines Lebens hat er ein Selbstportät gemalt, gleich Rembrandt, sodaß man schon nach diesen Bildern seine Biographie schreiben könnte." Die kraftvolle Handschrift Corinths und der beobachtende Blick von der Seite zeichnen ein intimeres Bild des Malers als Trübners Selbstbildnis von 1913 (Karlsruhe, Staatliche Kunsthalle).

Lovis Corinth, Wilhelm Trübner, in: Kunst und Künstler 11, 1913, S. 452-463; Müller 1960, Nr. 453; Ausst.Kat. Heidelberg 1995, Wilhelm Trübner 1851 - 1917, Kurpfälzisches Museum der Stadt Heidelberg 1994, Kunsthalle der Hypo-Kulturstiftung München 1995, Heidelberg 1995, Kat. Nr. 107, Abb. S. 293

106
Der Künstler und der Tod II
1916
Kaltnadel
bez. u. r.: Lovis Corinth
bez. u. l.: Zustand 6, Druck I,2
Pl.: 175 x 120 mm
Alter Bestand
MG 1967/155
Abb. 54

Die Kaltnadelradierung enstand 1916, zwanzig Jahre nach dem Gemälde „Selbstbildnis mit Skelett

Kat.Nr. 106, Abb. 54
Lovis Corinth, Selbstbildnis mit Skelett, 1916

von 1896" (München, Städtische Galerie im Lenbachhaus). Anders als dort zeigt sich Corinth hier mit Zeichenblock und Stift (oder Platte und Radiernadel) stehend, in halber Figur vor dem Spiegel. Er fixiert sein Spiegelbild, das anatomische Studienmittel steht vor ihm und verdeckt sein Bildnis fast zur Hälfte. Der Schädel des Skeletts überragt den Kopf des Malers, überschneidet ihn sogar, ist jedoch nach links, von ihm abgewandt. An der Rückwand des Ateliers lehnen Bilderrahmen, darüber hängt ein Stierschädel mit geschwungenen Hörnern. Eine Tür führt in weitere Räume des Ateliers. Das Verschmieren der Farbe in den Ritzen der Kaltnadelarbeit erzeugt malerische Hell-Dunkel-Effekte. Die charakteristische Handschrift und die Überschneidung der Figuren bewirkt einen Doppeleffekt: Der Maler steht im Dialog mit sich selbst vor dem eigenen Spiegelbild und als Lebender im Dialog mit dem Toten. Der Betrachter setzt Beides in Beziehung, da Maler und Tod im Schwarz-Weiß zu einer gemeinsamen Silhouette vor hellem Grund verschmelzen. Das Skelett, lediglich Lehrmittel im Atelier, kann dem Maler den Blick auf sein Ebenbild nicht verstellen. Der Knochenmann wird neben dem Künstler durch das Mittel der Malerei ins Bild gebannt. Gegenüber dem vitalen Selbstbildnis mit Skelett von 1898 scheint der Blick des Malers auf den Tod, vielleicht angesichts des 1911 erlittenen

Schlaganfalls, wie ein Überwinden des Todes durch Malerei. Corinths Selbstbildnisse erscheinen so als Teil seines künstlerischen Lebensprotokolls.

Schwarz 1922, Nr. 239; Heusinger von Waldegg 1986; Zdenek Felix, Der Werdegang eines Außenseiters, in: Ausst.Kat. Essen 1986, Abb.16; Adolphs 1993, S. 380-384; Stückelberger 1996, Abb. 40 u. 45

Max Slevogt (Landshut 8.10.1868 - 20.9.1930 Neukastel)

Biogr. vgl. Kat.Nr. 82

107
Selbstbildnis, rauchend, zeichnend
1918
Kaltnadel
2. von 4 Probedrucken
Pl.: 255 x 200 mm
bez. u. r.: Slevogt
erworben 1954 von der Kunsthandlung Gauss, München
AZ 1752
Abb. 55

Slevogt stellt sich selbst hinter dem Schreibtisch dar, den Zeichenstift in der Rechten. Block oder Platte sind schräg vor ihm auf die Tischplatte gelehnt, deren Kante den unteren Bildrand berührt. Der linke Ellenbogen ist auf den Tisch aufgestützt, die Finger der linken Hand gegen die Stirn gestemmt, zwischen Zeige- und Mittelfinger steckt die glimmende Zigarre. Den Oberkörper leicht nach vorne geneigt sucht Slevogt sein Bildnis im Spiegel. Konzentriert richtet er den Blick durch die kleinen Gläser der runden Brille auf sein Gegenüber und fixiert den Arbeits- und Denkprozeß auf dem Papier. Der Kopf und die Details der Physiognomie sind dabei Hauptgegenstand seines Interesses und stärker ausgearbeitet als die Details des hellen Anzugs, die dunkle Weste oder die gestreifte Kravatte. Slevogts Selbstbildnis ähnelt den Selbstporträts Corinths, zeigt jedoch in seiner Bonhommie und im Akt des Zeichnens am Arbeitstisch sein Interesse am Entstehungsprozeß. Slevogts Duktus ist impressionistischer als der Corinths, ruhiger und gelassener in der Strichführung und im Habitus. Slevogt hat sein Selbstbildnis immer wieder in verschiedensten Posen in Zeichnungen und Gemälden festgehalten. Dabei beobachtet er sich in den verschiedensten Situationen, weniger psychologisierend als erzählend, beschreibend und kommentierend hält er in malerischem Duktus 1930 sogar sein Selbstbildnis in Unterhosen fest.

Kat.Nr. 107, Abb. 55
Max Slevogt, Selbstbildnis am Zeichentisch, 1918

Ausst.Kat. Braunschweig 1967, Kat. Nr. 359, Abb. S. 177; Norbert Suhr, Max Slevogt als Graphiker, in: Ausst.Kat. Saarbrücken 1992, S. 75-93

Curt Herrmann (Merseburg 1.2.1854 - 13.9.1929 Erlangen)

Biogr. vgl. Kat.Nr. 79

108
Porträt des Malers Otto Mueller
um 1914
Schwarze und weiße Kreide
585 x 460 mm
erworben 1972 als Geschenk der Familie Fritz H. Herrmann
AZ 4144
Abb. 56

Es handelt sich um eine Kompositionsskizze zu dem gemalten Bildnis Otto Muellers (1874-1930) von 1914 (vgl. Kat.Nr. 79). Der Kopf ist leicht ins Dreiviertelprofil nach rechts gewandt, der Blick gesenkt. Kopf, Hals und Schulteransatz sind aufgelöst in ein System eckig gebrochener Linien, die den Kontur des Kopfes und die Achse des Gesichtes im Bild festlegen. Weich und flächig sind dagegen das schwarze Haar und die Pupillen der Augen

Kat.Nr. 108, Abb. 56
Curt Herrmann, Otto Mueller, 1914

unter den kräftigen Brauen angegeben. Der Porträtkopf steht frei vor dem Papiergrund. Am rechten Rand des Blattes deutet eine dunkle Fläche Raumgrund an. Der Impressionist Herrmann unterlegt das Bildnis mit einem konstruktiven Liniengerüst, das sich in den formalen Mitteln den künstlerischen Intentionen des Dargestellten auf eine seltsame Art anzunähern scheint.

Ausst.Kat. Kassel 1991, Kat. Nr. 28 mit Abb. und weiterer Literatur

Emil Nolde (Nolde/Nordschleswig 7.8.1867 - 13.4.1956 Seebüll)
Von 1884 bis 1888 studierte Nolde in Flensburg, ab 1889 an der Kunstgewerbeschule in Karlsruhe. Von 1892 bis 1898 unterrichtete er an der Gewerbeschule in St. Gallen. 1898 studierte er bei Friedrich Fehr in München, 1899 bei Adolf Hölzel in Dachau. 1900 ging er an die Akademie Julian in Paris und reiste nach Italien. 1902 ging er nach Berlin. Seit 1903 zog er sich mehrfach auf die Insel Alsen zurück. 1906 machte er die Bekanntschaft von Christian Rohlfs in Soest. Er wurde Mitglied der *Brücke.* 1911 reiste er nach Holland und Belgien, und traf dort James Ensor. 1913 und 1924 unternahm er eine Expreditionsreise nach Neuguinea. 1917 zog er nach Unterwarf in Nordschleswig. Seit 1927 lebte und arbeitete er in Seebüll und lebte im Winter zeitweilig in Berlin.

109
E. N. (Selbstbildnis)
1918
Linien- und Tonätzung
sign. u. r.: Emil Nolde
Bl.: 510 x 375 mm
Pl.: 310 x 238 mm
erworben 1953 vom Kunstkabinett Roman N. Ketterer, Stuttgart
AZ 1532
Abb. 57

In seinem Selbstbildnis von 1908, einer sensiblen Tonätzung, blickt Nolde mit großer Intensität auf sein gegenüber im Spiegel. Der rundliche Kopf mit der hohen, kahlen Stirn füllt nahezu die gesamte Fläche des Blattes. So wird das Blatt selbst zum Spiegel, in dem die Gestalt des Malers schemenhaft aufscheint. Die Technik der Linien- und Tonätzung nähert das Blatt in der malerischen Wirkung seinen Gemälden und Aquarellen an. Der Kopf scheint in der flackernden Beleuchtung von links mit dem Bildgrund zu verschwimmen. Die Tonätzung schafft einen körnigen grauen Flächengrund, vor dem sich die Strichätzung mit härteren und klaren Linienzügen abhebt und Umriß und Binnenstrukturen des Kopfes in tiefschwarzen Linien festhält.
Die Radierung steht in der Wirkung auch dem Selbstbildnis im Aquarell (München, Staatliche Graphische Sammlung) nahe, in dem Nolde mit dem weichen Pinsel und den wässrigen Farben den in Violett, Azurblau und Goldgelb aufleuchtenden Kontur des Kopfes im Umriß verschwimmen läßt. Die malerische Wirkung und die Nahsicht, der offene Blick und die feine Strichführung zeichnen den Maler als ein sensibles Wesen außerhalb von Raum und Zeit. „Es ist der Künstler ein sensibles, licht- und lärmscheues Wesen, oft leidend, sich verzehrend in Sehnsucht. (...) Hinter Mauern lebt der Künstler, zeitlos, selten im Flug, oft im Schneckenhaus.“ (Emil Nolde, Brief an Max Sauerlandt, 9.10.1926)
Anders als in der expressionistischen Graphik der Brücke-Künstler, zeigt sich in Noldes druckgraphischem Werk eine betont malerische Bildwirkung, die seinen Selbstbildnissen innerhalb des Künstlerbildnisses im Expressionismus eine ganz eigene Stellung zukommen läßt.

Schiefler-Mosel 1966, Bd. I, Nr. 89 II; Ausst.Kat. Braunschweig 1967, Kat. Nr. 294, Abb. S. 148; Ausst.Kat. Emil Nolde, Aquarelle und figürliche Ra-

Kat.Nr. 109, Abb. 57
Emil Nolde, Selbstbildnis, 1918

dierungen, Westfälisches Landesmuseum für Kunst- und Kulturgeschichte, Münster 1991, bearb. von Erich Franz und Annegret Rittmann, Kat.Nr. 119; Ausst.Kat. Boston 1995, Emil Nolde. The Painter's Prints, Museum of Fine Arts Boston, County Museum Los Angeles, Boston 1955, Kat.Nr. 43, Abb. S. 170 (mit weiterer Literatur)

Hermann Kätelhön (Hofgeismar 22.9.1884 - 24.11.1940 München)
Kätelhön begann zunächst eine Ausbildung als Keramiker, ab 1908 studierte er in München graphische Techniken bei Peter Halm, von 1903 bis 1905 besuchte er die Kunstschule Karlsruhe, bis 1907 die Münchner Kunstakademie. 1908 kam er nach Willingshausen und schloß sich dem Kreis um Carl Bantzer, Wilhelm Thielmann und Paul Baum an. Bis 1916 lebte und arbeitete er in der Künstlerkolonie Willingshausen und studierte Landschaft und Menschen der Schwalm. 1917 übersiedelte er nach Essen. Dort entstand bis 1940 der Zyklus „Arbeit", in dem er Leben und Arbeiten im Ruhrgebiet festhält. Auf der Margarethenhöhe in Essen richtete er 1929 eine Künstlerdruckerei ein. 1942 ging das gesamte graphische Werk als Stiftung in den Besitz des Karl-Ernst-Osthaus-Museums Hagen über.

110
Selbstbildnis
1917
Brauner Farbstift
sign. u. r.: Hermann Kätelhön Feb. 1917
Bl.: 410 x 260 mm
erworben aus dem Besitz Frau Toni Kätelhön
Lfd. Nr. 6054

Die Porträtstudie in braunem Farbstift steht im Typus und im Zeichenduktus der im gleichen Jahr entstandenen Zeichnung in schwarzer Kreide nahe (vgl. Kat.Nr.111).

Paul Heidelbach, Hermann Kätelhön zum Gedächtnis, in: Hessenland, 1943, Heft 1, S. 24f.; Ausst.Kat. Kassel 1965, Kat. Nr. 482

111
Selbstbildnis
1917
Schwarze Kreide
385 x 290 mm
erworben aus dem Besitz Frau Toni Kätelhön
Lfd. Nr. 6661

Der Maler stellt sich im Dreiviertelprofil von links dar und wendet sich über die linke Schulter dem Betrachter entgegen. Aus großen, weit geöffneten Augen blickt er forschend auf sein Gegenüber. Er legt Wert auf die naturalistische Durchformung der Details. Der massige Kopf, der fast halslos auf dem Körper aufsitzt, die hohe Stirn, das dünne, zurückgekämmte Haar, die kleine Nase, die vollen Lippe und das kantige Kinn sind mit Präzison und naturalistischer Genauigkeit geschildert. Außer dem Kopf ist noch der Ansatz der Büste angegeben. Die rechte Hand ist vor die Brust gelegt. Der fette Stift zeichnet weiche Schatten und gibt auch stoffliche Qualitäten des Bildnisses wieder.

Ausst.Kat. Kassel 1965, Kat.Nr. 476, Abb. S. 117; Ausst.Kat. Kassel 1980; Bantzer/Baeumerth 1988 (mit weiterer Literatur)

112
Der Maler Paul Baum
1921
Lithographie
bez. u. l.: Druck Nr. 14
bez. u. r.: Hermann Kätelhön
Bl.: 600 x 405 mm
Motiv: 500 x 350 mm
AZ 2089

Hermann Kätelhön hat den Landschaftsmaler Paul Baum (vgl. das Porträt von Lovis Corinth, Kat.Nr. 80) mehrfach im Bildnis festgehalten. Die kräftige Lithographie von 1921 zeigt den 62jährigen Maler en face und in halber Figur. Der ausdrucksvolle Kopf mit dem kurzgeschoren, schütteren Haar, den wachen Augen, den feinen Gesichtszügen, mit kleinem Schnur- und Kinnbart ist in seinen charakteristischen Zügen umrissen. Dem Blatt geht die feinlinige Kaltnadelradierung von 1920 voraus, die Paul Baum im halber Figur im Profil von rechts zeigt.

Ausst.Kat. Kassel 1965, Kat.Nr. 486, Abb. S. 95

Max Beckmann (Leipzig 12.2.1884 - 27.12.1950 New York)
1900-1903 besuchte Beckmann die Großherzogliche Kunstschule Weimar. 1903 reiste er nach Paris und machte die Bekanntschaft Edvard Munchs. Es folgten weitere Reisen nach Amsterdam und Genf. 1904 zog er nach Berlin. 1906 ging er als Stipendiat der Villa Romana nach Florenz. 1908 wurde er Mitglied der Berliner Secession, in deren Vorstand er 1910 gewählt wurde. 1914 und 1915 diente er als Sanitätssoldat. 1915 ließ er sich in Frankfurt nieder, wo er von 1925 bis 1933 an der Städelschen Kunstschule lehrte. Ab 1929 hielt er sich regelmäßig in Paris auf. Seine Werke wurden in der Ausstellung „Entartete Kunst“ verfemt, 1938 eröffnete er die Gegenausstellung in London. 1937 zog er nach Paris, von 1938 bis 1947 lebte er in Amsterdam. Seit 1947 lehrte er in den USA an der Washington University in St. Louis und übernahm 1949 eine Professur für Malerei am Brooklyn Museum in New York.

113
Selbstbildnis von vorn vor Hausgiebel
1918
Kaltnadel
Pl.: 305 x 255 mm
7/30
erworben 1954 von der Galerie Günter Franke, München
AZ 1608
Abb. 8

Beckmann stellt sich dem Betrachter frontal entgegen. Der Bildausschnitt überschneidet Stirn und Büste und bewirkt eine enge Konfrontation. Seine Gestalt im hellen Straßenanzug hebt sich ab vom dunkel schraffierten Grund. Im Hintergrund rechts ist der Ausschnitt eines Fensters zu erkennen. Der Schein einer Straßenlaterne wird durchkreuzt von der Dachschräge eines Hausgiebels. Der kantige Kopf ist klar umrissen, das Gesicht in Schraffen zerlegt, die den Schädel plastisch modellieren. Die Schattenbahnen auf der rechten Gesichtshälfte lokalisieren die Lichtquelle rechts im Bild. Der Blick wirkt wie erstarrt, die schmalen Lippen sind eng aneinander gepreßt. Die großen mandelförmigen Augen mit den dunklen Pupillen haben einen abwesenden Ausdruck. Die Technik der Kaltnadel gibt der Darstellung eine harte Wirkung.
Das Blatt gehört nicht zu der Mappe „Gesichter“ von 1917, steht aber inhaltlich wie formal zwischen diesem Zyklus und der Mappe „Die Hölle“ von 1919. Dort zeigt sich Beckmann auf dem Nachhauseweg unter Straßenlaternen vor einer Häuserzeile, die wirkt wie die expressionistische Kulisse zu dem Stummfilm „Das Kabinett des Dr. Caligari“. Beckmann erlebte das Ende des ersten Weltkrieges in Frankfurt. In den Selbstbildnissen der Nachkriegszeit schilderte er seine Begegnungen mit den geschundenen Menschen und der Stadt.
Kaum ein deutscher Künstler des frühen 20. Jahrhunderts hat so viele Selbstbildnisse geschaffen wie Max Beckmann. Bekannt sind insgesamt etwa 42 Gemälde und rund 20 graphische Arbeiten, nicht hinzugerechnet die in Gruppenbildern und Straßenszenen verborgenen Selbstporträts. Beckmann hielt sich kaum an tradierte Formen des Künstlerbildes, sondern zeigte sich in verschiedenen Rollen, als arrivierter Künstler in der Gesellschaft, im verfremdenden Ball- oder Faschingskostüm, im Nachtleben der Großstadt, in Hotels, Bars oder Variétés. Stets ist er Selbstdarsteller und kritischer Beobachter zugleich und entwirft damit ein eigenwilliges Bild von seiner Rolle als Künstler in der Zeit zwischen den beiden Weltkriegen.

Glaser 1924, 106; Gallwitz 1962, 96; Ausst.Kat. München 1984, Kat. Nr. 238

114
Selbstbildnis (Der Ausrufer)
1921
Kaltnadel
Pl.: 340 x 250 mm
bez. u. r.: Beckmann
erworben 1953, Kunstkabinett Norbert Ketterer, Stuttgart
AZ 1512

Beckmanns „Selbstbildnis als Ausrufer“ steht als Blatt 1 am Beginn der Mappe „Der Jahrmarkt“, die zehn Drucke zum Themenkomplex Zirkus, Variété und Fastnacht enthält. Beckmann interpretiert sein Selbstbildnis als Rollenporträt. Er ist Betreiber des CIRCUS BECKMANN und eröffnet seinem staunenden Publikum einen Einblick in den Jahr-

markt des Lebens. Wie ein Ausrufer läutet er die Glocke, wirbt für seine Sicht der Welt.
Anregungen zu dem Zyklus „Jahrmarkt“ fand Beckmann in Frankfurt vor allem im Variété Schumann: „Beckmann ging nicht eben häufig in die Oper oder ins Schauspiel, aber er besuchte regelmäßig das Variété im Schumann-Theater. Er kannte sich genau in der Artistenwelt aus und hat mir oft erklärt, daß hier allein noch eine ununterbrochene Tradition erhalten werde, die sich in den Figurationen der Parterre-Akrobaten bis in alt-ägyptische Zeiten zurückleiten läßt, mit dem Gerät der Jongleure und sogar in den Dankesbezeugungen der Artisten für den Beifall.“ (Benno Reifenberg, in: Frankfurt 1, 1956)
Die graphischen Mappen der 20er Jahre begann Beckmann in der Regel mit einem Selbstporträt: so den Lithographiezyklus „Die Hölle“ (1919), die Mappe „Gesichter“ und „Die Berliner Reise“ (1922). Beckmanns Künstlerbild ist neuartig und eigenwillig. Er löste sich von tradierten ikonographischen Bildformeln. Dabei lokalisierte er im Gegensatz zu Rebellen und Provokateuren wie Otto Dix oder George Grosz und Außenseitern wie Ludwig Meidner seinen Platz sowohl innerhalb der Gesellschaft wie in kritisch-beobachtender Distanz zu seiner Umgebung.

Glaser 1924, 166; Gallwitz 1962, 163; Zenser 1984 (mit weiterer Literatur); Erpel 1985; Max Beckmann, Die soziale Stellung des Künstlers (1927), in: Ausst.Kat. Hamburg/München 1993, S. 53; Schneede 1993, S. 3-16; von Maur 1994, S. 13 ff.

Erich Heckel (Döbeln/Sachsen 31.7.1883 - 27.1.1970 Hemmenhofen/Bodensee)
Heckel war seit seiner Schulzeit mit Karl Schmidt-Rottluff befreundet. Von 1904 bis 1905 studierte er Architektur an der TH Dresden, wo er sich mit Ernst Ludwig Kirchner anfreundete. 1905 gründeten die Architekturstudenten gemeinsam mit Fritz Bleyl die Künstlergruppe „Die Brücke“, der auch Max Pechstein, Otto Mueller und Emil Nolde beitraten. 1911 zog Heckel nach Berlin. 1912 malte er gemeinsam mit Kirchner in Köln die Kapelle der „Sonderbundausstellung“ aus. 1913 löste sich „Die Brücke“ auf. In Berlin traf Heckel mit Franz Marc, August Macke und Lyonel Feininger zusammen. Von 1915 bis 1918 war er Sanitätssoldat in Ostende, wo er Max Beckmann begegnete und sich mit James Ensor anfreundete. 1918 kehrte er nach Berlin zurück. 1922 entstand der Zyklus von Wandmalereien im Angermuseum in Erfurt. 1937 wurde sein Werk als „entartet“ gebrandmarkt. 1944 zog sich Heckel nach Hemmenhofen am Bodensee zurück. 1949 übernahm er einen Lehrauftrag an der Akademie der Bildenden Künste in Karlsruhe. Die Maler der Brücke entwickelten ähnlich den „Fauves“ in Frankreich eine „wilde“ Malerei von expressiver Farbigkeit. Heckel gehörte zu den wichtigsten Vertretern der ersten Generation des Expressionismus in Deutschland.

115
Selbstbildnis
1915
Gouache (Aquarell und Tempera)
650 x 520 mm
erworben 1966 von Karlheinz Gabler, Frankfurt/Main
MG 1966/2
Abb. 58

Heckel zeigt sich in halber Figur vor der Rückwand eines Raumes, den ein blauer Kamin mit Spiegelaufsatz dominiert. Übergroß scheint der Kopf des Malers auf den schmalen Schultern des schmächtigen Körpers zu lasten. Der markante, eckige Schädel mit hoher Stirn und gelichtetem Haar ist durch die expressive Buntfarbigkeit, die scharfe Beleuchtung von oben und die frontale Ansicht nochmals eigens akzentuiert. Im Bereich des Kopfes dominieren Ockergelb auf Stirn und Wangen,

Kat.Nr. 115, Abb. 58
Erich Heckel, Selbstbildnis, 1915

Rotbraun an Ohren und Nasenrücken, kirschrot am Mund, Braun und Schwarz in Haar und Brauen. Der über einem leuchtenden Violett in Schwarz angelegte Pullover mit olivgrünem Kragen wirkt dagegen flächig. Der erhobene rechte Arm wird vom Bildrand auf Höhe des Ellenbogens überschnitten und deutet eine verhaltene Bewegung an. Der linke Arm ist abgewinkelt, die Hand hängt schlaff herab, als lehne sich der Maler an einen Gegenstand an. Rechts im Hintergrund ist die Lehne eines Stuhls erkennbar. Das Abschlußsims des Kamins liegt auf einer Linie mit den mandelförmigen Augen, die durch die aufgesetzten weißen Glanzlichter einen fixierenden und zugleich abwesenden Ausdruck erhalten. Auf dem Kaminsims sind in dekorativer Reihung zu beiden Seiten eines Spiegels grüne und blaue Glasflaschen aufgestellt. Der Rahmen des Spiegels zeigt ein ornamentales Muster in Braunrot. Die beengende Dichte der Komposition erzeugt einen Ausdruck depressiver Stimmung und Einsamkeit. Das *Selbstbildnis vor blauem Kamin* entstand 1915 in Ostende, wo Heckel seit Beginn des Krieges als Sanitäter beim „Roten Kreuz“ tätig war. Das Blatt erreicht im Format, der Dichte der Komposition und der expressiven Farbigkeit die eindringliche Wirkung eines Gemäldes.

Kaiser 1977, Farbtaf. 25; Ausst.Kat. Karlsruhe 1983, Erich Heckel, Aquarelle und Zeichnungen, Städtische Galerie im Prinz-Max-Palais Karlsruhe, Baden-Baden 1983, Kat.Nr. 67, Abb. S. 157

116
Selbstbildnis
1917
Holzschnitt
365 x 205 mm
bez. u. r.: Erich Heckel 17
erworben 1961 von Karl Haase-Halver, Kassel
AZ 2999

Heckel wählte für sein Selbstbildnis die Technik des Holzschnitts, der bei den Künstlern der „Brücke“, wie schon bei Gauguin, wegen der expressiven Wirkung der in den Druckstock geschnittenen Flächen und Linien eine neue Blüte erlebte. Heckel gab dem Blatt einen bildhaften Rahmen. Er zeigt sich im Dreiviertelprofil von rechts und konzentriert sein Porträt auf Kopf und Halsansatz. Der schmale Schädel mit der hohen Stirn ist in das Liniengeflecht des Hintergrundes und des Bildrahmens eingespannt. Das Gesicht wird von kantigen Graten und fächerförmigen Linienbündeln in einzelne Flächen zerteilt. Rechts bezeichnen parallele Linien einen Vorhang. Die geschwungenen Blätter einer Topfpalme links geben dem Intérieur Tiefenräumlichkeit.

Das Blatt erschien 1919 auf dem Titel der expressionistischen Zeitschrift „Der Anbruch“, die zwischen 1919 und 1923 von dem Berliner Galeristen I. B. Neumann herausgegeben wurde. Sie enthielt neben expressionistischer Druckgraphik auch Lyrik und Prosa des literarischen Expressionismus.

Dube 1964, Nr. 306 A; Whitford 1987, S. 96

117
Selbstbildnis
1919
Vierfarbholzschnitt
bez. u. r.: Erich Heckel 19
Bl.: 670 x 485 mm
Druckstock: 463 x 325 mm
MG 1965/12
Farbtaf. 6

In dem maskenhaften Selbstbildnis von 1919, das in der knappen Formensprache des Holzschnitts sicher zu den spannungsreichsten und eindrucksvollsten Arbeiten Heckels gehört, verwendet er vier farbige Druckstöcke. Im Dreiviertelprofil nach rechts gewandt, stützt er den Kopf in die ineinandergelegten Hände. Der übergroße Kopf mit der hohen kahlen Stirn sitzt auf einem langen Hals und ragt dominant aus der tiefschwarzen Fläche des Oberkörpers heraus. Das Gesicht mit den übergroßen, mandelförmigen Augen unter dichten Brauen erhält durch kantig geschnittene Linien eine feine Binnenstruktur. Das kurze Haar wird zu einer schwarzen Fläche konzentriert. Die Stirn ist vom oberen Blattrand überschnitten. Der enge Bildausschnitt und die Nahsichtigkeit steigern die Präsenz des Bildnisses. Durch den abwesenden Blick und das Aufstützen des Kinns in die Hände ist die Wirkung des Porträts melancholisch und verhalten.
Zeichnung und Druckgraphik wurden von den Künstlern der „Brücke“ als Kunstgattungen eigenen Wertes geschätzt und besonders gepflegt. Seit 1906 gab die Gruppe gemeinschaftlich eine Graphikmappe heraus, Heckel entwarf die Titelgraphik.

Dube 1964, Nr. 318; Nr. 318. Ausst.Kat. Karlsruhe 1983, Erich Heckel und sein Kreis. Dokumente, Fotos, Briefe, Schriften, gesammelt und ausgewählt von Karlheinz Gabler, Städtische Galerie im Prinz-Max-Palais Karlsruhe, Baden-Baden 1983

Conrad Felixmüller (21.5.1897 Dresden - 24.3.1977 Berlin)

Biogr. siehe Kat.Nr. 87

118
Selbstbildnis
1913
Radierung
bez. i. d. Platte: FM 13
255 x 175 mm
erworben 1961 von Wolfgang Ketterer, Stuttgart
AZ 2860

In dem frühen Selbstbildnis vom 1913, einer feinlinigen Radierung, setzt Felixmüller seinen Kopf frei vor den neutralen Grund. Durch den zarten Plattenton und den fahrigen Umriß wirkt das Gesicht wie eine Erscheinung. Die Ansicht ist frontal, der abschweifende Blick durchdringt kaum die runden Brillengläser. Die Wahl der Radiertechnik und die Porträtauffassung ähneln mehr derjenigen Orliks oder Noldes (vgl. Kat.Nr. 109) als den expressiven Selbstbildnissen der folgenden Jahre (Kat. Nr. 119).

Söhn 1975, Nr. 21

119
Selbstbildnis
1919
Holzschnitt
bez. im Stock: FM 121
Bl.: 420 x 300 mm
Motiv: 240 x 170 mm
bez. u. r.: Felixmüller 20
erworben 1953 von Hein Gorny, Kassel
AZ 1443
Abb. 59

In seinem Selbstbildnis von 1919 experimentierte Felixmüller mit den Möglichkeiten des Holzschnitts und reduzierte seinen Kopf mit den kleinen, runden Brillengläsern im harten Schwarz-Weiß-Kontrast auf die Form einer Maske. Die Linien wirken wie geschnitzt, kantig wie Balken. Ein weißer Steg gibt den Umriß des Schädels an. Der Mund hat im Schnitt des Druckstocks die Form eines geäderten Blattes. Die Nase ist in eine beleuchtete weiße und eine verschattete schwarze Fläche geteilt. Die runden, spiegelnden Brillengläser um die mandelförmigen, geränderten Augenschlitze ohne Pupillen wirken wie weiße Löcher. Die hohe Stirn und das kurzgeschnittene Haar modellieren zackige Licht-Schatten-Kämme. Der kantige Kopf sitzt auf dem langen, mit schmalen Lichtgraten und Stegen modellierten Hals. Die Ohren sind auf den Umriß von Tassenhenkeln reduziert. „Ich trug damals das Haar ganz kurz geschitten, ohne Scheitel. Damit betonte ich die harte Form, in der ich zeichnete" (Felixmüller, Legenden, 1977).
Die erste Generation der Expressionisten machte sich die Wirkung des Holzschnittes als Ausdrucksträger zunutze. Die Reduktion auf Linien und Flächen, der harte Kontrast von Schwarz und Weiß, die Blockhaftigkeit der Formen und die Handwerklichkeit der Ausführung reizte sie zu vielfältigen Formexperimenten. Die Suche nach einer neuen Ursprünglichkeit der Kunst und das Studium der „Primitiven" brachten den Holz- und den Linolschnitt zu neuer Blüte.

Kat.Nr. 119, Abb. 59
Conrad Felixmüller, Selbstbildnis, 1919

Söhn 1975, Nr. 189 b; Conrad Felixmüller, Legenden 1912-1976, hrsg. von G. H. Herzog, Tübingen 1977; Whitford 1987, S. 94

120
Bildnis Franz Pfemfert
1919
Feder in Schwarz
bez. u. l.: Im März 1919
bez. u. r.: Franz Pfemfert
250 x 195 mm
MG 1969/15
Abb. 60

Felixmüller hat den Verleger Franz Pfemfert mehrfach porträtiert. Diese Porträtstudie steht, wie das Pendant (Alexandra Pfemfert, Graphische Sammlung, MG 1969/16), im Zusammenhang mit der 1919 entstandenen Lithographie (Söhn 1975, Nr.

Kat.Nr. 120, Abb. 60
Conrad Felixmüller, Franz Pfemfert, 1919

Kat.Nr. 121, Abb. 61
Conrad Felixmüller, Franz Pfemfert, 1923

195), die Pfemfert mit seiner Frau Alexandra darstellt. Zeichnungen und Radierung zeigen einen intimeren Charakter als die vier Jahre später entstandene Kreidelithograpie (Kat.Nr. 121).

121
Der Publizist Franz Pfemfert
1923
Kreidelithographie
bez. o.r. auf dem Stein: FM
sign. u. r.: Felixmüller 1923
Bl.: 460 x 360 mm
Motiv: 380 x 300 mm
MG 1969/4
Abb. 61

Die Kreidelithographie von 1923 zeigt den Verleger Franz Pfemfert (1879-1954) und ist dem im gleichen Jahre entstandenen Gemälde (Kat. Nr. 87) in der Porträtauffassung eng verwandt. Felixmüller zeigt den Herausgeber der Zeitschrift „Die Aktion" auch hier im Dreiviertelprofil von rechts, in halber Figur. Gegenüber dem Gemälde verzichtet er auf die Darstellung weiterer Gegenstände, wie der Schreibmaschine im Hintergrund. Der Kopf mit der markanten, spitzen Nase und der hohen Stirn erscheint stark vergrößert. Pfemfert, der zwischen den Fingern der aufgestützten rechten Hand eine glimmende Zigarette balanciert, posiert förmlich vor dem Betrachter. Der Ellenbogen ist vom Bildrand überschnitten. Anders als im Gemälde, wo Felixmüller auf die expressive Wirkung leuchtkräftiger Farben baut, setzt er hier gezielt eine expressive Strichführung ein und nutzt den weichen Kreidestift zur Abstufung des Schwarz-Weiß-Kontastes. In kantig gebrochenen Strichlagen zerlegt er Kopf und Körper in zackig-gebrochene und wellig-abgerundete Flächen. Ecken und Kanten verstärkt er, wie am Ellenbogen, durch ein feines Netz weißer Strahlen, die weitere Lichteffekte setzen. Das Porträt des Verlegers wird so zu einem Programmbild des Expressionsimus.

Söhn 1975, Nr. 315 b; Ausst.Kat.Bonn 1976, Abb. 82, Kat.Nr. 28

122
Der Maler Max Liebermann im Atelier
1926
Holzschnitt
sign. u. r.: C. Felixmüller 1926
bez. o. r. im Stock: FM
495 x 400 mm
erworben 1953 von Hein Gorny, Kassel
AZ 1442
Abb. 62

Der Holzschnitt gehört zu einer Serie von Künstlerbildnissen von ungewöhnlich großem Format, in denen Felixmüller verehrte und befreundete Berliner Künstler darstellte: Dazu gehören die Bildnisse des Literaten Carl Sternheim vor einer Bücherwand, (1925) das Porträt des Malerkollegen Lovis Corinth in seinem Atelier (1925), Christian Rohlfs vor einem Blumenstilleben (1927).

Felixmüller porträtierte den 78jährigen Max Liebermann (1847-1935) in seinem Atelier im Dachgeschoß seines Hauses am Pariser Platz (vgl. das Photo von Felix Mann von 1932, in: Ausst.Kat. Berlin/München 1989, S. 41). Links oben ist das Glasdachfenster des Ateliers zu erkennen, darunter an den Wänden Liebermanns berühmte Sammlung französischer Impressionisten. Liebermann erscheint mit Zeichenstift und Skizzenblock in den Händen und nicht – wie in seinen späten Selbstbildnissen – bei der Arbeit vor der Staffelei.

Gegenüber dem maskenhaften frühen Selbstbildnis wirkt der Holzschnitt von 1926 formal streng und beruhigt. Große dunkle Flächen und lebhafte schwarze Linien und weiße Stege stehen einander gleichgewichtig gegenüber, trennen Vorder- und Hintergrund und bezeichnen präzise jeden Gegenstand. Hierin wird die Abkehr Felixmüllers von expressiven Formen des ersten und zweiten Jahrzehnts und die Hinwendung zu einem ausdrucksvollen Realismus seit der Mitte der 20er Jahre sichtbar.

Kopf und Hände Liebermanns fallen auf durch die feinlinige Struktur und die strenge Umsetzung in ein System schwarzer und weißer Linien. Daß der Ausdruck des Gesichtes und der Hände Felixmüller schon beim Skizzieren der Porträtstudie faszinierten, ist seinem Bericht über die Porträtsitzung in Liebermanns Atelier zu entnehmen: „Wie ein alter Rabe saß Liebermann, in einem dunklen Anzug, versunken mir bei Zeichnen gegenüber: das breite Schwarz pointierte jedes schnittige Detail seines Gesichtes und die schlanken Finger schlangen sich wie Bündel ineinander. Alles war geistvolle Beherrschung selbtbewußter Künstlerpersönlichkeit, kein Bohemien oder Schwärmer." (Felixmüller, Legenden, 1977, S. 76 u. Abb. 77.)

Felixmüller versucht die Physiognomie des Kopfes und der Hände in das Schwarz-Weiß des Druckstockes zu übersetzen und zugleich Arbeitsatmosphäre und Lebensraum des Malers darzustellen. Für Felixmüller gehörte Beides zur Charakerisierung des Künstlers. In seinem an die Serie der Künstlerporträts anschließenden Holzschnitt „Selbstbildnis mit Zeichenstift" von 1929 bezieht sich Felixmüller auf das Bildnis Liebermanns zurück.

Söhn 1975, Nr. 366; Conrad Felixmüller: Als ich Max Liebermann zeichnete, in: Kunst und Künstler, Jg. 24, 1926, Heft 8; zit. nach: Ausst.Kat. Nürnberg 1981, S. 100 f.; Max Liebermann, Die Phantasie in der Malerei, Schriften und Reden, hrsg. u. eingel. von Günter Busch, Frankfurt am M. 1978; Peter Krieger, Max Liebermanns Impressionistensammlung und ihre Bedeutung für sein Werk, in: Ausst.Kat. Berlin 1979, S. 60-71; ebd. Kat.Nr. 132 mit weiterer Literatur; Kat. Düsseldorf 1986, S. 68 mit Abb.; Hermann Kunisch, Max Liebermanns Selbstbildnisse, in: Jahrbuch Preußischer Kulturbesitz, XXIV, 1987, S. 333-372; Whitford 1987, S. 88 ff.

Kat.Nr. 122, Abb. 62
Conrad Felixmüller, Max Liebermann, 1926

Ludwig Meidner (18.4.1884 Bernstadt/Schlesien - 4.5.1966 Darmstadt)
1901 begann er eine Lehre als Maurer zur Vorbereitung auf ein Architekturstudium. Seit 1903 besuchte er die Königliche Kunstschule in Breslau. 1905 ging er nach Berlin und verdingte sich als Modezeichner. 1906 studierte er in Paris. 1908 kehrte er nach Berlin zurück. Dort gründete er 1912 den Malerklub „Die Pathetiker" und stellte in Herwarth Waldens „Sturm"-Galerie aus. Im Café des Westens und im Café Größenwahn gehörte er zu den Zirkeln der literarischen Bohème des Expressionismus. Damals entstanden seine visionären, apokalyptischen Stadt- und Weltlandschaften, eine Reihe expressiver Porträts und Selbstbildnisse, sowie Illustrationen zu Werken expressionistischer Lyrik. 1914 ging er nach Dresden, kehrte

bei Kriegsbeginn nach Berlin zurück. 1916 wurde er eingezogen. 1919 schloß er sich kurzzeitig dem „Arbeitsrat für Kunst" und der „Novembergruppe" an, kehrte aber in den 20er Jahren dem Expressionismus und politischen Gruppierungen den Rücken, um sich verstärkt biblischen Themen zuzuwenden. Er verdingte sich als Buchillustrator und beim Film. 1924 übernahm er einen Lehrauftrag an einer Kunstschule in Berlin Charlottenburg. 1935 wurde er als „entarteter Künstler" gebrandmarkt. Er ging nach Köln und arbeitete als Zeichenlehrer an der jüdischen Schule „Jawneh". 1939 flüchtete er mit seiner Familie ins Exil nach England. 1940 wurde er auf der Isle of Man interniert. 1953 kehrte er nach Deutschland zurück. Er lebte und arbeitete bis 1955 in Frankfurt a. M. und von 1962 bis 1966 in Darmstadt.

123
Selbstbildnis
1919
Kreidelithographie
bez. a. d. Stein: LM 1919
630 x 500 mm
erworben 1960 von der Galerie Wolfgang Ketterer, Stuttgart
AZ 2729
Abb. 63

Kat.Nr. 123, Abb. 63
Ludwig Meidner, Selbstbildnis, 1919

Meidner stellt in seinem Selbstbildnis von 1919, einer kräftigen Kreidelithographie, seinen halslosen Kopf frei vor den leeren Grund. Er zeigt sich von vorn, wendet den Blick aus den stark hervorquellenden Augen jedoch nach rechts. Sein Kopf ist ins Häßliche verzerrt, die Proportionen überzogen. Charakteristische Merkmale wie die hohe, runde Stirn erscheinen ebenso wie die schmale, gratige Nase, die stark hervortretenden Wangenknochen und der schiefe Mund unter einem kleinen Oberlippenbart übermäßig betont. Die abstehenden Ohren haben einen flammenden Umriß. Der Zeichenduktus schwankt zwischen expressiver Gestik und überzeichnendem Verismus.
Meidner hat etwa vierzig Selbstbildnisse hinterlassen. Neben den Gemälden stehen zahlreiche Selbstdarstellungen in unterschiedlichen graphischen Techniken: Kaltnadel, Radierung, Holzschnitt, Lithographie. Während die gemalten Selbstbildnisse schon mit seiner expressionistischen Phase um 1912 einsetzten, begann die Serie der graphischen Selbstporträts erst nach 1918. Sie begleiten Meidner als ein Hauptthema seiner Arbeit. In dem schrill beleuchteten Selbstbildnis „Mein Nachtgesicht" von 1912 wird das Vorbild van Goghs erkennbar. Das Selbstporträt erscheint bei Meidner als eine Form der Selbstverteidigung. Extreme Nahsichtigkeit, übergroße Augen, Verzerrung und beänstigende Lichtsituationen steigern die Wirkung ins Groteske. Meidner, der sich selbstironisch als sein billigstes Modell bezeichnete, steigerte vor allem in seinen frühen Selbstbildnissen („Ich und die Stadt") die formalen Mittel zu einer extremen Sicht auf die Verlorenheit des Individuum in einer zerrissenen Zeit.

124
Selbstbildnis IX
1920
Lithographie
bez. a. d. Stein u. r.: Meidner 1920
bez. u. r.: Meidner
620 x 510 mm
erworben 1956 von Karl Haase, Kassel
AZ 2171
Abb. 64

Meidners Selbstbildnis von 1920, ein von kräftigen, dicht an dicht gesetzten, tiefschwarzen Kreidestrichen zugedecktes Blatt, zeigt den Zeichner in halber Figur im Dreiviertelprofil von rechts, den Zeichenstift in der Rechten. Wiederum erscheint der Kopf grotesk vergrößert, der Oberkörper wirkt dagegen schmächtig und beengt. Das Licht liegt auf der übergroßen Stirn und der stark vergrößerten Zeichenhand. Die schmalen Lippen sind geschlos-

Kat.Nr. 124, Abb. 64
Ludwig Meidner, Selbstbildnis, 1920

sen, ein ernster Ausdruck dringt aus seinen Augen, die sich selbst im Spiegelbild fixieren. Durch die dichte Strichführung und den heftigen Duktus erscheint die Figur in den Bildgrund verstrickt. Die Strichlagen im Bildgrund wirken wie eine Entladung, ein Gewitter. In eckigen, kantigen Lagen zerteilen und strukturieren sie das Gesicht. Die Zeichenhand deutet Aktivität an. Sie steht im Licht, wie auch die hervorgehobenen Teile des Kopfes, die hervortretende Stirn und die harten Wangenknochen. Die Vergrößerung und Verzerrung der Proportionen bis zur Grimasse und der expressive Zeichenduktus sind ein Charakteristikum der zwischen 1918 und 1922 entstandenen Selbstbildnisse Meidners. Übertriebene Häßlichkeit und extreme Beleuchtung sind hier ein Formprinzip. Die exzentrische Physiognomie des Zeichners mit den hervorquellenden Augen wächst aus dem Dunkel des Bildgrundes heraus. Der Betrachter wird durch die Übersteigerung, die Verzerrung des Kopfes und die Beengtheit des Bildausschnitts dazu gedrängt, das Blatt als ein Seismogramm der inneren Verfassung des Künstlers zu lesen. Meidners Hauptinteresse galt der Radierung, insbesondere der Kaltnadel, doch gerade in den Selbstbildnissen bevorzugte er neben dem weichem Bleistift, Feder und Tusche wegen ihrer malerischen Wirkung und Ausdruckskraft die Kreidelithographie.

125
Selbstbildnis vor der Staffelei mit Hut
1924
Kaltnadel
Pl.: 265 x 205 mm
bez. u. r.: L. Meidner
erworben 1961 von der Galerie Wolfgang Ketterer, Stuttgart
AZ 2876

In den Selbstbildnissen der 20er Jahre hat sich Meidner immer mehr hinter Staffelei oder Zeichenbrett zurückgezogen. Den engen Bildausschnitt hat er aufgegeben, ebenso die beänstigende Nahsichtigkeit. Frontal, in halber Figur und in extremer Aufsicht gibt er sich in seinem Atelier vor dem Zeichenbrett wieder. Er trägt einen breitkrempigem Hut, der die Augen ganz verschattet. Er hat den linken Arm auf das Zeichenbrett gestützt, die rechte umfaßt den Zeichenstift oder die Radiernadel. Links bildet der Rahmen eines Gemäldes eine zweite Bildkante im Bild, nach unten hin gibt das Zeichenbrett eine weitere Stütze. Rechts im Hintergrund steht eine leere Staffelei, von oben ragt ein Leuchter in den Raum hinein. Meidners Gesichtszüge verschwinden nahezu im Schatten des Hutes. Durch die extreme Aufsicht und einen Bildraum und Figur gleichermaßen erfassenden Zeichenduktus sind die Physiognomie und die innere Befindlichkeit scheinbar zur Nebensache geworden, gegenüber der Einbindung des Zeichner in den Atelieraum. Das Blatt entstand wohl in Anlehnung an ein verschollenes Selbstbildnis von 1912, das Meidner ebenfalls mit Hut vor der Staffelei darstellte.
Die härter und präziser wirkende Kaltnadel und eine veränderte Darstellungsweise reflektieren einen Wandel in Meidners Selbstdarstellung der sich allmählich von den apokalyptischen Porträtlandschaften der Jahre vor und nach dem ersten Weltkrieg entfernt.

Ausst.Kat. Braunschweig 1976, Kat. Nr. 270, Abb. S.136; Claudia Marquardt, Die frühen Selbstbildnisse, in: Ausst.Kat. Darmstadt 1991, Bd. I, S. 28-39, S. 37, Abb. 5; Winfried Flammann, Das druckgraphische Werk von Ludwig Meider, in Ausst.Kat.Darmstadt 1991, S. 128-145, Bd. I, S. 143, Abb. 41; Bd. II, S. 38-63 (mit weiterer Literatur).

Otto Dix (Gera 2.12.1891 - 25.7.1969 Hemmenhofen)
Nach einer Lehre als Dekorationsmaler studierte er seit 1910 an der Dresdener Kunstgewerbeschule. Seine Erlebnisse als Frontsoldat während des Krieges 1914 bis 1918 gestaltete er in seinen graphi-

schen Arbeiten und großformatigen, mehrteiligen Gemälden aus. Nach dem Krieg war er vier Jahre lang Student an der Dresdener Akademie. In Berlin schloß er sich den Dadaisten an und war 1919 Mitbegründer der Dresdener Secession. 1922 ging er an die Düsseldorfer Akademie. 1925 zog er nach Berlin. 1926 erhielt er eine Professur an der Akademie in Dresden. 1933 wurde er von den Nationalsozialisten entlassen, seine Werke als „entartet" diffamiert. Er zog sich nach Hemmenhofen am Bodensee zurück. 1939 wurde er von der Gestapo verhaftet. 1945 zum Volkssturm eingezogen, geriet er in Colmar in französische Krieggefangenschaft. 1950 wurde er Leiter einer Malklasse an der Düsseldorfer Akademie.

126
Selbstbildnis im Profil
1922
bez. auf dem Stein u. r.: Dix 22
bez. u. r.: Dix
370 x 280 mm
erworben 1964 von der Galerie Nierendorf, Berlin
MG 1964/31

Im strengen Profil von links zeigt sich Otto Dix in der Kreidelithographie von 1922. Die für ein Selbstbildnis ungewöhnliche Darstellung von der Seite ist ein bewußter Kunstgriff, den Dix auch 1924 in dem „Selbstbildnis mit Muse" anwandte. Die betonte Nahsichtigkeit und Kälte der Personencharakterisierung ist eine Eigentümlichkeit des Porträts der 20er Jahre zwischen Verismus und Neuer Sachlichkeit, der auch die zeitgenössische Photographie kennzeichnet. Dunkler Straßenanzug, weißes Hemd und eng geschnürte Kravatte bezeichnen Dix als einen unter vielen Passanten der Großstadt. Durch den scharfen Umriß des Kopfes, die fliehende Stirn, die pomadig nach hinten gekämmten Haare und die betont fahrige Strichführung erreicht Dix eine dynamische Wirkung. Die finster zusammengezogenen Augenbrauen über schmalen Augenschlitzen, der nach vorne gerichtete Blick, das kantige Kinn und die vorgeschobene Unterlippe zeichnen das Bild des scharfen Kritikers des Berlins der 20er Jahre.
„Die Selbstbildnisse sind Bekenntnisse eines inneren Zustandes. Immer wieder stelle ich erstaunt fest: Du siehst doch ganz anders aus, als du dich selbst bis jetzt dargestellt hast. Es gibt da keine Objektivität, fortgesetzt erfolgt eine Wandlung; es gibt so viele Seiten eines Menschen. Am Selbstbildnis kann man das am besten studieren." (Otto Dix)
Auffallend ist die Nähe der Bildauffassung zur zeitgenössischen Photographie, wo im Künstlerporträt der 20er und 30er Jahre das Profilbildnis als eine wirkungsvolle und moderne Bildform neu entdeckt wurde. Das „Paßbild" des „modernen Menschen" wurde auch in Graphik und Malerei zum Ausweis der Neuen Sachlichkeit.

Karsch 1970, Nr. 53; Ausst.Kat. Bonn 1976, S. 65; Diether Schmidt, Otto Dix im Selbstbildnis, Berlin 1978; Ausst.Kat. Karlsruhe 1983 (b), S. 144, 179, 189, 207, 212, 235; Andreas Strobl, Otto Dix, Hugo Erfurth, in: Münchner Jahrbuch der Bildenden Kunst, 3. Folge, Band XLIV, 1993, S. 181-199 (mit weiterer Literatur)

127
Der Publizist Paul Westheim
1923
Kreidelithographie
bez. u. l.: 8/40
bez. u. r.: Dix 23
395 x 495 mm
erworben 1956 vom Kunstkabinett Roman N. Ketterer, Stuttgart
AZ 2107
Abb. 65

Mit wenigen kräftig-schwarzen Kreidestrichen läßt Dix die markante Erscheinung des Berliner Publizisten präsent werden. Im büstenhaften Ausschnitt, annähernd en face erscheint er dem Betrachter, klein, von eher gedrungener Gestalt, in dunklem Anzug mit breitem Revers, weißem Hemd und enggezogener Kravatte. Die Aufmerksamkeit des Zeichners gilt der raschen, fast karikierenden Charakterisierung unverwechselbarer physiognomischer Eigenheiten: rundlicher Kopf, hohe Stirn mit Glatze, dichtes tiefschwarzes Schläfenhaar, breite Nase, kleines Kinn, fleischige Lippen, vor allem aber funkelnde Augen unter dichten schwarzen Brauen, versteckt hinter kleinen, runden Brillengläsern. Sie kennzeichnen den Publizisten als aufmerksamen Beobachter seines Gegenübers.
Der Kunstkritiker und Publizist Paul Westheim (1886-1964) gründete 1916 zusammen mit dem Galeristen und Verleger J. B. Neumann „Das Kunstblatt", das ab 1917 beim Kiepenheuer-Verlag in Weimar erschien, die einflußreichste und profilierteste Zeitschrift des deutschen Expressionismus. Hier machte sich Westheim zum Vorkämpfer der klassischen Moderne, der Expressionisten, der Abstrakten und der Surrealisten, denen er durch seine publizistische Tätigkeit im Berlin der 20er Jahre zum Durchbruch verhalf. „Mein Prinzip war: Das Kunstblatt ist keine ‚Gartenlaube', es ist ein Kampfblatt." Gemeinsam mit dem Kunsthistoriker Carl Einstein gab er außerdem seit 1925 den „Europa-Almanach" heraus. Er verfaßte die ersten Monographien über den Bildhauer Wilhelm Lehmbruck

Kat.Nr. 127, Abb. 65
Otto Dix, Paul Westheim, 1923

und den Maler Oskar Kokoschka. 1933 emigrierte Westheim nach Paris; über französische Internierungslager gelang 1941 die Auswanderung nach Mexiko; dort publizierte er über „altmexikanische Kunst als Ausdrucksträger, also nicht archäologisch gedacht“ (Franz Roh). 1950 erschien sein Standardwerk „Arte antiguo de Méico“. 1964 starb Westheim bei einer Vortragsreise durch Deutschland im Alter von 77 Jahren in Berlin.
Der erste Aufsatz, den der 30jährige Paul Westheim im Kunstblatt publizierte, hatte den programmatischen Titel „Von den inneren Gesichten“. Im Rückgriff auf ein Zitat des Romantikers Friedrich Schlegel „Künstler ist, wer sein Centrum in sich selbst hat“, charakterisiert Westheim hier in romantisch-pathetischer Diktion des literarischen Expressionismus den neuen Künstlertypus der 20er Jahre. Zahlreiche Vertreter der Moderne, darunter Carl Hofer, Max Pechstein, Ludwig Meidner, Alexander Calder und Oskar Kokoschka, haben Westheim im Porträt festgehalten. Dix' Bildnis zeichnet sich demgegenüber durch einen zupackenden Versimus und verhangenen Humor aus.

Franz Roh, Paul Westheim zum 75. Geburtstag, in: Das Kunstwerk XV, Heft 3, 1961, S. 25; Hans Kinkel, Kronzeuge einer Epoche: Abschied von Paul Westheim, in: Die Weltkunst, Jg. 34, 2, 1964, S. 32; Karsch 1970, Nr. 63, Abb. 195; Ausst.Kat. Bonn 1976, S. 199, Abb. 216; Windhöfel 1995

128
Der Maler und Bildhauer Otto Freundlich
1923
Kreidelithographie
540 x 350 mm
bez. u. r.: Dix 23
erworben 1964 von der Galerie Nierendorf, Berlin
MG 1964/33

Im Jahre 1923, kurz vor seiner Rückkehr nach Paris, hielt Dix den Künstlerfreund in einer Kreidelithographie fest. Freundlich ist in schwarzem Anzug, mit weißem Hemd, engem Kragen und schwarzer Kravatte dargestellt. Auch hier wählt Dix den Büstenausschnitt. Vor dem dunklen, schraffierten Kreidegrund hebt sich der markante

Kopf des im Dreiviertelprofil posierenden Mannes, der Dix selbst auf den ersten Blick nicht unähnlich scheint, besonders plastisch ab. Der schmale, lange Schädel, das helle, rechts gescheitelte Haar, das ausgeprägte Kinn, die lange Nase, die kräftigen Wangenknochen und insbesondere die tiefliegenden, stark verschatteten Augen, die am Betrachter vorbei blicken, zeigen Dix' Fähigkeit als Porträtist. Der weichere Strich der fetten tiefschwarzen Kreiden läßt die Bildnisse dieser Jahre weniger hart erscheinen als die zeitkritischen, karikaturhaften Kriegsbilder, die Bordell- und Straßenszenen der Jahre um und nach dem ersten Weltkrieg.
Otto Freundlich (1878-1943) begann das Studium der Kunstgeschichte in München und studierte anschließend Bildende Kunst in Florenz. In Paris begegnete er 1908 dem Kreis um Picasso und wandte sich der Abstraktion zu. Nach dem ersten Weltkrieg beteiligte er sich in Berlin aktiv an Ausstellungen, Manifesten und Aktionen kommunistischer Künstler im Umkreis der Berliner „Novembergruppe". 1922 erschien das von ihm verfaßte „Manifest der Kommune" in der von Franz Pfemfert herausgegebenen Wochenschrift für Politik, Literatur und Kunst „Die Aktion". Kommunist, Individualist und Verfechter einer sinnfälligen Abtraktion, die sich keiner Gruppe oder Richtung zuordnen wollte, ließ sich Freundlich 1924 wieder in Paris nieder. Von den Nazionalsozialisten wurde seine Skulptur „der neue Mensch" als Aufmacher des Kataloges „Entartete Kunst" diffamiert. 1939 und 1940 wurde Freundlich in Paris interniert. 1943 wurde er vermutlich im KZ Maidaneck ermordet.
Neben der Porträtaufnahme Otto Freundlichs von August Sander bewährt sich Dix' kräftige Lithographie als Zeugnis des Verismus im Porträt der 20er Jahre.

Karsch 1970, Nr. 53; Biographische Notiz des Malers und Bildhauers Otto Freundlich, von ihm selbst verfaßt (1941), in: Otto Freundlich, Schriften. Ein Wegbereiter der gegenstandslosen Kunst, hrsg. von Uli Bohnen, Köln 1982, S. 252 ff.; Otto Freundlich (1878 - 1943), Monographie mit Dokumentation und Werkverzeichnis, bearb. von Joachim Heusinger von Waldegg, Köln 1978; Otto Freundlich. Ein Wegbereiter der abstrakten Kunst, Ausst.Kat. Museum Ostdeutsche Galerie, Regensburg 1994, Kulturgeschichtliches Museum Osnabrück 1995, hrsg. von Gerhard Leistner und Thorsten Rodiek (mit weiterer Literatur)

George Grosz (Berlin 26.7.1893 - 6.7.1959 Berlin)
Grosz studierte seit 1909 in Dresden, seit 1911 bei Emil Orlik an der Schule des Kunstgewerbemuseums Berlin. Seine frühen Zeichnungen ähneln Illustrationen des Simplizissimus. 1913 ging er nach Paris an die Académie Colarossi und karikierte die Formexperimente des Kubismus. 1914 wurde er der Artillerie zugeteilt. Nach einer Verwundung kehrte er 1916 nach Berlin zurück. In seinen kritischen Bildsatiren der zwanziger Jahre prangerte er die „Stützen der Gesellschaft" an. 1917 wurde Grosz nochmals einberufen und schließlich in eine Nervenheilanstalt entlassen. 1918 schloß er sich der Berliner Dada-Bewegung an. Gemeinsam mit John Heartfield entstanden Collagen, Montagen und Plakate für die „Erste Internationale Dadamesse". Als Maler Autodidakt, verarbeitete Grosz in den 20er Jahren auch Einflüsse der italienischen „pittura metaphisica". Er arbeitete als Illustrator für Zeitschriften, Theater und Trickfilm. 1928 wurde er mit dem Verleger Wieland Herzfelde von der Zensur vor Gericht gestellt. Seine graphischen Blätter und Gemälde aus den zwanziger Jahren sind zumeist beißende, sozialkritische Satiren auf Kriegstreiberei und Doppelmoral im Berlin der Weimarer Republik. 1932 erhielt er einen Lehrauftrag an der Art Students League in New York. In Amerika wandte er sich in Landschaften und Figurenbildern einem phantastischen Realismus zu.

129
Selbstbildnis mit Hund vor der Staffelei
1926
Umdrucklithographie
Bl.: 400 x 310 mm
bez. u. r.: Grosz
erworben 1955 vom Kunstkabinett Roman N. Ketterer, Stuttgart
AZ 2035

Mit übereinandergeschlagenen Beinen sitzt Grosz in seinem Berliner Atelier, Nassauische Straße 4, in einem bequemen Armlehnsessel neben der Staffelei vor einer leeren Leinwand. „Viele Bilder lehnen mit der Vorderseite gegen die Wand, denn man kann nicht fortwährend seine eigenen Bilder anstarren." (Grosz) Die Pfeife ist in den linken Mundwinkel geschoben, die rechte Hand ist gestikulierend erhoben. Die Szenerie ist mit wenigen prägnanten Strichen umrissen. Im Strich weniger hart als die Umdrucklithographien der Mappenwerke steht das Blatt seinen Zeitungsillustrationen nahe und trägt im Duktus auch karikaturhafte Züge. Grosz gibt sich hier eher lässig und privat. Auf seinem Schoß hat der Scotchterrier „Dubb" seinen angestammten Platz eingenommen.
Photographien aus der gleichen Zeit zeigen Grosz in seinem Atelier. In Amerika hat Grosz sich später gerne vor der Staffelei in der Pose Salvador Dalis

photographieren lassen. Eine Aufnahme von 1942 zeigt ihn mit überdimensionierter Fliege, aufgemaltem Bärtchen und mit der obligatorischen Pfeife im Mundwinkel mit Pinsel und Palette als Karikatur Dalis vor einem leeren Rahmen.

Georges Grosz, Ein kleines Ja und ein großes Nein, Sein Leben von ihm selbst erzähhlt, Hamburg 1955, S. 215; Ausst.Kat. Braunschweig 1967, Kat. Nr. 144, Abb. S. 80; Lothar Fischer, George Grosz in Selbstzeugnissen und Bilddokumenten, Reinbek 1976, S. 71; Alexander Dückers, George Grosz. Das druckgraphische Werk, Frankfurt a. M./Berlin/Wien 1979; Nr. E 101; Ausst.Kat. Berlin 1994, George Grosz, Berlin-New York, Neue Nationalgalerie Berlin 1994, hrsg. von Peter-Klaus Schuster, Kat. Nr. X.104; Abb. S. 428 (mit weiterer Literatur)

Käthe Kollwitz (Königsberg 8.7.1867 - 22.4.1945 Moritzburg b. Dresden)
Käthe Kollwitz studierte seit 1885 in Berlin an der Zeichenschule des „Vereins für Künstlerinnen" bei Karl Stauffer-Bern, danach nahm sie Unterricht in München in der Privatschule von Ludwig Herterich. 1891 heiratete sie den Arzt Dr. Karl Kollwitz und lebte und arbeitete bis zur Ausbombung ihres Ateliers 1944 in Berlin. 1904 besuchte sie in Paris die Bildhauer Auguste Rodin und Theodor Steinlen. 1907 reiste sie unterstützt von Max Klinger mit dem Villa Romana Preis nach Italien. 1919 wurde sie Mitglied der Preußischen Akademie der Künste und 1928 Vorsteherin eines Ateliers für Graphik. Sie arbeitete in unterschiedlichen graphischen Techniken. Ihre druckgraphischen Arbeiten dokumentieren das soziale und pazifistische Engagement ihrer Kunst. Aus ihren Arbeiten der Jahre in und nach dem ersten Weltkrieg sprechen Anklage und Mahnung. Ab 1910 trat die Radierung zurück zugunsten der Lithographie und des Holzschnittes. Ihre zahlreichen Selbstbildnisse und Bildnisbüsten dokumentieren die künstlerische Entwicklung und die Biographie einer freischaffenden Künstlerin zwischen Naturalismus und gestischem Expressionismus im spätwilheminischen Berlin und in der Weimarer Republik.

130
Selbstbildnis im Profil
1927
Kreidelithographie
bez. u. r.: Käthe Kollwitz 1927
320 x 290 mm
Alter Bestand
MG 1965/120

Das späte Selbstbildnis von 1927 zeigt die sechzigjährige Bildhauerin und Graphikerin im strengen Profil von links. Konturen und Binnenformen des Gesichtes sind mit kräftigen tiefschwarzen Linien vor den samtig grauschwarzen Grund gesetzt, der den Kopf hinterfängt und zugleich das Gesicht modelliert. Haaransatz und Ohren bleiben nur schemenhaft angedeutet. Die Falten der Stirn, die stark verschatteten Augen, der geschlossene Mund wirken streng und milde, müde und gelassen zugleich. Verhaltenheit und Melancholie kennzeichnen die späten Selbstbildnisse der Kollwitz und fordern die stille Anteilnahme des Betrachters heraus. Das Blatt erschien als Auflagendruck für die Mitglieder des Kasseler Kunstvereins als Jahresgabe 1927.

August Klipstein, Käthe Kollwitz, Verzeichnis des graphischen Werkes, Bern/New York 1955; Nr. 227 b; „Ich sah die Welt mit liebevollen Blicken", Käthe Kollwitz – Ein Leben in Selbstzeugnissen, hrsg. von Hans Kollwitz, Wiesbaden 1979; Erika Billeter, Das Selbstporträt als Selbstschutz, in: Ausst.Kat. Lausanne/Stuttgart 1985, S. 46-58; Ausst.Kat. Berlin 1995, Käthe Kollwitz (1867-1945), Zeichnungen und seltene Graphik im Berliner Kupferstichkabinett, bearb. v. Sigrid Achenbach, Berlin 1995 (mit weiterer Literatur)

Willy Jaeckel (Breslau 10.1.1888 - 30.1.1944 Berlin)
Willy Jaeckel studierte 1906 an der Kunst- und Gewerbeschule in Breslau. 1901 ging er an die Dresdener Akademie. 1913 siedelte er nach Berlin über und stellte im Kunstsalon Fritz Gurlitt aus. 1915 wurde er Mitglied der Berliner Secession. Zwischen 1914 und 1918 zeigen seine graphischen Arbeiten die Erschütterungen des Krieges. Seine Arbeiten erschienen in zentralen Zeitschriften des literarischen Expressionsimus. 1919 wurde er Mitglied der Akademie der Künste in Berlin. In den 20er Jahren wandte er sich biblisch-theosophischen Themen zu. 1923 entstand eine Radierfolge zu Dantes „Göttlicher Komödie", 1925 zu Goethes „Faust". Damals erhielt er ein Lehramt an der Kunsthochschule Berlin. 1928/29 folgte ein Aufenthalt als Stipendiat der Villa Massimo in Rom. 1937 wurden seine Werke in der Ausstellung „Entartete Kunst" in München verfemt. 1943 trat er von seinem Lehramt zurück. Er kam 1944 bei einem Bombenangriff in Berlin ums Leben. Sein Werk ist ein wichtiger Beitrag zur Malerei und Graphik des deutschen Expressionismus.

131
Selbstbildnis mit Radiernadel
1916
Radierung
bez. u. r.: W. Jaeckel
bez. u. r.: Probedruck 1916
Pl.: 245 x 196 mm
erworben 1961 von der Galerie Wolfgang Ketterer, Stuttgart
AZ 2870

Willy Jaeckel hat sich in zahlreichen Selbstbildnissen dargestellt. In der Radierung von 1916 zeigt sich der 28jährige frontal und in halber Figur beim Zeichnen. Er hält die Radiernadel in der rechten Hand und setzt zum nächsten Strich an. Sein verhaltener Blick sucht nach dem Gegenüber im Spiegel. Er konzentriert sich auf die Darstellung des Kopfes und der Zeichenhand. Der Körper ist nur schemenhaft umrissen. Die starke Verzerrung der Gesichtszüge und der harte, fahrige Strich der Kaltnadelarbeit im schwarzgrau schattierten Haar und im grau strukturierten Grund bewirken den Ausdruck innerer Unruhe im Bildnis des Künstlers.

Vollmer, Bd. 18, 1925, S. 324-325; Vollmer, Erg.-Bd. 2, 1955, S. 521; Ausst.Kat. Regensburg 1987, Willy Jaeckel 1888-1944, Das druckgraphische Werk, bearb. von Ingrid Stilijanov-Nedo, Regensburg Museum Ostdeutsche Galerie 1987, Kat.Nr. 4, S. 10 (mit weiterer Literatur)

132
Selbstbildnis
1918
Schwarze Tusche
bez. u. r.: W. Jaeckel 1918
585 x 368 mm
erworben 1955 vom Kunstkabinett Roman N. Ketterer, Stuttgart
AZ 2041

133
Selbstbildnis
1921
Radierung
bez. u. r.: W. Jaeckel
bez. u. l.: Probedruck
Pl.: 120 x 90 mm
erworben 1964 von L. G. Buchheim, Feldafing
AZ 3281
Abb. 66

Jaeckel konzentriert sich in seinem Selbstbildnis von 1921 ganz auf den Porträtkopf, den er mit malerischen Mitteln in die quadratische Bildfläche einspannt. Er stellt sich wiederum en face dar, sein Blick ist verschattet und doch aufmerksam auf sein Gegenüber gerichtet. Der schwarze Pullover wirkt wie eine tragende Fläche, auf der der Kopf wie aufgesetzt erscheint. Das glatt aus der hohen Stirn gekämmte Haar bedeckt die Ohren. Die dynamische Form des Kopfumrisses wird von den Strichlagen des Grundes rechts wieder aufgenommen. Die Überschneidung des Kopfes durch den Blattrand und die gesuchte Untersicht bewirken eine Dramatisierung des Ausdrucks und sind ein Charakteristikum des Künstlerbildnisses der 20er Jahre. Die starke Verschattung der Augen und die Schlagschatten um Nase und Mund, hervorgerufen durch eine scharfe Beleuchtung von rechts, der verschlossene Mund und der beobachtende Gesichtsausdruck steigern die Konfrontation mit dem Gegenüber. Die Verwendung verschiedener graphischer Radiertechniken gibt dem Blatt eine malerische Wirkung. Der wolkig verwischte Grund zeigt ein stumpfes Grau, vor dem sich der Kopf dramatisch abhebt.

Kat.Nr. 133, Abb. 66
Willy Jaeckel, Selbstbildnis, 1921

134
Selbstbildnis
um 1927/28
Radierung
bez. u. r.: W. Jaeckel
Pl.: 120 x 90 mm
erworben 1955 vom Kunstkabinett Roman N. Ketterer, Stuttgart
AZ 2041

Das Selbstbildnis Jaeckels aus den späten 20er Jahren nimmt Charakteristika seiner früheren Selbstbildnisradierungen auf. Auch hier stellt er sich en face dar. Der Kopf dominiert das Blatt, wird im engen Rahmen vom Blattrand überschnitten und hebt sich hell vor dem samtig-schwarzen Grund ab. Der verhangene, nach innen gerichtete Blick begegnet schon in dem frühen Selbstbildnis von 1916. Die Nahsichtigkeit, die Überschneidung durch den Bildrand und die Modelleriung von Licht und Schattenpartien in den verschiedenen Radiertechniken steigern die Präsenz des Bildnisses.

Ernst Cohn-Wiener, Willy Jaeckel, Junge Kunst Bd. 9, Leipzig 1920; Heinz Graumann, Willy Jaeckel, in: Die Horen, Jg. 4, H. 1, 1927/28, Abb. S. 64

Gerhard Sy (Großlichterfelde/Potsdam 14.4.1886 - 16.11.1936 Freiburg)
Gerhard Sy besuchte die Akademien in Dresden, Karlsruhe und Kassel. Hier wurde er Schüler von Hermann Knackfuß, Hans Olde und dessen Schüler Rudolf Siegmund. Nach 1918 arbeitete er im Atelier von Carl Bantzer. In seinen malerischen und graphischen Arbeiten, Aquarellen, Farbholzschnitten und Illustrationen, wie der Serie von Linolschnitten zu Rainer Maria Rilkes „Weise von Liebe und Tod des Cornets“, zeigt sich Sy als ein wichtiger Vertreter der Kunst der 20er Jahre in Kassel.

135
Selbstbildnis
1922
Holzschnitt
550 x 450 mm
Alter Bestand
Inv. K III 9961

Den starken Schwarz-Weiß-Kontrast des Holzschnittes nutzt Sy hier zu einem scharfen Abriß seines Selbstbildnisses. Zeichnerische Mittel setzt er gezielt ein zur Charakterisierung physiognomischer Einzelheiten.

136
Selbstbildnis
1930
Bleistift
bez. u. r.: SY 1930
460 x 360 mm
erworben als Schenkung von Bertha Tiemann
AZ G 1981/1

Sy stellt sich im Dreiviertelprofil dar, den Kopf leicht nach rechts gewandt blickt er aus den Augenwinkeln auf sein Gegenüber. Detailliert arbeitet er Einzelheiten der Physiognomie heraus wie die Augen- und Mundpartie, das glatte, streng gescheitelte Haar und den kleinen Oberlippenbart. In den zeichnerischen Mitteln steht das Selbstbildnis in der Spannung zwischen der Porträtauffassung der Neuen Sachlichkeit und dem Realismus der frühen 30er Jahre.

Helmuth Kramm, Gerhard Sy, Sein Leben und Werk, in: Hessenland, 48. Jg., 1937, S. 101-106, mit Abb.

Rudolf Siegmund (Bürgel/Thür. 29.3.1881 - 17.11.1973 Soden)

Biogr. vgl. Kat.Nr. 84

137
Selbstporträt
1933
Holzschnitt
Bez. im Stock: S
310 x 234 mm
Alter Bestand
Inv. K I 134 1

Siegmund nutzt den kräftigen Schwarz-Weiß-Kontrast des Holzschnitts zur Charakterisierung seiner Person. Der kräftige Linienschnitt umreißt die Konturen, die Details der Physiognomie, die großen Augen, den fülligen Bart. Die Gesamtkomposition bleibt dabei streng an die Fläche gebunden.

Thieme-Becker XXX, 1936; Vollmer, Bd. 4, 1958, S. 278; Hessenland 31, 1917, S. 89; 35, 1922, S. 120; Ausst.Kat. Kassel 1952: Rudolf Siegmund/ Bertha Martin, Kunstverein Kassel 1952

Hans Drescher-Itter (Sachsenhausen 1908 - vermißt im 2. Weltkrieg)

Lebensumstände unbekannt

138
Selbstbildnis
1932
Schwarze und farbige Kreiden
255 x 210 mm (beschnitten)
bez. u. r.: Hans Drescher-Itter 32
Alter Bestand
Lfd. Nr. 6523

Der 24jährige Hans Drescher-Itter zeigt sich in der 1932 entstandenen farbigen Zeichnung im Dreiviertelprofil von links. Neugierig richtet er die kleinen Augen auf den Betrachter. Der nahsichtige Ausschnitt, die fast kindlichen Züge des rundlichen Gesichtes geben dem Selbstbildnis zusammen mit den fahlen Orangetönen der Haut und dem kreidigen Schwarz des Umrisses eine starke Präsenz. Das Blatt trägt Züge der Malerei der Neuen Sachlichkeit und des Realismus der frühen Dreißiger Jahre. Die Farbigkeit erinnert an Zeichnungen von Otto Dix.

Ausst.Kat. Bonn 1976

Felix Koller (Bochum 23.5.1903 - 8.9.1990 Kassel)
Nach einem Philosophie- und Medizinstudium in Münster, Innsbruck und Wien wandte sich Felix Koller der Malerei zu. Er blieb dabei einer realistisch-gegenständlichen Darstellungsweise verhaftet. Auf seinen Studienreisen nach Italien und Skandinavien entstanden Porträts, Genreszenen und Landschaften, in denen er die Türme des mittelalterlichen San Gimignano, die südlichen Küsten der Cinqueterre und die Weite Skandinaviens festhielt. Nach 1945 lebte er als freischaffender Künstler in Kassel.

139
Selbstbildnis
1935
Schwarzer Stift, Wasserfarben
bez. u. r.: Felix Koller 35
300 x 210 mm
erworben 1976 vom Künstler
AZ 4473

In dem 1935 entstandenen Selbstbildnis zeigt sich Felix Koller en face, im Straßenanzug, mit grellorangen, starkgemusterter Kravatte und grünem Anzug. Durch die kleinen runden Gläser der Brille blickt er geradeaus auf sein Gegenüber. Die grelle Farbigkeit, der dünnflüssige Auftrag der Aquarellfarbe und die betonte Nüchternheit der Darstellung verbinden sein Selbstporträt mit anderen Künstlerbildnissen der Neuen Sachlichkeit.

140
Selbstbildnis
1945
Graue und braune Kreiden, Pinsel in braun
295 x 193 mm
bez. u. r.: Als ich aus der Gefangenschaft kam.
bez. verso: „Mir gelang es, aus russischer Kriegsgefangenschaft zu fliehen. Ich kam in M. (...) bei Rotenburg an + wog 92 Pfund + das Gesicht aufgedunsen. – Aber ich lebte – das war 1945. Wer spricht von siegen, überleben ist alles. Felix Koller. Kassel, Mai 1976. Geschenk an die Galerie. Felix Koller 12. Mai 76.
erworben 1976 als Geschenk des Künstlers
AZ 4476

Das Grau in Grau der Zeichnung entspricht der nüchternen Selbstdarstellung des Kriegsheimkehrers und gibt dem fahlen Gesicht eine eigentümliche Durchsichtigkeit. Koller wendet den Kopf dem Betrachter frontal entgegen. Die dunklen Augen fixieren durch kleine Brillengläser hindurch das Spiegelbild. Mit dem kreisenden Stift hat er den Umriß des Kopfes erfaßt. Die Überschneidung des Kopfes durch den Blattrand bewirkt Nahsichtigkeit und Präsenz.

Ausst.Kat. Kassel 1983, Der Maler Felix Koller (80 Jahre), Kasseler Kunstverein 1983, mit Abb.

Skulptur

Edwin Scharff (Neu-Ulm 21.3.1887 - 18.5.1955 Hamburg)
Der Bildhauer, Maler und Graphiker Edwin Scharff studierte an der Münchner Akademie bei Gabriel von Hackl und Ludwig von Herterich. 1907 gewann er den Rompreis. Über Paris, wo er Cezanne, Matisse und die Malerei der „Fauves“ studierte, reiste er nach Madrid. Unter dem Eindruck der Malerei El Grecos und Grünewalds Isenheimer Altar fand er zu einer expressionistischen Formensprache. Von Rom kehrte er 1912 nach Paris zurück und studierte dort die kubistischen Arbeiten von Picasso und Braque. Unter dem Eindruck Rodins wandte er sich der Plastik zu. 1913 war er Gründungsmitglied der Münchner „Neuen Sezession“. 1923 erhielt er eine Professur an der Berliner Hochschule der Bildenden Künste, 1934 an der Düsseldorfer Akademie. 1937 wurde er aus dem Lehramt entlassen, seine Arbeiten als „entartet“ gebrandmarkt und zerstört. Seit 1946 lehrte er an der Landeskunstschule Hamburg.

141
Bildnis der Schauspielerin Anni Mewes
1917
Eisenguß
38 x 20 x 20 cm
bez. linke Seite Mitte: E S
erworben 1957 von L. G. Buchheim, Feldafing
AZ 2231
Abb. 67

Die Glätte des Gusses und die Brechung der Einzelformen unter Wahrung einer dynamischen Ge-

Kat.Nr. 141, Abb. 67
Edwin Scharff, Anni Mewes, 1917

samtform geben dem Porträt eine reizvolle Oberflächenspannung. Die U-förmig geschwungene Linie des Halses geht übergangslos in den Kontur des Kopfes über. Das jugendlich glatte Gesicht, der schlanke Hals und der kurzgeschnittene Bubikopf der jungen Frau erscheinen formal wie technisch aus einem Guß.
Die Schauspielerin Anni Mewes (1895-1980) begann ihre 40jährige Bühnenlaufbahn 1915. 1916 ging sie an die Münchner Kammerspiele und stand dort in Verbindung mit Peter Altenberg und Rainer Maria Rilke, der jede ihrer Premieren besuchte. 1919 wechselte sie an die Kammerspiele in Hamburg. Besonderen Erfolg hatte sie in Shakespeares Lustspielen und in Stücken zeitgenössischer Autoren.
Die Bildnisbüste der Schauspielerin Anni Mewes entstand 1917 und gehört zu den qualitätvollsten und ausdrucksstärksten Werken Edwin Scharffs aus der Zeit des ersten Weltkrieges. Sie läßt sich Arbeiten anderer Bildhauer des Expressionismus wie Alexander Archipenko, Rudolf Belling, Franz Marc oder Wilhelm Wauer an die Seite stellen und spiegelt die kurzzeitige Begegnung mit kubistischen Arbeiten von Braque und Picasso in Paris. Ähnliche Reflexe zeigen sich in den Künstlerporträts des Malers Max Oppenheimer (1885-1954) aus der Zeit.

In den zwanziger Jahren wandte sich Scharff dem Vorbild Rodins und der archaischen griechischen Plastik zu. In seinen Porträtbüsten der Maler Max Liebermann und Lovis Corinth von 1924 suchte er beide Gestaltungsprinzipien zur Anwendung zu bringen. 1937 wurde Edwin Scharffs Bildnis der Schauspielerin Anni Mewes (Plastik B 81) in der Ausstellung „Entartete Kunst“ gezeigt.

Zu Anni Mewes: F. Th. Csokor, Eine Frau und zwei Dichter, in: Die Presse, 24. Mai 1951; Kaiser 1977, S. 27 u. Abb. 45; Die „Kunststadt“ München 1937. Nationalsozialismus und „Entartete Kunst“, hrsg. von Peter-Klaus Schuster, München 1987, 2. Aufl. 1988, S. 291; Ausst.Kat. Neu-Ulm 1987, Abb. 100, S. 103, Kat. Nr. 15

Ilse Fehling (25.4.1896 Danzig - 1.1.1982 München)
Ilse Fehling studierte 1918-20 an der Berliner Kunstgewerbeschule, in den 20er Jahren am Bauhaus, insbesondere in der Theaterklasse bei Oskar Schlemmer. 1931 bis 1933 lebte sie als Stipendiatin der Villa Massimo in Rom. 1933 erhielt sie Ausstellungsverbot und war danach in München und Hamburg als Bühnen- und Kostümbildnerin für Film und Theater tätig. 1944/45 ging in Berlin ein Großteil ihrer plastischen Arbeiten verloren. Nach 1945 begann sie als Illustratorin beim Feuilleton. 1947 richtete sie ein neues Atelier in München ein und arbeitete als Kostümbildnerin beim Film.

142
Die Schauspielerin Elisabeth Bergner
1931
Kunststein
31 x 20 x 24 cm (ohne Sockel)
Leihgabe der Hessisch-Thüringischen Brandversicherungsanstalt Erfurt-Kassel
Abb. 68

Die Bühnen- und Kostümbildnerin Ilse Fehling begegnete der Schauspielerin Elisabeth Bergner 1931 in Berlin, wo sie im Theater an der Stresemannstraße spielte. Der Guß in Kunststein sucht die Qualitäten des modellierten Tonbildnisses wiederzugeben. Der verträumte Ausdruck des Mundes und die großen, offenen Augen, das schmale, knabenhafte Gesicht und das aus der hohen Stirn nach hinten gekämmte halblange Haar waren ein besonderes Kennzeichnen der Schauspielerin. In der Aufstellung mit leicht geneigtem Kopf findet sich der träumerische Zug um Augen und Mund, den die Bewunderer der Schauspielerin immer wieder beschrieben haben. „Elisabeth Bergner – eine wohlgebildete stark gewölbte Stirn, ein feiner, et-

Kat.Nr. 142, Abb. 68
Ilse Fehling, Elisabeth Bergner, 1931

was resignierter Mund – alles andere ist ganz Auge. (...) Zwei Arten von Rollen liegen ihr wohl am besten: Etwas hysterisch-nervöse Frauen, wie Fräulein Julie, und knabenhafte Mädchen." (Rudolf Grossmann) In der Rolle von George Bernhard Shaws „Heiliger Johanna" hatte sie ihre größten Erfolge. Ähnlich in der Porträtauffassung und der rauhen Oberflächenbehandlung ist die in ihrer Lebendigkeit impressionistisch wirkende Porträtbüste Elisabeth Bergners von Ernesto de Fiori (1884 - 1945), die Ilse Fehling ersichtlich ebenso als Vorbild diente wie sein 1931 in Terrakotta ausgeführtes Porträt der Film-Diva Marlene Dietrich.
Die österreichische Schauspielerin Elisabeth Bergner (1897-1986) kam über Engagements in Zürich, Wien und München 1922 nach Berlin und spielte dort unter anderem am Lessing-Theater und am Deutschen Theater. In München und Zürich begegnete sie dem Ehepaar Wedekind und spielte die Rolle der Lulu in der „Büchse der Pandora". Ihre knabenhafte, androgyne Gestalt und ihr lebhaftes, ausdrucksvolles Spiel machten sie besonders in Shakespeares Lustspielen und in George Berhard Shaws „Heiliger Johanna" erfolgreich. „Sie ist der Bühne lyrisches Gedicht" urteilte Else Lasker-Schüler 1931. Emil Orlik zeichnete ihr Porträt 1930 im Pastell. Seit den 20er Jahren spielte sie in zahlreichen Filmen, inbesondere unter der Regie ihres Mannes Paul Czinner. 1933 emigierte sie nach England und in die USA. Nach dem Zweiten Weltkrieg trat sie wieder in Deutschland auf, führte Regie, unternahm Tourneen und übernahm Fernsehrollen.

Rudolf Grossmann, Elisabeth Bergner, in: Fünfzig Köpfe der Zeit, Berlin 1926; Else Lasker-Schüler, Elisabeth Bergner, in: Der Taugenichts, 3, 1931; Ausst.Kat. München 1962, Galerie Wolfgang Gurlitt, mit Abb.; Ausst.Kat. Berlin 1977, Galerie Pels-Leusden: Der Anteil der Frau an der Kunst der 20er Jahre, Kat. Nr. 142; Klaus Völker, Elisabeth Bergner. Das Leben einer Schauspielerin, Berlin 1990, Abb. S. 160; Ausst. Kat. Bonn 1976, Kat. Nr. 130.

Paul Haessler (Dresden 1901 - 1952 Kassel)
Er studierte 1922 bis 1932 an der Kasseler Kunstakadmie bei Alfred Vocke, 1932 bis 1939 arbeitete er an der Kasseler Kunstakademie. 1949 wurde er Dozent an der Kasseler Werkakademie.

143
Selbstporträt
1951
Gips
34,5 x 20 x 25 cm
erworben 1955 von Emma Haessler
Lfd. Nr. 5158

Paul Haessler zeigt sich in dem 1951 enstandenen Selbstbildnis in neusachlicher Nüchternheit. Die Glätte der Oberfläche und der stumpfe Ton des getönten Gipses tragen zu dieser Wirkung bei. Der schmale Kopf mit der hohen Stirn und dem länglichen Schädel erhält durch die knapp anliegende Haarkappe eine dynamische Gesamtform. Gleichzeitig sind die Binnenformen des Gesichtes, Augen, Nase und Mund scharf von der gespannten Oberfläche der Haut abgesetzt. Das Porträt übersetzt den nüchternen Detailrealismus und die reduzierende Gesamtform der Neuen Sachlichkeit in die Formensprache der frühen Fünfziger-Jahre.

Ausst.Kat. Kassel 1965, Kat. Nr. 629, Abb. S. 153

144
Prof. Alfred Vocke
um 1940
Schwarzer Granit
31 x 22 x 27 cm (ohne Sockel)
erworben 1955 von Emma Haessler
AZ 1382

Haessler führte das Porträt seines Lehrers in Granit aus. Das harte Material und die kühle Glätte der Steinoberfläche kamen seinen formalen Intentionen entgegen. Detailliert sind die persönlichen

Kennzeichen des Dargestellten wiedergegeben, eine Warze auf der rechten Wange, das leichte Doppelkinn, die füllige Unterlippe, die dramatisch über der Nasenwurzel zusammengezogenen Augenbrauen.
Alfred Vocke (1886-1944) war von 1923 bis 1932 Professor für Bildhauerei an der Kasseler Akademie. Er arbeitete in Holz, goß in Bronze, und trieb in Eisen. Er schuf kleinformatige Gruppen biblischer Thematik und großformatige Arbeiten wie das Modell zum Jobsbrunnen in Bochum, und gestaltete Reliefs und Porträts. Die Einheit der Gesamtform, die Reduktion der Einzelformen, der nüchterne Realismus stammen aus dem Formenrepertoire der Neuen Sachlichkeit, die Haessler hier fortentwickelt.

Ausst.Kat. Kassel 1927, S. 29; Ausst. Kat. Kassel 1952, Kat. Nr. 105, Abb. S. 30; Ausst.Kat Kassel 1965, Kat. Nr. 628

Margarethe Böning (Lebensdaten unbekannt)

145
Bildnis Käthe Kollwitz
um 1944
Bronze
36 x 27 x 21 cm
erworben in den 1940er Jahren
AZ 1066

Die junge Bildhauerin Margarethe Böning nahm Käthe Kollwitz bei ihrer Flucht von Berlin nach Dresden 1945 in ihrem Hause in Nordhausen in Thüringen auf. Damals enstanden wohl die Vorarbeiten zu dem Bildnis der Kollwitz, bei dem es sich wohl wegen des großen Formates nicht um eine Totenmaske handelt. Käthe Kollwitz (1867-1945) starb kurz vor Ende des zweiten Weltkrieges 88jährig auf Schloß Moritzburg bei Dresden (zur Biogr. vgl. Kat.Nr. 130).

Emy Roeder (Würzburg 30.1.1890 - 7.2.1971 Mainz)
Emy Roeder studierte von 1910 bis 1911 an der Münchner Kunstakademie. Von 1912 bis 1914 arbeitete sie als Schülerin von Bernhard Hoetger in Darmstadt. 1915 übersiedelte sie nach Berlin und schloß sich 1918 der „Freien Secession" und der „Novembergruppe" an. Sie gehörte zum Freundeskreis der „Brücke"-Maler um Erich Heckel und Karl Schmidt-Rottluff. 1923 reiste sie nach Paris und studierte das Werk Aristide Maillols. 1933 ging sie als Stipendiatin der Villa-Romana nach Florenz, deren Leiter Hans Purrmann sie förderte. 1937 wurden ihre Werke auf der Ausstellung „Entartete Kunst" in München gezeigt. Nach der Internierung in Italien 1944 kehrte sie nach Deutschland zurück, wo ihre gesamtes Frühwerk verlorengegangen war. Von 1950 bis 1953 lehrte sie an der Landeskunstschule in Mainz. 1959 reiste sie nach Tripolis, 1960 nach Kairo und bis 1967 mehrfach nach Griechenland; sie erhielt zahlreiche Preise und öffentliche Auszeichnungen. In ihrem bildhauerischen und zeichnerischen Werk, Porträts, Menschen- und Tierdarstellungen, entwickelt sie die formreduzierenden Tendenzen der Plastik des Expressionismus bis in die 60er Jahre weiter.

146
Selbstbildnis, 1958
Bronze
37,5 x 19,2 x 15 cm (ohne Sockel)
erworben 1957 vom Kasseler Kunstverein
AZ 3222
Abb. 69

Das Selbstbildnis entstand 1958 in Florenz, wo Emy Roeder als Ehrengast der deutschen Malerakademie an der Villa Romana arbeitete. Es ist

Kat.Nr. 146, Abb. 69
Emi Roeder, Selbstbildnis, 1954

eine Studie über das Altern. Der Kopf hat, expressionistischen Skulpturen der 20er Jahre nicht unähnlich, die strenge Gesamtform einer umgedrehten Flasche. In diese Grundform sind die charakteristischen Züge der Physiognomie mit betont zeichnerischen Mitteln eingetragen. Das glatt bis über die Ohren fallende, rechts streng gescheitelte Haar liegt wie eine flache Kappe am Kopf an. Die Falten an Stirn und Hals sind als parallel geführte Rillen gezeichnet, die Mulden um die tiefliegenden Augen, die gratige Nase und der schmale Mund wirken wie aus der Grundform herausgehoben. Die enge Verbindung zwischen dem zeichnerischen und dem plastischen Werk dokumentiert eine Serie von Vorzeichnungen zu den Selbstbildnissen von 1958 und 1964.
Der Sinn für das Monumentale im kleinen Format verbindet ihre Künstlerbildnisse mit der expressionistischen Plastik der 20er Jahre in der Nachfolge Bernhard Hoetgers. Nach einer Orientierungsphase im Jugendstil zeigen sich in den expressionistischen Werken der 20er Jahre die Begegnung mit der Skulptur der außereuropäischen Kulturen, afrikanischer Plastik, archaisch-griechischer und ägyptischer Kunst, in den Frauenakten der 20er und 30er Jahre das Studium der Plastik Aristide Maillols. Später findet sie zu einer völligen Reduktion, nicht Abstrakton der Formen, auf der Suche nach einer Entsprechung von innerer Verfassung und äußerer Grundform. Zu den ausdrucksstärksten Arbeiten gehören ihre Porträts der Maler Hans Purrmann, Erich Heckel und Karl Schmidt-Rottluff aus den 50er Jahren.

Friedrich Gerke, Emy Roeder. Eine Werkmonographie mit einem Gesamtkatalog der Bildwerke und Zeichnungen, Wiesbaden 1963, Abb. 195 u. 196, Kat. Nr. 79; ders.: Hans Purrmann – Sechs Bildniszeichnungen von Emy Roeder, in: Ausst.Kat. Mainz 1966, Hans Purrmann, Kleine Schriften der Gesellschaft für Bildende Kunst in Mainz, Heft XXX, 1966, S. 24 ff; Ausst.Kat. Würzburg/Mainz 1990, Emy Roeder 1890-1971. Akzente, Städtische Galerie Würzburg, Landesmuseum Mainz 1980, S. 40

Anhang

Künstlerbildnisse im Stadtmuseum Kassel

Arno Weber (Tautenhain/Thür. 4.8.1867 - 4.1. 1919 Kassel)
Seit 1897 lehrte er an der Kunstgewerbeschule im Fach Dekorationsmalerei. 1913 erhielt er eine Professur. Er malte Landschaften, Architekturstücke, Porträts und Historienbilder, war aber vor allem in der Dekorationsmalerei als Ausstatter von Innenräumen tätig. Beispiele finden sich in der Stadthalle und in der Kreuzkirche in Kassel.

147
Selbstbildnis
1911
Leinwand, 121 x 71 cm
bez. u. l.: ARNO WEBER/ 1911
Stadtmuseum Kassel
Abb. 70

Das hochformatige Selbstbildnis zeigt den Maler mit Pinsel und Farbkasten in beinahe ganzer Figur vor einem dekorativen Wandbild mit floral-ornamentalem Muster. Der gelbe Malkittel kontrastiert zur grüngrundigen Wand, der hellgelb-orange-weiße Dekor nimmt den Farbklang wieder auf. Die Künstlersignatur ist links unten ornamental auf den Bildgrund gesetzt.

Kat.Nr. 147, Abb. 70
Arno Weber, Selbstbildnis, 1911

148
Selbstbildnis mit Blick auf den Herkules
1911
Papier, aufgeklebt; 43,5 x 34,5 cm
bez. u. l.: AW 11
Stadtmuseum Kassel

Arno Weber zeigt sich im Dreiviertelprofil von links in einem Porträttypus der italienischen Renaissance. Er posiert im Malkittel in halber Figur vor einem roten Vorhang mit Brokatmuster. Der Ausblick rechts zeigt Schloß Wilhelmshöhe mit dem Herkules. Auf der Balustrade steht dekorativ das ligierte Monogramm des Künstlers.

Thieme-Becker XXXV, 1942, S. 215; Karl-Hermann Wegner, Bilder aus dem alten Kassel, Kassel 1995

Johanna Hassebrauk-Körtling (Kassel 3.5.1869 - 28.6.1947 Lübeck)
Johanna Körtling studierte an den Akademien in Kassel, Berlin und München und heiratete den Dresdener Maler Hassebrauk. Sie kopierte nach den alten Meistern der Kasseler Galerie und malte vor allem Landschaften und Porträts.

149
Selbstbildnis
undatiert
Leinwand, 49 x 38 cm
Stadtmuseum Kassel

Die Malerin zeigt sich im Dreiviertelprofil von rechts in halber Figur vor braungrundiertem Grund. Sie trägt eine weiße Bluse mit schwarzer Schleife. Das dunkelbraune Haar ist hochgesteckt. Der Blick aus dem seitwärts geneigten Kopf ist auf den Betrachter gerichtet.

Karl-Hermann Wegner, Bilder aus dem alten Kassel, Kassel 1995

Albert Spethmann (Altona 27.7.1894 - 24.12.1986 Bad Tölz)
Spethmann studierte an der Düsseldorfer Kunstakademie bei Willi Spatz und im Meisteratelier bei Hugo von Habermann.

150
Selbstbildnis
1917
Leinwand, 110 x 71 cm
bez. u. l.: A. Spethmann 1917
Stadtmuseum Kassel
Abb. 71

Kat.Nr. 150, Abb. 71
Albert Spethmann, Selbstbildnis, 1917

Mit Pinsel und Palette in der Hand zeigt der Maler sich in einem hochformatigen Kniestück vor hellem Grund. Im dunklen Anzug, mit weißem Hemd, schwarzer Fliege und dunkelgrauer Weste, mit einer breitkrempigen, lässig auf den Hinterkopf geschobenen Kappe gibt er sich mit der Zigarette im Mundwinkel als Bohemien in betont lässiger Pose. In der spätimpressionistischen Malweise knüpft er an Vorbilder der Münchner Malerei der Jahrhundertwende an.

Thieme-Becker XXXI, 1937, S. 365; Vollmer, Bd. IV, 1958, S. 329

Joachim Hansli (Kassel 11.4.1912 - 25.10.1980 Kassel)
Hansli studierte an der Kasseler Kunstakademie bei Kay Nebel (1929-1935). Nach Reisen durch Italien, Österreich und die Schweiz arbeitete er nach 1945 als Werbegraphiker in Kassel, und seit 1956 als Zeichenlehrer an der Gerhart-Hauptmann-Schule.

151
Selbstbildnis
undatiert
Hartfaserplatte, 50 x 34,5 cm
Stadtmuseum Kassel

Das nahsichtige Brustbild zeigt den jungen Maler en face in rotem Pullover und gelbem Hemd. Im Hintergrund ist vor hellem Grund der Ausschnitt eines Gemäldes zu erkennen. Der nüchterne Realismus ist charakteristisch für die Porträtauffassung der frühen 30er Jahre.

Karl-Hermann Wegner, Bilder aus dem alten Kassel, Kassel 1995

152
Selbstbildnis
1932
Hartfaserplatte, 64 x 41 cm
bez. u. l.: Joachim Hansli 1932
Stadtmuseum Kassel

In halber Figur und im Dreiviertelprofil von rechts stellt sich der Maler im Straßenanzug mit weißem Hemd und Schiebermütze dar. In den Händen hält er einen Zweig mit weißen Blüten. Das Gesichtist gegenüber dem grob strukturierten Grund detailliert ausgearbeitet.

153
Selbstbildnis
1954
Hartfaserplatte, 59,5 x 40 cm
Bez. u. l.: Joachim Hansli 1954
Stadtmuseum Kassel

In halber Figur und im Dreiviertelprofil von rechts zeigt sich der Maler hier im weißen Hemd mit offenem Kragen. Der lockere, streifige Pinselduktus, der buntfarbige Hintergrund und die Auflösung der Formen unterscheiden das späte Selbstporträt von den neusachlich-realistischen Jugendbildnissen.

Anonym
154
Porträt des Kunstkritikers Will Scheller
um 1925
Gouache
24,8 x 19,5
Stadtmuseum Kassel

Will Scheller (24.10.1890 - 23.6.1937) war in den 20er Jahren als Schriftsteller, Kunstkritiker und Journalist in Kassel tätig. Er ist im Dreiviertelprofil nach rechts vor einem mit Büchern gefüllten Regal dargestellt. Die glatte Malweise, die blasse Farbigkeit des Gesichtes und der enge, den Kopf überschneidende Bildausschnitt sind charakeristisch für den neusachlichen Stil der Malerei und Photographie der 20er Jahre.

Abgekürzt zitierte Literatur

Adolphs 1993: Adolphs, Der Künstler und der Tod, Selbstdarstellungen in der Kunst des 19. und 20. Jahrhunderts, Köln 1993

Arnason 1975: H. H. Arnason, The Sculpture of Houdon, London 1975

Arnold 1964: Christian Arnold, Konrad Eberhard 1768-1859. Bildhauer und Maler. Leben und Werke eines Allgäuer Künstlergeschlechts, Augsburg 1964

Asemissen/Schweikhart 1994: Hermann Asemissen/Gunter Schweikhart, Malerei als Thema der Malerei, Berlin 1994

Ausst.Kat. Baden-Baden 1969: Maler und Modell, Staatliche Kunsthalle Baden-Baden 1969, hrsg. von Klaus Gallwitz, Georg-W. Költzsch, Karlsruhe 1969

Ausst.Kat. Berlin 1979: Max Liebermann in seiner Zeit, Nationalgalerie Berlin, München 1979

Ausst.Kat. Berlin 1983: Emil Orlik, Graphik im Berliner Kupferstichkabinett, Staatliche Museen Preußischer Kulturbesitz, bearb. von Margret Schütte, Berlin 1983

Ausst.Kat. Berlin 1989: Curt Herrmann 1854-1929, Ein Maler der Moderne in Berlin, hrsg. von Rolf Bothe, Berlin Museum 1989, Bd. 1, Berlin 1989

Ausst.Kat. Bern 1970: Berner Maler vom Barock bis zum Biedermeier, Historisches Museum Schloß Oberhofen, Bern 1970

Ausst.Kat. Bonn 1973: Emil Orlik, Zeichnungen und Druckgraphik von 1889-1932, Städtisches Kunstmuseum Bonn und Villa Stuck München, bearb. von Franz Matsche, Passau 1973

Ausst.Kat. Bonn 1976: Die zwanziger Jahre im Porträt. Porträt in Deutschland 1918-1933, Malerei, Graphik, Fotografie, Plastik, Rheinisches Landesmuseum, bearb. v. Joachim Heusinger von Waldegg, Bonn 1976

Ausst.Kat. Bonn 1982: Lichtbildnisse. Das Porträt in der Fotografie, hrsg. von Klaus Honnef, Rheinisches Landesmuseum Bonn, Köln 1982

Ausst.Kat. Bonn 1990: Porträts im Rheinischen Landesmuseum Bonn vom 15. bis zum 19. Jahrhundert, hrsg. von Stefan Germer u. Barbara Lange-Pütz, Köln 1990

Ausst.Kat. Bordeaux 1995: L 'âge d'or du petit portrait, Musée des arts décoratifs, Bordeaux 1995

Ausst.Kat. Braunschweig 1976: Künstler sehen sich selbst. Graphische Selbstbildnisse unseres Jahrhunderts, Privatsammlung, Städtisches Museum, Braunschweig 1976

Ausst.Kat. Braunschweig 1980: Selbstbildnisse und Künstlerporträts von Lucas von Leyden bis Anton Raphael Mengs, Herzog Anton Ulrich-Museum, hrsg. von Rüdiger Klessmann, bearb. von Hans-Joachim Raupp, Braunschweig 1980

Ausst.Kat. Bremen 1994: Über die Strenge. Porträts von allerhand Künstlern, bearb. von Andreas Kreul, Kunsthalle Bremen, Heidelberg 1994

Aust.Kat. Darmstadt 1995: Carl Philipp Fohr, Romantik – Landschaft und Historie, Katalog der Zeichnungen und Aquarelle im Hessischen Landesmuseum Darmstadt und Gemälde aus Privatbesitz, bearb. von Peter Märker, Hessisches Landesmuseum Darmstadt, Haus der Kunst München, Darmstadt 1995

Ausst.Kat. Darmstadt 1991: Ludwig Meidner, Zeichner, Maler, Literat 1884-1966, hrsg. von Gerda Breuer und Ines Wagemann, Mathildenhöhe Darmstadt, 2 Bde, Stuttgart 1991

Ausst.Kat. Dresden 1964: Anton Graff 1736-1813, Gemäldegalerie/Schloß Pillnitz, bearb. von Erna Brand, Dresden 1964

Ausst.Kat. Dresden 1988: Carl Christian Vogel von Vogelstein 1788-1868, Gemäldegalerie Neue Meister, Kupferstich-Kabinett, Dresden 1988

Ausst.Kat. Düsseldorf 1979: Die Düsseldorfer Malerschule, Düsseldorf, Kunstmuseum/Darmstadt, Mathildenhöhe, hrsg. von Wend von Kalnein, Düsseldorf 1979

Ausst.Kat. Düsseldorf 1986: Conrad Felixmüller, Das druckgraphische Werk 1912 bis 1976 im Kunstmuseum Düsseldorf, bearb. von F. W. Heckmanns, Düsseldorf 1986

Ausst.Kat. Düsseldorf 1988: Expressionismus. Die zweite Generation 1915-1925, hrsg. von Stephanie Barron, Kunstmuseum Düsseldorf, München 1988

Ausst.Kat. Frankfurt 1977: Die Nazarener, Städtische Galerie im Städelschen Kunstinstitut, Frankfurt a. M. 1977

Ausst.Kat. Frankfurt 1982: Frankfurter Malerei zur Zeit des jungen Goethe, Städtische Galerie im Städelschen Kunstinstitut, Frankfurt a. M. 1982

Ausst.Kat. Freiburg i. Brsg. 1989: Hans Thoma. Lebensbilder, Augustinermuseum Freiburg i. Brsg., Königstein 1989

Ausst.Kat. Göttweig 1987: Künstlerporträts. Der Bestand der Göttweiger Sammlung, bearb. von P. Gregor Martin Lechner OSB, Stift Göttweig, Krems 1987

Ausst.Kat. Hamburg 1977: Runge in seiner Zeit, Kunst um 1800, hrsg. von Werner Hofmann, Hamburger Kunsthalle, München 1977

Ausst.Kat. Hamburg 1978: Das Bild des Künstlers, Selbstdarstellungen, bearb. von Siegmar Holsten, Hamburger Kunsthalle, Hamburg 1978

Ausst.Kat. Hamburg 1989: Europa 1789, Aufklärung, Verklärung, Verfall, hrsg. von Werner Hofmann, Köln 1989

Ausst.Kat. Hamburg 1993: Max Beckmann, Selbstbildnisse, hrsg. von Uwe M. Schneede u. Carla Schulz-Hoffmann, Hamburger Kunsthalle, Staatsgalerie Moderne Kunst München, Stuttgart 1993

Ausst.Kat. Heidelberg 1995: Carl Philipp Fohr und seine Künstlerfreunde in Rom, bearb. von U. Andersson und A. Frese, Kurpfälzisches Museum der Stadt Heidelberg 1995, Heidelberg 1995

Ausst.Kat. Karlsruhe 1989: Hans Thoma (1839-1924), Zum 150. Geburtstag. Zeichnungen und Druckgraphik aus dem Kupferstichkabinett der Staatlichen Kunsthalle Karlsruhe 1989, bearb. von Annemarie Winther, Karlsruhe 1989

Ausst.Kat. Kassel 1879: Aufklärung und Klassizismus in Hessen unter Landgraf Friedrich II. 1760-1785, Staatliche Museen Kassel, Orangerie, Kassel 1979

Ausst.Kat. Kassel 1927: 150 Jahre Kasseler Kunstakademie, Jubiläums-Kunstausstellung, Kunstakademie und Kunstverein, Kassel 1927

Ausst.Kat. Kassel 1952: 175 Jahre Kasseler Akademie, Jubiläumsausstellung im Landesmuseum Kassel, Staatliche Werkakademie und Staatliche Kunstsammlungen, Kassel 1952

Ausst.Kat. Kassel 1965: Künstler in Hessen seit 1780. Teil I: Von Wilhelm Böttner bis Fritz Winter, Städtische Kunstsammlungen Kassel, Kassel 1965

Ausst.Kat. Kassel 1985: Ludwig Emil Grimm 1790-1863. Maler, Zeichner, Radierer, Kassel, Museum Fridericianum/Hanau, Schloß Steinheim, Kassel 1985

Ausst.Kat. Kassel 1989: Johann Heinrich Tischbein d. Ä. 1722-1789, Ausst.Kat. Neue Galerie Kassel, Kassel 1989

Ausst.Kat. Kassel 1990 (a): Paul Baum 1859-1932, Staatliche Museen Kassel, Neue Galerie, Kassel 1990

Ausst.Kat. Kassel 1990 (b): Louis Kolitz 1845-1914, Staatliche Museen Kassel, Neue Galerie, Kassel 1990

Ausst.Kat. Kassel 1991: Curt Herrmann 1854-1929, Staatliche Museen Kassel, Neue Galerie, Kassel 1991

Ausst.Kat. Kassel 1994 (a): Die Kasseler Sammlung Alexander Fiorino, Staatliche Museen Kassel, Graphische Sammlung, Neue Galerie, Kassel 1994

Ausst.Kat. Kassel 1994 (b): Die Künstlerfamilie Nahl, Rokoko und Klassizismus in Kassel, Staatliche Museen Kassel, Neue Galerie, Kassel 1994

Ausst.Kat. Kassel 1995: Karl Leyhausen 1899-1931, Staatliche Museen Kassel, Neue Galerie, Kassel 1995

Ausst.Kat. Leipzig 1986: Anton Graff, Selbstbildnis vor der Staffelei, hrsg. v. Dieter. Gleisberg, Leipzig 1986

Ausst.Kat. Los Angeles 1983: German Expressionist Sculpture, hrsg. von Stephanie Barron, Los Angeles County Museum of Art 1983, Chicago 1983

Ausst.Kat Mainz 1977: Philipp Veit, Porträts. Aus dem Mittelrheinischen Landesmuseum Mainz und aus Privatbesitz, bearb. von Norbert Suhr, Mainz 1977

Ausst.Kat. Mannheim 1995: Neue Sachlichkeit, Bilder auf der Suche nach der Wirklichkeit, Figurative Malerei der zwanziger Jahre, bearb. von Hans-Jürgen Buderer u. Manfred Fath, Kunsthalle Mannheim, Mannheim 1995

Ausst.Kat. München 1974: Wilhelm Leibl und sein Kreis, hrsg. von Michael Petzet, Städtische Galerie im Lenbachhaus München, München 1974

Ausst.Kat. München 1984: Max Beckmann. Retrospektive, Haus der Kunst München 1984, hrsg. von Carla Schulz-Hoffmann und Judith C. Weiss, München 1984.

Ausst.Kat. München 1986: Kunst des Biedermeier 1815-1835. Architektur, Plastik, Kunsthandwerk, Musik, Dichtung, Mode, Haus der Kunst München, hrsg. von Georg Himmelheber, München 1988

Ausst.Kat. München 1987: „In uns selbst liegt Italien". Die Kunst der Deutsch-Römer, hrsg. von Christoph Heilmann, Bayerische Staatsgemäldesammlungen/Haus der Kunst München, München 1987

Ausst.Kat. München 1995: Ernste Spiele – Der Geist der Romantik in der deutschen Kunst 1790-1990, Haus der Kunst München, München 1995

Ausst.Kat. Münster 1995: „Als die Frauen noch sanft und engelsgleich waren", Die Sicht der Frauen in der Zeit der Aufklärung und des Biedermeier, Hildegard Westhoff-Krummacher (Hg.), Westfälisches Landesmuseum, Münster 1995

Ausst.Kat. Neu-Ulm 1987: Edwin Scharff, Retrospektive. Skulpturen, Gemälde, Aquarelle, Zeichnungen, Graphik. Edwin Scharff-Museum Neu-Ulm, Bremen 1987

Ausst.Kat. Nürnberg 1981: Conrad Felixmüller, Werke und Dokumente, Archiv für Bildende Kunst am Germanischen Nationalmuseum, Nürnberg 1981

Ausst.Kat. Nürnberg 1986: „Vorwärts, vorwärts sollst du schauen...". Geschichte, Politik und Kunst unter Ludwig I., Germanisches Nationalmuseum Nürnberg, hrsg. von Claus Grimm, Regensburg 1986

Ausst.Kat. Nürnberg 1992: Künstlerleben in Rom. Bertel Thorvaldsen (1770-1844). Der dänische Bildhauer und seine deutschen Freunde, Germanisches Nationalmuseum Nürnberg/Schleswig-Holsteinisches Landesmuseum Schloß Gottorf, Schleswig, bearb. von Ursula Peters und Andrea M. Kluxen, Nürnberg 1991

Ausst.Kat. Rom 1981: Die Nazarener in Rom. Ein deutscher Künstlerbund der Romantik. Rom, Galleria d'arte moderna e contemporanea, hrsg. von Klaus Gallwitz, München 1981

Ausst.Kat. Saarbrücken 1992: Max Slevogt, Gemälde, Aquarelle, Zeichnungen, hg. von Ernst-Gerhard Güse, Hans-Jürgen Imiela, Berthold Roland, Saarland Museum, Saarbrücken 1992

Ausst.Kat. Schleswig 1990: Conrad Felixmüller, Gemälde, Aquarelle, Zeichnungen, Druckgraphik, Skulpturen, Schleswig-Holsteinisches Landesmuseum, Schloß Gottorf Schleswig, Kunstmuseum Düsseldorf, Kunstverein Braunschweig, Staatliche Galerie Moritzburg Halle, 1990/91, mit Beiträgen von P. Barth u.a., Neumünster 1990

Ausst.Kat. Stuttgart 1985: Das Selbstporträt im Zeitalter der Photographie. Maler und Photographen im Dialog mit sich selbst, hrsg. von Erika Billeter, Musée cantonal des Beaux-Arts, Lausanne/Württembergischer Kunstverein Stuttgart, Bern 1985

Ausst.Kat. Stuttgart 1993: Schwäbischer Klassizismus zwischen Ideal und Wirklichkeit 1770-1830, (Bd. 1: Katalog, Bd. 2: Aufsätze), hrsg. von Christian von Holst, Staatsgalerie Stuttgart, Stuttgart 1993

Bantzer 1988: Carl Bantzer, Hessen in der deutschen Malerei, bearb., erw. u. neu herausgegeben von Angelika Baeumerth, Marburg 1988

Barron 1971: Stephanie Barron (Hg.), Expressionismus, Die zweite Generation 1915-1925, München 1989

Becker 1971: Wolfgang Becker, Paris und die deutsche Malerei 1750-1840, München 1971

Berckenhagen 1987: Ekhart Berckenhagen, Anna Dorothea Therbusch [mit Werkverzeichnis], in: Zeitschrift des deutschen Vereins für Kunstwissenschaft, Bd. 41, 1987, S. 116-180

Billeter 1985: Erika Billeter, Das Selbstporträt als Selbstschutz (Käthe Kollwitz, Paula Modersohn-Becker, Imogen Cunningham, Charly Toorop, Frida Kahlo), in: Ausst.Kat. Lausanne 1985, S. 46-58

Bleibaum 1933: Friedrich Bleibaum, Johann August Nahl, Der Künstler Friedrichs des Großen und der Landgrafen von Hessen-Kassel, Baden bei Wien/Leipzig 1933

Bleyl 1986: Matthias Bleyl, Profilporträts im Quattrocento und im Siècle des lumières, Ein phänomenologischer Differenzierungsversuch, in: Studien zu Renaissance und Barock, Manfred Wundram zum 60. Geburtstag, hrsg. v. Michael Hesse u. Max Imdahl, Frankfurt/ Bern / New York 1986, S. 177-195

Boehm 1985: Gotfried Boehm, Bildnis und Individuum: Über den Ursprung der Porträtmalerei in der italienischen Renaissance, München 1985

Börsch-Supan 1988: Helmut Börsch-Supan, Die Deutsche Malerei von Anton Graff bis Hans von Marées 1760-1870, München 1988

Both/Vogel 1964: Wolf v. Both/ Hans Vogel, Landgraf Wilhelm VIII. von Hessen Kassel. Ein Fürst der Rokokozeit, München/Berlin 1964

Both/Vogel 1973: Wolf v. Both/ Hans Vogel, Landgraf Friedrich II. von Hessen-Kassel. Ein Fürst der Zopfzeit, München/Berlin 1973

Braunfels-Esche 1987: Sigrid Braunfels-Esche, Notizen zu Adolf von Hildebrand und seinen Beziehungen zu den Deutsch-Römern, in: Ausst.Kat. München 1987, S. 98-110

Busch 1993: Werner Busch, Das sentimentalische Bild. Die Krise der Kunst im 18. Jahrhundert und die Geburt der Moderne, München 1993

Chapeaurouge 1968: Donat de Chapeaurouge, Theomorphe Künstlerporträts der Neuzeit, in: Deutsche Vierteljahresschrift für Literaturwissenschaft und Geistesgeschichte 42, Stuttgart 1968, S. 262-302

Dube 1964: Annemarie und Wolf-Dieter Dube, Erich Heckel, Das graphische Werk, 2 Bde, New York 1964

von Einem 1978: Herbert von Einem, Deutsche Malerei des Klassizismus und der Romantik, 1760 bis 1840, München 1978

Fleckner 1995: Uwe Fleckner, Abbild und Abstraktion. Die Kunst des Porträts im Werk von Jean-Auguste-Dominique Ingres, München 1995

Franke 1993: Martin Franke, Johann Friedrich August Tischbein, Leben und Werk, Egelsbach bei Frankfurt 1993 (Mikrofiches)

Gallwitz 1962: Klaus Gallwitz, Max Beckmann - Die Druckgraphik (mit Werkverzeichnis), Badischer Kunstverein Karlsruhe 1962

Ganßauge 1958: Ganßauge, Gottfried, August von der Embde (1780 - 1862), Maler, in: Lebensbilder aus Kurhessen und Waldeck, 1830-1930, hrsg. von Ingeborg Schnack, Marburg 1958, Bd. 6, S. 55-74

Gaus 1974: Joachim Gaus, Ingenium und Ars - Das Ehepaarbildnis Lavosier von David und die Ikonographie der Museninspiration, in: Wallraf-Richartz-Jahrbuch, Bd. 36, 1974, S. 199-228

Geller 1952: Hans Geller, Die Bildnisse der deutschen Künstler in Rom 1800-1830, Berlin 1952

Glaser 1924: Curt Glaser/Julius Meier-Graefe/Wilhelm Fraenger/Wilhelm Hausenstein, Max Beckmann, München 1924

Glüber 1995: Wolfgang Glüber, Carl Philipp Fohr und Ludwig Sigismund Ruhl. Anmerkungen zu einer Künstlerfreundschaft, in: Ausst.Kat. Darmstadt 1995, S. 66-79

Gohr 1975: Siegfried Gohr, Der Kult des Künstlers und der Kunst im 19. Jahrhundert. Zum Bildtyp des Hommage, Köln/Wien 1975

Grimm 1913: Ludwig Emil Grimm, Erinnerungen aus meinem Leben, hrsg. u. erg. von Adolf Stoll, Leipzig 1913

Großmann 1992: Joachim Großmann, Künstler, Hof und Bürgertum. Leben und Arbeit von Malern in Preußen 1786-1850, Berlin 1992

Hass 1984: Angela Hass, Adolf von Hildebrand. Das plastische Porträt, München 1984

Heilmeyer 1922: Alexander Heilmeyer, Adolf von Hildebrand. Verzeichnis der sämtlichen Werke Hildebrands, München 1922

v. Helmolt: Christa von Helmolt, Hans Thoma – Spiegelbilder, Stuttgart 1989

Herzog 1989: Erich Herzog, Johann Heinrich Tischbein d. Ä. als Porträtmaler, in: Ausst.Kat. Kassel 1989, S. 106-116

Hildebrand 1962: Adolf von Hildebrand und seine Welt, Briefe und Erinnerungen, besorgt von Bernhard Sattler, München 1962

Hinz 1974: Berthold Hinz, Studien zur Geschichte des Ehepaarbildnisses, in: Marburger Jahrbuch für Kunstwissenschaft, Bd. 10, 1974, S. 139-218

Hitzeroth 1988: Manfred Hitzeroth, Paul Baum (1859-1932). Ein Leben als Landschaftsmaler, Marburg 1988

Hoff 1972: Ursula Hoff, Goethe and the Dutch Interior: A Study in the Imagery of Romanticism, Sidney 1972

Hübscher 1968: Arthur Hübscher, Schopenhauer-Bildnisse. Eine Ikonographie, Frankfurt/M. 1968

de Jaucourt 1765: Louis Chevalier de Jaucourt, „Portrait, Image, Figure, Effigie“, in: Encyclopédie, ou Dictionnaire raisonné des sciences, des arts et des métiers, Bd. 13, Neufchastel 1765, Reprint Stuttgart/Bad Cannstatt 1966, S. 153-157

Jensen 1981: Jens Christian Jensen, Die Bildniskunst der Nazarener, in: Ausst.Kat. Rom 1981, München 1981, S. 38-43

Kaiser 1977: Konrad Kaiser, Ein Gang durch Kassels Neue Galerie, Teil 2, Kassel 1977

Kanz 1993: Roland Kanz, Dichter und Denker im Porträt. Spurengänge zur deutschen Porträtkultur des 18. Jahrhunderts, München 1993

Karsch 1970: Otto Dix, Das graphische Werk, hrsg. von Florian Karsch, eingel. von Hans Kinkel, Hannover 1970

Kat. Braunschweig 1989: Herzog Anton Ulrich-Museum, Die deutschen Gemälde des 17. und 18. Jahrhunderts sowie die englischen und skandinavischen Werke, Kritisches Verzeichnis mit Abbildungen aller Gemälde, bearb. von Joachim Jacoby u. Anette Michels, Braunschweig 1989

Kat. Düsseldorf 1969: Irene Markowitz, Die Düsseldorfer Malerschule, Kataloge des Kunstmuseums Düsseldorf, Malerei Band 2, Düsseldorf 1969

Kat. Düsseldorf 1978: Die Handzeichnungen des 19. Jahrhunderts, Düsseldorfer Malerschule, Kunstmuseum Düsseldorf, Teil 1, 2 Bde: Die erste Jahrhunderthälfte, bearb. von Ute Rickel-Imme, Düsseldorf 1978

Kat. Frankfurt 1972: Katalog Städelsches Kunstinstitut, Frankfurt am Main, Die Gemälde des 19. Jahrhunderts, hg. von Ernst Holzinger, bearb. von Hans-Joachim Ziemke, 2 Bde, Frankfurt a. M. 1972

Kat. Kassel 1991: Staatliche Kunstsammlungen Kassel, Bestandskatalog der Gemälde des 19. Jahrhunderts, bearb. von Marianne Heinz, Neue Galerie, Staatliche und Städtische Kunstsammlungen Kassel 1991

Kat. München 1978: Bayerische Staatsgemäldesammlungen, Nach-Barock und Klassizismus, bearb. von Barbara Hardtwig, Neue Pinakothek, München 1978

Keller 1967: Harald Keller, Entstehung und Blütezeit des Freundschaftsbildes, in: Essays in The History of Art presented to Rudolf Wittkower, London 1967, S. 161-173

Kemp 1975: Wolfgang Kemp, Die Beredsamkeit des Leibes, Körpersprache als künstlerisches und gesellschaftliches Problem der bürgerlichen Emanzipation, in: Städel-Jahrbuch, N.F. 5, 1975, S. 111-134

Lankheit 1952: Klaus Lankheit, Das Freundschaftsbild der Romantik (= Heidelberger Kunstgeschichtliche Abhandlungen, N. F. Bd. 1), Heidelberg 1952

Kluxen 1989: Andrea M. Kluxen, Das Ende des Standesporträts. Die Bedeutung der englischen Malerei für das deutsche Porträt 1760-1848, München 1989

Knackfuß 1908: Hermann Knackfuß, Geschichte der kgl. Kunstakademie zu Kassel, Kassel 1908

Költzsch 1969: Georg-W. Költzsch, Maler und Modell im Atelier, in: Ausst.Kat. Baden-Baden 1969

Kozak 1992: Anna Kozak, Hans Thoma und die alten Meister, in: Pantheon, Jg. L, 1992, S. 106-116

Kris/Kurz 1980: Ernst Kris/ Otto Kurz, Die Legende vom Künstler. Ein geschichtlicher Versuch, Einl. Ernst H. Gombrich, Neuauflage Frankfurt am Main 1980

Langedijk 1992: Carla Langedijk, Die Selbstbidlnisse der holländischen und flämischen Künstler in der Galleria degli Autoritratti der Uffizien in Florenz, hrsg. von Gerhard Ewald, Florenz 1992

Lavater 1783: Johann Georg Lavater, Physiognomische Fragmente zur Beförderung der Menschenkenntnis und Menschenliebe, Leipzig 1783

Lehmann 1976: Evelyn Lehmann, Der Frankfurter Maler Victor Müller 1830-1871, Frankfurt a. M. 1976

Lippert 1975: Werner Lippert, Das Selbstporträt als Bildtypus, in: Kunstforum Bd, 14, 1995, S. 98-123

Lorenz 1985: Angelika Lorenz, Das deutsche Familienbild in der Malerei des 19. Jahrhunderts, Darmstadt 1985

Mai 1984: Ekkehard Mai, Künstlerateliers als Kunstprogramm - Werkstatt heute, in: Das Kunstwerk, Bd. 37, 1984, H. 3, S. 7-44

von Maur 1994: Karin von Maur, Das Unzeitgemäße und Zeitlose im Werk von Max Beckmann, in: Ausst.Kat. Stuttgart 1994, S. 13 ff.

Merk 1977: Anton Merk, Zur Bildnismalerei der Nazarener, in: Ausst.Kat. Frankfurt a. M. 1977, S. 149-154

Merk 1985: Anton Merk, Die Bildniskunst, in: Ausst.Kat. Kassel 1985, S.101-156

Meusel 1796: Neue Miscellaneen artistischen Inhalts für Künstler und Kunstliebhaber, hg. von Georg Meusel, 3. Stück, Leipzig 1796

Mildenberger 1993: Hermann Mildenberger, Künstlerporträts. Zum Wandel der Bildauffassung, in: Ausst.Kat. Stuttgart 1993, Bd. II, S. 233-244

Müller 1960: Heinrich Müller, Die späte Graphik von Lovis Corinth, Hamburg 1960

Neumeyer 1964: Alfred Neumeyer, Der Blick aus dem Bilde, Berlin 1964

Oellers 1976 a: Adam C. Oellers, Bemerkungen zur Ikonographie des Porträts der zwanziger Jahre, in: Ausst.Kat. Bonn 1976, S. 47-82

Oellers 1976 b: Adam C. Oellers, Porträt und Porträttheorie der zwanziger Jahre in zeitgenössischen Quellen und Künstlerzitaten, in: Ausst-Kat. Bonn 1976, S. 101-111

Oellers 1983: Adam C. Oellers, Ikonographische Untersuchungen zur Bildnismalerei der Neuen Sachlichkeit, Bonn 1983

Peters 1992: Ursula Peters, Café Greco – Freiraum für Individualität, in: Ausst.Kat. Nürnberg 1992, S. 167 ff.

Poensgen 1957: Georg Poensgen, Carl Philipp Fohr und das Café Greco. Die Künstlerbildnisse des Heidelberger Romantikers im geschichtlichen Rahmen der berühmten Gaststätte an der Via Condotti zu Rom, Heidelberg 1957

Prinz 1971: Wolfram Prinz, Die Sammlung der Selbstbildnisse in den Uffizien, Band I, Geschichte der Sammlung, Berlin 1971

Raupp 1980: Hans-Joachim Raupp, Selbstbildnisse und Künstlerporträts – ihre Funktion und Bedeutung, in: Ausst.Kat. Braunschweig 1980, S. 7-35

Raupp 1984: Hans-Joachim Raupp, Untersuchungen zu Künstlerbildnis und Künstlerdarstellung in den Niederlanden im 17. Jahrhundert, Hildesheim/Zürich/New York 1984

Rechberg-Heydegger 1973: Brigitte Rechberg-Heydegger, Ludwig Sigismund Ruhl (1794-1887). Leben und Werk, Phil. Diss. Giessen 1973

Reidemeister 1924: Leopold Reidemeister, Anna Dorothea Therbusch, Phil. Diss. Berlin 1924

Rothbauer 1986: Brunhild Rothbauer, Selbstbildnisse der Graff-Zeit, in: Ausst.Kat. Leipzig 1986, S. 18-24

Salzmann 1987: Siegfried Salzmann, Edwin Scharff und der Kubismus, in: Ausst.Kat. Neu-Ulm 1987, S. 69-73

Sauerländer 1989: Willibald Sauerländer, Überlegungen zu dem Thema Lavater und die Kunstgeschichte, in: Idea, Jahrbuch der Hamburger Kunsthalle, VIII, 1989, S. 15-29

Schiefler-Mosel 19676: Gustav Schiefler, Das graphische Werk Noldes, neu bearb., ergänzt und mit Abb. versehen von Christel Mosel, Bd. I: Die Radierungen, Köln 1966; Bd. II: Holzschnitte und Lithographien, Köln 1967

Schmidt 1982: Hans M. Schmidt, Gemalte und photographierte Bildnisse des 19. Jahrhunderts. Notizen zu einer Wechselbeziehung, in: Ausst.Kat. Bonn 1982, S. 114-129

Schneede 1993: Uwe M. Schneede, Der Künstler über sich selbst. Zu einigen Bildern und Texten Max Beckmanns, in: Ausst.Kat. Hamburg/München 1993, S. 9-16

Schoch 1975: Rainer Schoch, Das Herrscherbild in der Malerei des 19. Jahrhunderts, München 1975

Schwarz 1922: Karl Schwarz, Das graphische Werk von Lovis Corinth, Berlin 1922

Souchal 1977: François Souchal, French Sculptours of the 17th and 18th Centuries, The Reign of Louis XIV, 3 Bde, Oxford/ London/ Glasgow 1977

Stückelberger 1996: Johannes Stückelberger, Rembrandt und die Moderne. Der Dialog mit Rembrandt in der deutschen Kunst um 1900, München 1996

Suhr 1991: Norbert Suhr, Philipp Veit (1793-1877). Leben und Werk eines Nazareners. Monographie und Werkverzeichnis, Weinheim 1991

Sulzer 1792: Johann Georg Sulzer, Allgemeine Theorie der Schönen Künste, Bd. III, 2. Aufl., Leipzig 1792, Art. „Porträt", S. 718-731

Thieme-Becker: Allgemeines Lexikon der Bildenden Künstler von der Antike bis zur Gegenwart, hrsg. von Ulrich Thieme und Felix Becker, 37 Bde., Leipzig 1907-1950

Tutsch 1995: Claudia Tutsch, „Man muß mit ihnen, wie mit seinem Freund, bekannt geworden seyn...“, Zum Bildnis Johann Joachim Winckelmanns von Anton Maron, Mainz 1995

Verspohl 1986: Franz-Joachim Verspohl, „Joseph Beuys - Da ist erst einmal dieser Hut“, in: Kritische Berichte 1986, H.4, S. 77-87

Vollmer: Allgemeines Lexikon der Bildenden Künstler des XX. Jahrhunderts, hrsg. von Hans Vollmer, 6 Bde., Leipzig 1953-1962

Whitford 1987: Frank Whitford, Das Porträt im Expressionismus, Übers. der engl. Ausgabe, München 1987

Hans Wille: Eduard Bendemanns Bildnis seiner Frau, in: Wallraf-Richarz Jahrbuch, XXVIII, 1966, S. 321-332

Windhöfel 1995: Lutz Windhöfel, Paul Westheim und das Kunstblatt. Eine Zeitschrift und ihr Herausgeber in der Weimarer Republik, Köln 1995

Zapperi 1986: Roberto Zapperi, Selbstbildnis und Autobiographie: Über ein Gemälde von Annibale Carracci, in: Idea, Jahrbuch der Hamburger Kunsthalle, V, 1986, S. 7-31

Zeller/Steinmann 1954/55: Hans Zeller, Ulrich Steinmann, Zur Entstehung der Winckelmann-Büsten von Friedrich Wilhelm Doell, in: Jahresgabe 1954/55 der Winckelmann-Gesellschaft Stendhal, S. 18-56

Zenser 1984: Hildegard Zenser, Max Beckmann. Zu den Selbstbildnissen 1915-1930, in: Ausst.Kat. München 1984, S. 53-81

Index

Ahrens, Heinrich 23, 53
Amberg, Wilhelm August 54, 55
Bantzer, Carl 75
Bauknecht, Philipp 84
Baum, Paul 75, 80, 81, 101, 102
Beckmann, Max 24, 25, 102, 103
Bendemann, Eduard 72, 73
Bergner, Elisabeth 117, 118
Beyer, Christian 86
Beuys, Joseph 25, 26, 93, 94
Bode, Arnold 25, 91, 92
Böning, Margarethe 119
Böttner, Wilhelm 20, 36, 37, 38
Bromeis, August 61
Brünner, Carl 61, 62
Clobes, Karl 90
Conrad, Robert 23, 57
Corinth, Lovis 23, 24, 80, 81, 96-99, 117
Dix, Otto 24, 25, 103, 109-112
Döbel, Carl 88
Doell, Friedrich Wilhelm 20, 42, 43
Drescher-Itter, Hans 25, 115, 116
Duse, Eleonora 23, 77, 78
Eberhard, Konrad 70, 71
von der Embde, Caroline 23, 56, 57
von der Embde, Joh. August 22, 24, 47-49, 56, 66, 67
Epstein, Elisabeth 24, 83, 84
Faust, Heinrich 24, 59, 60
Fehling, Ilse 117, 118
Felixmüller, Conrad 24, 25, 85, 104-107
Freundlich, Otto 111, 112
Gareis, Anton Johann d. Ä. 49
Glinzer, Carl 51, 52
Graff, Anton 19, 32, 41
Grimm, Ludwig Emil 22, 67-69
Göbel, Angilbert Wunibald 57, 58
Grosz, George 103, 112, 113
Gunkel, Friedrich 55, 56
Haessler, Paul 118, 119
Handmann, Emanuel 33
Hansli, Joachim 121, 122
Hassebrauk-Körtling, Johanna 121
Heckel, Erich 24, 25, 103, 104, 120
Herrmann, Curt 24, 78-80, 99, 100
Hildebrandt, Adolf von 23, 75, 77, 78
Hirzel, Manfred 25, 88, 89
Hitzeroth, Carl 75
Hodler, Ferdinand 95, 96
Hummel, Ludwig 46, 47, 52
Ihlée, Eduard 54, 55
Jaeckel, Willy 25, 113-115
Jawlensky, Alexej 24, 83, 84
Juncker, Justus 29, 46, 52
Kätelhön, Hermann 101, 102
Katzenstein, Louis 55, 60
Kaupert, Gustav 56
Kirchner, Ernst Ludwig 24, 84
Kleinschmidt, Johannes 65
Klinger, Max 94, 95
Kobold, Joh. Werner 33
Kolitz, Louis 24, 62-64, 73, 74
Koller, Felix 116
Kollwitz, Käthe 24, 113, 119
von Lenbach, Franz Seraph 23, 64, 65
Liebermann, Max 24, 25, 106, 107, 117
Leyhausen, Karl 25, 85-87
Linz, Adolf 66
Luja, Katharina Karolina 49, 50, 71
Matthei, Theodor 65, 66
Meidner, Ludwig 24, 107-109
Mewes, Anni 116, 117
Monroe, Marilyn 25
Müller, Friedrich Wilhelm 53, 60, 61, 63-64
Mueller, Otto 79, 80, 99, 100
Müller-Cassel, Adolf 83
Muxel, Johann Nepomuk 67, 68
Nahl, Carl Christian 72
Nahl, Joh. August d. Ä. 20, 33, 44
Nahl, Joh. August d. J. 21, 38-40, 50, 51
Nahl, Joh. Samuel 38-40
Nahl, Wilhelm 23, 50, 51, 72
Nikusch, Walter 89
Nolde, Emil 100, 101
Orlik, Emil 94-96
Pfemfert, Franz 25, 85, 105, 106, 112
Quanter, Carl August 23, 53
Rainer, Arnulf 26, 92, 93
Richter, Gerhard 25, 91, 92
Robert, Ernst Friedrich 45, 46, 52
Roeder, Emy 119, 120
Rümann, Wilhelm von 23, 64, 65
Ruhl, Ludwig Sigismund 22, 48, 62, 63, 69-71
Ruhl, Joh. Christian 21, 39, 40, 48
du Ry, Simon Louis 20, 44, 45
Schaller, Johannes 70, 71
Scharff, Edwin 116, 117
Scheller, Will 122
Schlüter, E. 55
Schneider, Hugo 60-62
Schopenhauer, Arthur 58
von Seydlitz, Nelly 82
Siegmund, Rudolf 83, 115
Slevogt, Max 24, 82, 99
Spethmann, Albert 121
Spohr, Louis 94
Stark, Oskar 89
Sulzer, Joh. Georg 18-20, 32, 42
Sy, Gerhard 115
Tellgmann, Ferdinand 52, 53
Therbusch, Anna Dorothea 34, 35
Thielmann, Wilhelm 75, 76
Thoma, Hans 23, 74, 75, 77
Tischbein, Joh. Anton 30, 72
Tischbein, Joh. Friedrich August 20, 21, 35, 36

Tischbein, Joh. Heinrich d. Ä. 18, 19, 29-32, 41-46, 52
Tischbein, Joh. Heinrich d. J. 41
Tischbein, Joh. Valentin 30
Trübner, Wilhelm 97, 98
van der Velde, Henry 79
Vocke, Alfred 118, 119
Vostell, Wolf 25, 90, 91
Warhol, Andy 25, 93, 94
Weber, Arno 120, 121
Weygandt, Sebastian 23, 51
Weltlinger, Siegmund 65
Westheim, Paul 110, 111
Wimmel, Heinrich d. Ä. 59
Wimmel, Heinrich d. J. 56, 59
Wimmel, Johannes 55, 58, 59
Winckelmann, Joh. Joachim 20, 42, 43